U0909775

日本论

戴季陶 著

CNS PUBLISHING & MEDIA
岳麓書社·长沙

图书在版编目(CIP)数据

日本论/戴季陶著. —长沙:岳麓书社,2021.4
ISBN 978-7-5538-1324-0

Ⅰ.①日… Ⅱ.①戴… Ⅲ.①民族性—研究—日本
Ⅳ.①C955.313

中国版本图书馆 CIP 数据核字(2020)第 073140号

RIBEN LUN
日本论
作　　者:戴季陶
责任编辑:蒋　浩　谭媚媚
监　　制:秦　青
策划编辑:张　卉
特约编辑:康晓硕
营销编辑:杜　莎
责任校对:舒　舍
封面设计:格局创界文化Gervision

岳麓书社出版
地址:湖南省长沙市爱民路 47 号
邮编:410006

版次:2021 年 4 月第 1 版
印次:2021 年 4 月第 1 次印刷
开本:640mm×915mm　1/16
印张:20
字数:232 千字
书号:ISBN 978-7-5538-1324-0
定价:59.80 元

承印:三河市兴博印务有限公司

如有质量问题,请致电质量监督电话:010-59096394
团购电话:010-59320018

目录

附

日本论

序

英国的历史家韦尔斯，于今年春间，发表一篇文字，同情于中国革命，而警告欧洲人。内里说及欧人之了解中国，决不如中国人之了解欧洲，大意是欧洲人只是一些教士、商人以及替教士、商人说话的几个新闻通讯员，他们耳目既然狭隘，而戴了着色的眼镜观察，更其靠不住。至于中国人呢？却是一年一年许多留学生到欧洲，受学校的教育，和社会接近，经过长期的体察，自然不是前者之比。这一种比较的批评，认为公允，几乎令欧洲人不容易反唇相讥，中国人也觉得非常悦耳。不过我们一搜查中国留欧学生关于批评欧洲有系统的研究较为成器的著作，好像还未出世，中国人对于韦尔斯的公道的评论，就怕要暗暗叫声惭愧。

不要说欧洲，就是日本，我们又如何呢？地理是接近的，文字是一半相同的，风俗习惯是相去不远的，留日学生较之留欧学生，数量要多十几倍，而对于日本，也一样的没有什么人能做有价值的批评的书。从好的方面说，小心谨慎，不轻于下笔，也是有的。从不好的方面说，就无异表示我们学界科学性和批判力的缺乏。季陶先生说，“我十几年来总抱着一个希望，想要把日本这一个题目从历史的研究上，把他的哲学、文学、宗教、政治、风俗以及构成这种种东西的动力材料，用我的思索评判的能力，在中国人的面前，清清楚楚的解剖开来，再一丝不乱的装置起来”。现在《日本论》一书，就是季陶十几年来做他所志愿的工作写出来的结晶品。我前十年听见宫崎寅藏和萱野长知两个日本同志说，“戴先生作长篇演说的时候，他的日本话，要比我们还说得好”。我拿这句话来赞《日本论》，我敢说，季陶批评日本人要比日本人自己批评还好，是否武断，且让读者下最后的批判。而我所以敢说这句话，就因为他不止能说明日本的一切现象，而且能剖解到日本所以构成一切的动力因素，譬如一个武士道，在日本是最普遍的伦理，好像在英国的Gentleman，日本人自己也弄到知其当然而不知其所以然。而季陶先生说：

“武士道”这一种主义，要是用今天我们的思想来批评，他的最初的事实，不用说只是一种“奴道”。武士道的观念，就是封建制度下面的食禄报恩主义。至于山鹿素行、大道寺友山那些讲“士道”“武道”内容的书籍，乃是在武士的关系加重、地位增高，已经形成了统治阶级的时候，在武士道的上面穿上了儒家道德的衣服。……我们要注意的，就是由制度论的武士道，一进而为道德论的武士道，再进而为信仰论的武士道。到了明治时代，更由旧道德论、旧信仰论的武士道，加上一种维新革命的精神，把欧洲思想融合其中，造成一种维新时期中的政治道德

> 的基础。这当中种种内容的扩大和变迁，是很值得我们研究的。……

明治维新，人都知道是起初打着尊王攘夷的招牌，而幕府一倒，后来政治的建设成绩，却大过当初的预想。这是天皇圣明吗？是元勋元老的努力吗？是统一的效果吗？直到明治四十一年，《日本文明协会丛书》出版的《欧美人之日本观》，还是说，我们动辄把日本维新的成效归功于日本人一般的天才。事实却是相反，日本之一大飞跃，只是指导者划策得宜，地球上任何邦国，没有像日本指导员和民众两者间智力教育、思想、伎俩悬隔之大的。而能使治者与被治者之间无何等嫉视，不缺乏同情，就是指导者策画设施一切得宜，他们遂能成就比之当世任何大政治家毫无逊色的大事业（略见原书中篇第一节）。这样浅薄皮相的话，我从前看见，就觉着肉麻得没趣。而季陶先生说：

> 那个时代欧美的民权思想，已经渐渐输入了进来，汉学思想和欧美思想相融和，就有许多的人，觉得这一种非人道的封建制度，非打破不可，这实在是由种种环境发生出来的自觉运动。……明治维新，一面是反对幕府政治的王政统一运动，一面是民间要求人权平等自由的运动。……这民权运动，纯是一个思想上的革命，是人类固有的同情互助的本能的发展，而欧洲自由思想，做了他们的模范，和萨长两藩专靠强力来占据政治地位不同。且看民权运动最有力的领袖板垣退助，他的思想完全是受法国卢骚《民约论》的感化。近来日本的文化制度虽然大半由德国学来，

却是唤起日本人的"同胞观念"，使日本人能够从封建时代的阶级统治观念里觉醒起来，打破阶级专横的宗法制度，法国民权思想的功绩，真是不少。而我们更可以得到一个重要的材料，来证明唯物主义者的阶级斗争的理论，并不合革命史上的全部事实。譬如日本维新的结果，解放了农民阶级，使农民得到土地所有权和政治上、法律上的地位，这个运动，并不是起自农民自动，而仍旧是武士阶级当中许多仁人志士鼓吹起来的。

季陶先生在日本维新一个大过程中，并不是抹煞一切指导者的劳绩，不过他有很深的理解，和上述《欧美人之日本观》的一段肤浅可笑的议论不同。他说：

一个时代的创造，有很多历史的因缘，决不是靠一两个人的力量创得起来。不过领袖的人格和本领，也是创造时代的一个最大要素。创造时代的领袖人物，不一定是在事功上，有的是以思想鼓舞群伦，有的是以智识觉醒民众。有的是靠他的优美的道德性，给民众作一个信仰依赖的目标，有的是靠他坚强的意志，一面威压着民众，同时作民众努力奋斗的统帅者。至于智仁勇兼备的圣哲，不是轻易得来，并且在很多政治改造的时期当中，这一种智仁勇兼备的圣哲，往往作了前期的牺牲，再供后代人的瞻仰，而不得躬与成功之盛。

所以普通人看日本维新史，都晓得萨摩长门并起，而长藩的人物，一直线续到今日，尚成为日本的军阀，萨藩的领袖西乡隆盛，却是失败的英雄，只有追悼他维新以前的勋业。而季陶先生说：

> 一代历史的创造，不是简单的东西，成功失败，不是绝对的问题……个人事功上失败的，倒往往是时代成功的原动力，而个人事功上成功的，往往是享失败者的福。我们试把日本这几十年的历史通看起来，西乡隆盛失败了，然而他的人格化成了日本民族最近五十年的绝对支配者。各种事业的进行，都靠着他的人格来推进。当时随着他失败了的土肥两藩的势力，一化而为后来民权运动的中心，直到今天，他的余荫还是支配着日本全部的既成政党。那事功上成功的长藩，一方面既不能不拜倒在西乡的人格下面，一方面也不能不随着民论的推移，定他的政策。即以事业说，西乡的征韩论，直到死后十八年，依然成为事实，到死后三十年，公然达了目的。假使明治四年西乡的征韩论通过了，也许是闯了一场大祸，日本的维新事业，完全付之东流，而西乡的人格也都埋没干净。

这一段话，抵得过别人一百篇西乡的传赞。我们只看西乡当王政统一的时代，举兵造反，犯了弥天的叛逆罪名以死，而死后不到几年，他的铜像巍峨矗立于上野公园，受全国人的崇拜，并且全日本没有一个铜像可以和他并称的。至于伊藤博文事业上的成功，从表面看来，中外人都觉得他远过于西乡，死在高丽人之手，也是殁于王事，而他的铜像，在东京被人打倒，甚至搬到大阪，也不能成立。这些事是说明什么？就是说明究竟成功的是失败了的西乡，而不是伊藤一辈人，长藩的领袖虽然享着福荫，究竟是有限的。季陶先生这一段话，我想任何日本人都不能反对，不过见不到，说不出这样透澈罢了。

我常以为批评一国家的政治得失易，了解一民族特性难。政治有许多明显的迹象，就是它因果联络关系，也容易探求而得其比较。至于一个民族的本真，纵的是历史横的是社会，如季陶先生所说的，既要有充分研究古籍的力量，还要切实钻到它社会里面去，用过体察的工夫，韦尔斯说，欧洲人不知中国，其重要的意义就在此点。我们看了上中下三篇整千页的《欧美人之日本观》，觉得他无甚心得，并不深刻真挚，也是此理。到得本国人说本国的民族，这些条件工具是比之外国容易完备了，然而却有第二种的障碍，这种障碍更是不容易打破，其由外力支配所生的障碍，姑且撇开，而自身的因缘成为心理的拘囚偏执，就会弄到如黑智儿那样一个大哲学家，抬起德意志民族，认做神的表现，世界的选民。其实如季陶先生此书所引吉田松阴《坐狱日录》一段话，也和黑智儿的出发点相同，不过一个穿了古代神教的衣，一个穿了近代哲学的衣而已。《大学》说得好，“人莫知其子之恶，而莫知其苗之硕”，上句是由于爱，下句是由于贪，真是不把种种“之其所……而辟焉”的障碍打锁，决寻不出鞭辟入里公平至当的批判。批评自己的民族，犹之批评自己本身。近来有见识的人也晓得说说，如果真是一个革命者，就能将自己作公开的批评，这话是不错的。自己的检查，比别人的检查为便当。责备自己，应该比别人的责备为深刻。然而事实上往往不然。遇着老于世故人情的人，反而善于用责备自己的口头话来作辩护自己的手段。浅之如张作霖骂张学良，说这小子太不懂事，深之如莫斯科 CP 本部骂中国 CPCY 幼稚，都是假责备自己来辩护自己的。日本人批评日本，说到自己短处，晓得回护不来的，也每每犯这种毛病。然而因为他有他的立场，我们应该原谅他的。白香山的诗说，“不识庐山真面目，都缘只在此山中”，批评自己的民族，仿佛有这个道理。而“我田引水”，又是相因而至的事情。季陶先生说：

> 一个闭关的岛国，他的思想的变动，当然离不了外来的感化。在他自己本身，绝不容易创造世界的特殊文明，而接受世界的文明，却是岛国的特长。我们观察日本的历史，应该不要遗漏这一点。

> ……他们以赤条条一无所有的民族，由海上流到日本岛，居然能够滋生发展，平定土番，造成一个强大的部落，支配许多土著和外来的民族，而且同化了他们。更从高丽、中国、印度输入各种物质的、精神的文明，而且能够通同消化起来，适应于自己的生活，造出一种特性，完成他的国家组织。更把这个力量来做基础，迎着欧力东侵的时代趋向，接受由西方传来的科学文明，造成现代的势力。民族的数量，现在居然可以和德法相比，在东方各民族中，取得一个先进的地位。这些都是证明他的优点。我们看见日本人许多小气的地方，觉得总脱不了岛国的狭隘性。看见他们许多贪得无厌、崇拜欧美而鄙弃中国的种种言行，又觉得他们总没有公道的精神。可是我们在客观的地位，细细研究，实在日本这一个民族，他的自信心和向上心，都要算是十分可敬。总理说一个民族的存在和发展，

> 要以自信的能力作基础，这的确是非常要紧，所以日本人那一种“日本迷”，也是未可厚非……

大抵批评一种历史民族，不在乎说他的好坏，而只要还它一个究竟是什么和为什么这样。季陶先生这本书，完全从此种态度出发，所以做了日本人的律师，同时又做了他的审判官，而且是极公平正直不受贿托，不为势力所左右压迫的律师审判官。说日本是信神的民族，不含一些鄙视的心事。说日本是好美的民族，也并没有过分的恭维。一个已往打倒了的德川，看出他是滋养民族精神的时代。一个自杀情死的事实，说明他是信仰真实性的表现。这一种科学的批判的精神，是我们应该都提倡的。

季陶先生这次回到上海，一见面就说，“我近来又做了一部《日本论》，可惜今天没有带稿子来给你看”。我说，比之前几年登在《建设杂志》那篇《日本论》怎么样？他说，“你先说你对于我的旧作，有什么意见”。我说，那一篇文字好是好的，不过我觉得主观过重，好像有心说人家的坏话，人家有些好处，也说成坏处了。他说，“对得很，简直被你一言道破，我这回改作的一部《日本论》，却完全是平心静气的研究，决没有从前偏执成见的毛病，我明天带来，你看过觉得不错，就请你和我作一篇序”。到第二天，他果然把稿子带来，一眼望去已经是十多万字，他笑着说，“我做《建设》和《星期评论》文章的时候，我总是将稿子带来寻你，站在你的椅子后面，把捉着你的手，按到纸上，而我却一句一句的朗诵起来，遇有商榷的疑问，才始停止，商榷过了，又是继续的朗诵，我认为是我生平一件快事，现在这部《日本论》太长，可惜用不着这个顽意”。我和他都不觉大笑起来，及他去后，我费一日一夜的工夫，将他这书细细读过，真有点爱不释手的光景。看过从前那篇“日本观”，尤其觉得这书有味，不只他的研究和构成的方法，和旧作不同，就是文章也有异样的色彩。季陶的文章，大概有三个时期不同。第一个时期是从做《天铎报》，以至《民国杂志》，雄畅是他的本色，惟有时修词的工夫，有些来不及。到《星期评论》《建设杂志》是第二个时期，既改文体为话体，大畅所欲言，而修理整然，渣滓绝少，比以前有很大的进步了。现在这部《日本论》，就更加陶炼、深入显出，不露一些辛苦的痕迹，理解的精确，而文章的能事，足与相副。其中如《今天的田中大将》一个题目下，指摘世界的思潮，《信仰的真实性》里面，发抒他的人生观，都是博大雄深的文字。而《秋山贞之》一篇，仿佛极善写生的短篇小说。《好美的国民》一篇，却含有许多诗意。在做《民国杂志》那时候季陶先生常对我说，自恨做文章的工具不足，现在应该没有这种遗憾了。其余还有许多绪论名言，往往可以摘取出来，或作国民一般的殷鉴，或作青年行动的指针。而季陶先生却是偶然证合，有感斯发，既不是“我田引水”“削足适履”，也不是“借他人的酒杯浇自己的垒块”，季陶先生的高声朗诵，确是“奇文共欣赏”的方法。我在一日一夜之中，欣赏所得，就随手写些出来当作一篇序文，贡献于阅者，并留着许多说不尽的好处，让读者自己去欣赏。固然，介绍这部《日本论》，应该还有重要的意义，不止是从这书学得科学批评的方法和鉴识季陶先生最近的作风。但是中国人何以有研究日本问题的必要，季陶先生开宗明义，已经说得清楚尽致，不用我来赘述，这并不是我的忽略，我想青年一经提醒，决没有做智识上的义和团的。

民国十七年　胡汉民

一 中国人研究日本问题的必要

中国到日本去留学的人，也就不少了。的确的数目，虽然不晓得，大概至少总应该有十万人。这十万留学生，他们对于“日本”这个题目，有怎么样的研究？除了三十年前黄公度先生著了一部《日本国志》而外，我没有看见有甚么专论日本的书籍。我自己对于日本，也没有作过甚么系统的研究，没有较为成器的著作。民国六年，在《民国日报》上面，登过一篇连载四十天的文章，也不过是批评当时的政局和十年来日本所倡的“亲善政策”。离“日本”这个题目还是很远。但是我十几年来，总抱着一个希望，想要把“日本”这一个题目，从历史的研究上，把他的哲学、文学、宗教、政治、风俗，以及构成这种种东西的动力材料，用我的思索评判的能力，在中国人的面前，清清楚楚的解剖开来，再一丝不乱的装置起来。却是我心有余而力不足。讲古代的研究呢，读过日本书，既然不多，对于东方民族语言学，毫无所知，中国的历史，尚且一些没有用过工夫，研究日本古籍的力量，自然是不够。讲近代的研究呢，我也不曾切切实实的，钻到他社会里面去，用过体察的工夫。所以要作一部有价值批评日本的书，决不是现在的我所做得到的。不过十多年来，在直感觉上，也多多少少有一点支离破碎的观察。在目前大家注意日本问题的时候，姑且略略的讲一讲，或者是大家所愿意听的。

你们试跑到日本书坊店里去看，日本所做关于中国的书籍有多少？哲学、文学、艺术、政治、经济、社会、地理、历史，各种方面，分门别类的，有几千种。每一个月杂志上所登载讲“中国问题”的文章，有几百篇。参谋部、陆军省、海军军令部、海军省、农商务省、外务省、各团体、各公司派来中国长住调查或是旅行视察的人员，每年有几千个。单是近年出版的丛书，每册在五百页以上，每部在十册以上的，总有好几种，一千页以上的大著，也有百余卷。“中国”这个题目，日本人也不晓得放在解剖台上，解剖了几千百次，装在试验管里化验了几千百次。我们中国人却只是一味的排斥反对，再不肯做研究工夫，几乎连日本字都不愿意看，日本话都不愿意听，日本人都不愿意见，这真叫做“思想上闭关自守”“智识上的义和团”了。

我记得从前在日本读书的时候，有好些个同学的人，大家都不愿意研究日本文日本话。问他们为甚么？他们答应我的，大约有两种话。一种说日本文日本话没有用处，不比得英国话回了国还是有用的。一种是说日本的本身，没有什么研究价值，他除了由中国、印度、欧洲输入的文明而外，一点什么都没有，所以值不得研究。这两种意思，我以为前者是受了“实利主义”的害，后者是受了“自大思想”的害。最近十年来，日本留学生比以前少了些，速成学生没有了。在大学文科的人，有几个稍为欢喜和日本书籍亲近些。所以偶尔还看见有介绍日本文学思想的文字。但只是限于近代的著述，而且很简单。整个批评日本的历史，足以供觇国者参考的，依然不多见。

我劝中国人，从今以后，要切切实实的下一个研究日本的工夫。他们的性格怎么样？他们的思想怎么样？他们风俗习惯怎么样？他们国家和社会的基础在那里？他们生活根据在那里？都要切实做过研究的工夫。要晓得他的过去如何，方才晓得他的现在是从那里来的。晓得他现在的真象，方才能够推测他将来的趋向是怎样的。拿句旧话来说，“知己知彼，百战百胜”，无论是怎样反对他攻击他，总而言之，非晓得他不可。何况在学术上、思想上、种族上，日本这一个民族，在远东地方，除了中国而外，要算是一个顶大的民族。他的历史，关系着中国、印度、波斯、马来以及朝鲜、蒙古。近代三百多年来，在世界文化史上的地位，更是重要。我们单就学问本身上说，也有从各种方面作专门研究的价值和必要，决不可淡然置之的。

我观察日本错不错，是另外一个问题。但是我很希望多数人批评我的错。倘若因为批评我的错而引出有价值的著作来，那么，我这一篇小著，也就不为无益了。

二 神权的迷信与日本国体

各个民族，都有许多特殊的神话，在历史上是很有价值的。日本人向来也有一个迷信，以为他们的国体，他们的民族，是世界上那里都找不出来的，是神造的，皇帝就是神的直系子孙，所以能够“万世一系，天壤无穷”。自从欧洲的科学思想，输进了日本以后，那些科学家，应该渐渐和迷信离开，把这种神话，用科学的研究法来从新整理了。却是学者里面，现在还有几个靠迷信过日子的人，把这些神话照样认为一点不错的事实。从前我有一个先生，是国法学专家，名叫做笕克彦。论他的学问呢，的确是渊博精深。而且从前他和我们讲宪法学的时候，他的思想，确是很进步。我个人的思想上，受他的启发不少。那时他的法理学，在重法文而轻理论的当时日本法律学界，有很彰著的革命色彩。后来一点一点的向迷信一边走，近年来的著作，差不多完全是神话。而他对于这些神话，绝对不用实证的考古学上的研究，只一味用自己的思索，在上古传来的神话上，加些自己的哲学理论，使那些神话，更加神秘些。听说在法科大学上讲堂的时候，开讲要闭着眼合着手，对他幻想中的“祖神”，表一番敬意，讲完了的时候，亦复如此。细细考察起来，原来他的祖父，是神社里的神官。他这迷信系统，就是从那里来的。还有一个专门主张侵略满蒙、并吞中国的内田良平，他的父亲，也是神官。此外陆、海军军人里面，迷信“神权”和“神造国家”这些自尊自大自囿的传说的，不晓得有多少。

就表面上看来，日本最盛的宗教是佛教，其实日本治者阶级的宗教，却是神教。神教的信徒，很多极力排斥佛教，不遗余力的人，他们的理论，大概和韩退之一类，以排斥外来思想为主要目的。然而佛教的僧侣，绝没有敢否认神教的。有些附会穿凿的调和者，不是说某神，即是说某佛，便说某佛即是某神，这也是表现宗教之政治的地位和关系，各国都常有相类似的事实的。日本人迷信他们的国家，是世界无比的国家，他们的皇室，是世界无比的统治者，他们的民族，是世界最优秀的“神选民族”，这种思想，都从神教的信仰产生出来，其实也不过是宗法社会里面崇敬祖宗的道理。笕克彦博士说，“日本的国体，是万邦无比的模范国体，无论到甚么时候，决不会有人来破坏国体的。日本国体的精华，就是古来的神道。日本国家的权力，就是神道惟一信仰的表现。天皇就是最高的神的表现。爱神、敬神、皈依于神，以神表现的力量，就是天皇的大权”。这些思想本来也不是笕博士自己所发明，不过新式的法学家里面，要算他是一个专讲国粹的人罢了。

上面所讲的那些传说，不用说是发生在日本有文字以前的。自从中国文化、印度文化输入日本以后，外来的制度文物，成了日本文化的基础。日本的国民，不是皈依释迦，便是尊崇孔子。后来渐渐文明发达，组织进步，国家的力量，也就强大起来。丰臣秀吉打平了国内群雄，战败朝鲜，日本的武功，已经到了极盛时代。德川氏承续丰臣氏的霸权以后，政治文物，灿然大备。传入日本千余年的印度、中国的思想，已经和日本人的生活，融成一片。于是日本民族自尊的思想，遂勃然发生。有一个有名的学者，叫做山鹿素行，在这民族自尊心的鼓荡里面，创起一个日本古学派。这一个日本古学派之学术的内容，完全是中国的学问，并且标榜他的学问，是直承孔子，对于中国儒家的学说，连曾子以下，都不认为满意。对于汉唐宋诸家，尤其对于宋儒，更抨击无遗，以为宋儒的思想，是破坏孔子之道的异端。但是他却借了中国的学问来造成日本民族的中心思想。我们看他的著作，就晓得在方法上、理论上，都没有一点不是从中国学问得来，没有一处不推崇孔子之道，而精神却绝对两样。他是鼓吹“神造国家”“君主神权”。山鹿氏所著《中朝事实》一本书里面，把他的思想根据，也就发挥尽致了。再从另一方面看，日本民间的信神思想，一方面受着中国思想的影响，一方面受着佛教思想的感化，随日本统一的国力发展，渐渐脱却了地方色彩生出国家的色彩。而这一种新国家色彩，又由宗教的信仰和文学美术的陶融，赋与以较为优美高尚而有力的世界性和社会性。后来日本种种进步，都要算是这一个时代的产儿。那些传说，是甚么东西呢？不用说，就是中国子不语的“盘古王开天地”“女娲氏炼石补天”。我且把日本《古事记》里面开天辟地的一段，译了出来，别种传说的内容，也就可以即此类推了。

天神下了一个诏书给依邪那岐命、伊邪那美命两位尊神，要他把那个漂荡的国土，修理坚固，又赐他一根“天沼矛”。这两个尊神，领了诏书，站在天浮桥的上面，把

> “天沼矛”望下面海水里一搅，抽起来的时候，矛尖上的海水，滴了下去，积了起来便成了一个岛，这就叫做淤能棋吕岛。

这一种传说，我们从他的象征研究起来，很容易明白是由男女生殖观念发生出来的。天沼矛就是男子生殖器的象征，而这一篇故事，无非是表现“男女构精，万物化生”。在古代思想里面，几乎没有一个民族没有这一类的信仰，而在男系家族制度扩大起来的日本统治组织上面，更是很自然的事实，绝不足奇的。

三 皇权神授思想与神授思想的时代化

中国在孔子的时代，封建制度渐渐破裂，交通的发达，工商业的进步，一方面打破了旧国家观念，一方面产生出人类同胞的世界思想。这时已经打破了许多传说的迷信，抛弃了君主神权，而平民思想和平天下的思想，就从此刻兴盛起来。日本到了现代，还没有完全脱离君主神权的迷信。就近代科学文明看来，日本的学问，固然较中国进步了许多，这不过是最近五六十年的事实，除却了欧洲传来科学文明和中国、印度所输进的哲学宗教思想而外，日本固有的思想，不能不说是幼稚。然而这件事不能算是日本的耻辱。并且他幼稚的地方，正是他蓬蓬勃勃，富有进取精神、发展余地的地方，绝没有一些衰老颓唐的气象。他是一个岛国，而且在文化历史上，年代比较短些。他的部落生活，到武家政治出现，才渐渐打破，直到德川时代，造成了统一的封建制度，才算是造成了现代统一的民族国家基础。如果从社会的发展历史上看来，日本的维新，则和秦汉的统一足以相比。

这一个神权的思想，差不多支配住日本的治者阶级，以为皇帝的大权宝位，是天神传授下来的。和德国楷萨说他自己是天使，德国民族是天的选民，一样荒唐。那些军人和贵族，他们的地位既由传统而来，当然也一样迷信部落时代的传说。或者有些理想上、知识上，已经打破了这种观念的人，为维持阶级特权，也决不敢便说这些神话是假的。今天还活着的封建时代遗留下来的七八十岁的老人们，本来脑根里面所装的，只有一些封建时代的故事，不用说除了这种迷信之外，再也没有他自己的个性精神，这也是毫不足怪的。不过当此刻这样一个时代，日本政治的支配权，还脱不了这一种人的手，不能不说是危险万状了。

神秘思想，成为日本人上古时代国家观念的根原，这是毫不足怪的。到了中古时代，中国的儒家思想和印度的佛教思想，占了势力，那一种狭隘的宗族国家观念，已经渐渐消沉下去。后来日本人咀嚼消化中国文明的力量增加起来，把中国和印度的文明，化合成一种日本自己的文明，这时日本自己统一的民族文化，已经具备了一个规模，当然要求独立的思想，于是神权说又重新勃兴起来。我们看山鹿素行讲到中国的学说，只推尊孔子，把汉以后的学说，看作异端邪说，就可以晓得他们复古情绪中所含的创造精神了。此时他的范围已经扩大了许多，从前只是在日本岛国里面，主张神的权力，到得山鹿素行时代，更进一步，居然对于世界，主张起日本的神权来了。日本的明治维新，就是神权思想的时代化，所以他们自称是王政复古。那些倡王政复古的学者，虽然是各方面都有，汉学家的力量尤其大，然而推动的主力，还是要算山鹿素行一系的古学家。且把素行学派中后起的吉田松阴的著作，详详细细的看起来，就晓得日本维新史的“心理的意义”在那里了。《坐狱日录》里面有一节说：

> 皇统绵绵，传之千万世而不能易，此决非偶然。“皇道”之基本，就是在此。当初天照皇大神，传授三种神器，给琼琼杵尊之时，曾发过一个誓，说是“皇统的兴隆，可以有和天地一样长的寿”。中国和印度那样的国家，他们的皇统怎么样，我是不晓得，却是日本皇统的运命，就是和天地一样长寿的。

和吉田松阴同时的一个有名的学者，叫做藤田东湖，他也是以神权为日本民族思想的中心。他说是“天地的发源，人类的根本，就是天神”。德川末代有名的历史家、汉文学家，叫赖山阳，著《日本政记》《日本外史》。他的思想系统、学问系统，比较的是纯正的儒家，所以纪史断自神武。但是到底还要列一个甚么神甚么命的表，放在卷首，不敢竟把这些荒远无稽的事实抹杀，也没有对于这些记载，下过一点批评。日本维新，得力于山阳的文字甚多，而藤田东湖，又是维新前期从思想学术上鼓舞群伦的大学者，而他们的思想，只是如此。

以上所讲的，是关于日本民族思想的一种观察，日本人的国体观念，大都由这一种神权的民族思想而来。日本自从鸟羽帝的时代（宋徽宗时候），全国兵权归了平源二氏以来，逐渐把部落纷然并存，组织散漫、文化落后、武功不立的日本诸岛，造成了一个雄藩并列的封建世界。又经过三数百年，到了丰臣削平国内争乱，德川继之，造成以武力为重心的文治，日本的制度文物，遂渐渐规模完备了。“国”的这一个字，在此时只是作藩国的意思解，和今天之所谓国家的迥殊。社会的阶级，也就随着封建制度的完成，造成一种很清楚的横的分段。用这横的分段，来支配纵的分工。这个制度，一直继续到西历一千八百六十九年的明治时代方才废了。在这一个封建时代，讲文明呢，的确是日本一个很进步的时期。在维新以后一切学术思想、政治能力、经济能力种种基础，都在此时造起。日本人之所以有今日，全靠这四五百年的努力。因为那些藩国，不但是在武功上竞争，并且努力在文治上竞争，有文学武艺的学者，各藩主争先恐后，或是招来做自己的家臣，或是请了去做自己的客卿。在自己的藩里呢，务必要使自己的家臣子弟，能够造成文武两套全才，给他藩里做永久的护卫。那些武士，也巴不得他的藩主权力膨胀，土地拓张，他们自己的收入也可以加增多少石。因为藩主是极大的地主，农夫是大地主的农奴，武士是给大地主个人管理家务、防御外侮的仆人。“萨木来”这个字的意思，就是明明白白一个“侍者”的意思。俗话叫做家来，也是为此。就这些事实看来，“武士道”这一种主义，要是用今天我们的思想来批评，他的最初的事实，不用说只是一种“奴道”。武士道的观念，就是封建制度下面的食禄报恩主义。至于山鹿素行、大道寺友山那些讲“士道”“武道”内容的书籍，乃是在武士的关系加重、地位增高，已经形成了统治阶级的时候，在武士道的上面穿上了儒家道德的衣服。其实“武士道”的最初本质，并不是出于怎样精微高远的理想，更当然不是一种特殊进步的制度。不过是封建制度下面必然发生的当然习性罢了。

我们要注意的，就是由制度论的武士道，一进而为道德论的武士道，再进而为信仰论的武士道。到了明治时代，更由旧道德论、旧信仰论的武士道，加上一种维新革命的精神，把欧洲思想融合其中，造成一种维新时期中的政治道德的基础。这当中种种内容的扩大和变迁，是很值得我们研究的。在封建制度的下面，武士阶级，是社会组织的中坚。上而公卿大名，下而百姓町人，在整个的社会体系当中，武士负维持全体社会之适宜的存在发展的职责。一个方面，包含着名教宗法的特色，然而单是名教宗法，决不能保持社会生活的安定和发扬社会生活的情趣，所以在另一个方面，更不能不具备一种人情世态的要素。所以高尚的武士生活，可以叫作“血泪生活”，血是对主家的牺牲，泪是对百姓的怜爱。我们见到德川时代的武士道之富于生活的情趣时，才可以了解武士阶级所以能成为维新主要动力的原故，这是研究日本的人所最宜留意的。

四 封建制度与佛教思想

日本六十年前封建时代的社会阶级制度，差不多是现代的中国人所梦想不到的。古代中国的儒家思想和印度的佛教思想，宣传了许久，但是极平和的佛教，到了日本以后，顺应着封建时代的人心，也变成了一个“强性的宗教”。或者是为宗派打仗，或者是为拥护一派的护法大名打仗。僧侣的本身，都带着“萨木来”的臭味。佛教爱人、爱物、无抵抗的精神，在日本封建时代，一变而为牺牲的争斗精神。把“罗汉道”杀内贼的工夫，用在杀外敌的上面，也就和武士道没有冲突。把天龙八部人非人的观念，应用在阶级的制度上面，也就觉得阶级的存在，没有什么不应该。所以我们可以晓得，一个宗教的制度思想的变迁，完全适着社会生活的要求，同是一个宗教，他所行的地方不同，所支配的阶级不同，他那一个宗教的思想和制度，也就完全跟着变易。在日本语言里面，有很多话是从前佛经的用语来的，然而和佛语的本义，完全两样，譬如两人相打的时候，常用的“畜牲！觉悟罢”就是一个很明显的证据。

我们要在日本的纯文学里面，去看佛教的感化，材料是多得极了。本来日本吸收中国文化，一大部分是由佛教来的。最初的留学生，十个九个都是僧侣。他们借用中国文字记述日本语言，造出一种所谓“假名”来。“假名”这两字的意义，已经是很深长的了。而最初所制的《伊吕波歌》就是很纯正的佛教诸行无常的思想。文字排列之巧妙，实在是很值得称赞的。我们再看日本人的饮食，他们能吸收去的中国食品制法，实在都是僧侣的常时品。如像豆腐、豆腐皮、豆腐衣、豆豉、咸菜、麦麸种种。现在的日本人忘记了，以为是日本的特产。中国人到日本的，也不觉得这些东西有甚么来历。然而我们可以确实晓得，这是完全由僧侣吸收去的文化。

在民间的文学里面，在贵族的文学里面，我们都看得出很多的佛教关系来。就是日本最古的一种“能乐”，这是和“神教”有密切关系的，而他们后起的谣曲，有许多题材，是采诸佛教里面的故事传说。可是我们在任何方面，都看得出日本人的佛教思想，绝对和中国的两样。他们的佛教，在贵族里面，确是含着不少积极的牺牲的精神。而在民间方面，又含得有不少的人情世态的趣味。比起中国坚苦而枯寂的佛教来，的确是大不相同。

印度的佛教，经过中国，传入日本以后，我们看得出，明明白白，分出三个时期。第一个时期，是神佛对立的时期。本来日本人是崇拜神教的，神教是什么东西呢？就是宗法社会里面必然应有之义的祖先崇拜。这一种拜神思想，本来是很幼稚的。然而部落的权力，渐渐扩大，到得诸部落统一于一族的时候，当然要生出一种调和的理论、组织的体制来。日本的文化是在中国文化传入之后，才有统一和组织的工具。于是中国敬天、敬神、敬鬼的思想，给他们的神教，充实了不少的内容。然而这个时代，中国的佛教文化与中国的道德文化，同时输入进去了。并且佛教的输入，更占了很重要的地位。这两种不同的思想，在政治上，在社会上，当然不是容易调和的。一个是世界无差别，一个是九族分亲疏，一个是冤亲平等，一个是正名定分、严礼重刑。此时神佛两教，在输出国的中国，已经是最大的冲突期，在输入国的日本，更不是容易调和的了。

然而久而久之，应于他那社会的必要，不能不想出种种的调和方法来。“历史上的后进文化上的先进的佛教”便运用着很微妙的经义，造出一种“本地垂迹说”来。在实际的势力上，要把幼稚的拜神信徒，拉到佛寺里来，便先在理论上，把佛教的信仰，投降到“神”的威力下去。某神就是某菩萨的权现，这一种的混合信仰，便由此而生了。这是第二个时期。

日本人如果是弱者，如果四围有了强固的信佛威力，这神教的信仰，或者就会绝灭了。然而四围的情况不是如此，日本国内的情况也不是如此。所以随着汉学的进步、封建制度的完成与武家势力的膨胀，日本古学派哲学突然创兴起来。直到日本维新的时代，日本民族一方面抛弃了“日本三岛的封建制”而加入“地球的民族封建制”下去活动，一面就很严密地定出神佛的区分，这是第三个时期。由对立而混合，再由混合而对立，这是两个很大的变动，我们应该从里面学得许多的教训罢！

五 封建制度与社会阶级

农民没有土地所有权，一切土地，都是藩主的。不能有“姓”，不能带刀。这种现象，还是中国三千年前的制度，除了皇帝、公卿、藩主、武士治者阶级而外，其余的人，都不承认有完全的人格。此外还有一种第四、五层阶级的最苦人民，叫“秽多”“非人”，是完全驱逐到人类生活以外的。那些武士，往往制了一把新刀，要试验刀的利钝，可以随便去找了一个“非人”杀。而最奇妙的，就是连这特殊的阶级制，也借用着佛经中的用语。此种残酷的社会组织和治者阶级的残酷习惯，可以证明日本的文化年代之浅与程度之低了。秽多、非人这一个阶级，至今还是存在，近年来日本社会运动当中最重要的一个运动，叫作“水平运动”，就是这一种特殊部落的民众争自由的运动。将来日本革命的烽火，恐怕是这一种民众做最先头的部队了。

有一个贵族院议员叫杉田定一，他是从前自由党的名士，民国五六年时，有一天我去访他，看见他的书房里供着一个孔子像。他对我说，这个孔子像，是很有来历的。他家里本来是农民，他的父亲是很慈善的。想到智识这样东西，人人都应该要有，就请了一个有学问的汉学先生，在他家里教村中那些农民念书。被藩里的武士们晓得了，说他们读书是僭越，就把他家抄了，教书先生也赶走了，种田的权利也没收了。这孔子像，还是在那时候拼命夺出来的。那个时代欧美的民权思想，已经渐渐输入了进来，汉学思想和欧美思想相融和，就有许多的人，觉得这一种非人道的封建制度，非打破不可，这实在是由种种环境发生出来的自觉运动。他这个议论，我以为很的确。明治维新，一面是反对幕府政治的王政统一运动，一面是民间要求人权平等自由的运动。倡尊王讨幕的人和倡民权自由的人，虽说两种都出自“公卿”和“武士”两阶级，但是这民权运动，纯是一个思想上的革命，是人类固有的同情互助的本能的发展，而欧洲自由思想，做了他们的模范，和萨长两藩专靠强力来占据政治地位不同。且看民权运动最有力的领袖板垣退助，他的思想完全是受法国卢骚《民约论》的感化。近来日本的文化制度虽然大半由德国学来，却是唤起日本人的“同胞观念”，使日本人能够从封建时代的阶级统治观念里觉醒起来，打破阶级专横的宗法制度，法国民权思想的功绩，真是不少。而我们更可以得到一个重要的材料，来证明唯物主义者的阶级斗争的理论，并不合革命史上的全部事实。譬如日本维新的结果，解放了农民阶级，使农民得到土地所有权和政治上、法律上的地位。这个运动，并不是起自农民自动，而仍旧是武士阶级当中许多仁人志士鼓吹起来的。

六 日本人与日本文明

日本自从平源执政以后，争权杀伐，没有一天休息，战争的事越多，武士的权力越是强大。到了德川氏的时代，幕府的权势，非常巩固，各国诸侯势力，又能够保持均衡，所以大家都是注意保守自己的地盘，不愿意从事战争。文学哲学，当然随着平和的幸福，发达起来。一种是古学派神权思想的复兴，一种是和兰学问的输入，一种是汉学的发达。古学派神权思想的根源，前两段已经大略讲过了。和兰学问的输入，在日本文明上，除了天文、数学、筑城、造兵、医药等智识而外，在精神科学方面，简直看不出什么进步。只是德川时代汉学发达，在思想上，在统一的制度文物上，的确是日本近代文明的基础。就是纯日本学派的神权主义者，在思想的组织方面，也完全是从汉学里面去学得来的。所以中国哲学思想，在德川时代，可以叫作全盛时期。他们在中国哲学思想里面，得的最大利益处是甚么呢？就是“仁爱观念”和“天下观念”。如阳明学派的中江藤树，朱子学派的藤原惺窝、中村惕斋，都是努力鼓吹“仁爱”

的。从制度上看来，这种由日本社会进化自然程序发生出来的种种阶级制度和治者阶级的性格，可以证明日本在部落斗争的时代，最大缺点是“仁爱观念”和“天下观念”的薄弱。德川氏时代统一的政治，使全部日本达到了车同轨、书同文、行同伦的时期，我们从儒家思想的发达和明治初年民权思想的发达看来，就可以晓得，日本近代文明的进步，恰恰和“仁爱观念”的进步成正比例。而这仁爱观念发展的原因，全在于政治的统一和物质文明的进步、社会组织的整理。现在日本的治者阶级系统，都是由封建时代的“萨木来”直传下来的。明治时代的教育主义，标榜一个武士道，更是因袭封建时代的食禄报恩主义。一部明治维新史，如果只把表面的事实，作为研究的材料，或者只注意他最近几十年的事实，忘却德川时代三百年的治绩，是不对的。因为一个时代的革命，种种破坏和建设的完成，一定不能超出那一个民族的社会生活之外。倘若那一个社会里面，没有预备起改造的材料，没有养成一种改造的能力，单靠少数人做运动，决计不会成功。即使四围的环境去逼迫他，也不容易在很短的期间，造成他的能力。所以我说，欧洲和美国势力的压迫，只是成为日本动摇的原因，成为起革命的原因，而其革命所以能在短期间内成功，则完全是历史所养成的种种能力的表现，而决不是从外面输入去的。

日本有许多自大自尊的学者，往往欢喜把“日本化”三个字放在脑筋里，不肯放弃，动辄喜欢讲日本的特殊文明。这种观念，当然不脱“日本的迷信”。日本的文明是甚么东西？日本的学者，虽然有许多的附会，许多的粉饰，但是如果从日本史籍里面，把中国的、印度的、欧美的文化，通同取了出来，赤裸裸的留下一个日本固有的本质，我想会和南洋土番差不多。文明本是人类公有的，如果不是明白认定一个人类，认定一个世界，在世界人类的普遍性上去立足，结果一定要落到神权迷信上去的。但是我们也要晓得，这一种自尊心，也是民族存在发展的基础。如果一个民族，没有文明的同化性，不能吸收世界的文明，一定不能进步，不能在文化的生活上面立足。但是如果没有一种自己保存、自己发展的能力，只能被人同化而不能同化人，也是不能立足的。在这种地方，我们很看得出日本民族的优越处来。他们本是赤条条一无所有的。照他们自己的神话来说，只有“剑”“镜”“玉”三样神器，也就大生问题。这三样神器是甚么时代，由甚么地方来的，究竟有没有这三样东西，也都尚待考证。然而他们以赤条条一无所有的民族，由海上流到日本岛，居然能够滋生发展，平定土番，造成一个强大的部落，支配许多土著和外来的民族，而且同化了他们。更从高丽、中国、印度输入各种物质的、精神的文明，而且能够通同消化起来，适应于自己的生活，造出一种特性，完成他的国家组织。更把这个力量来做基础，迎着欧力东侵的时代趋向，接受由西方传来的科学文明，造成现代的势力。民族的数量，现在居然足以和德法相比，在东方各民族中，取得一个先进的地位。这些都是证明他的优点。我们看见日本人许多小气的地方，觉得总脱不了岛国的狭隘性。看见他们许多贪得无厌、崇拜欧美而鄙弃中国的种种言行，又觉得他们总没有公道的精神。可是我们在客观的地位，细细研究，实在日本这一个民族，他的自信心和向上心，都要算是十分可敬。总理说一个民族的存在和发展，要以自信的能力作基础，这的确是非常要紧，所以日本人那一种“日本迷”，也是未可厚非，不过从今天以后，是再也行不通的了。

七 武士生活与武士道

封建时代“武士”的生活条件，可以用极单简的话概括起来。一是击剑，二是读书，三是交友。击剑、读书，是武士一定要有的本事。不会击剑的人，当然没有做武士的资格。没有学问，便不能够在武士阶级里面求生活的向上。至于交友这一层，是封建时代武士阶级“社会性”的表现。在这个时代，一切经济关系、社会关系，都是极单调的。武士的责任，第一是拥护他们主人的家，第二就是拥护他们自己的家和他自己的生存。所以武士们自己认定自己的主要目的，就是“为主家”。这句话的真意，就是为主人和自己的家系家名而奋斗。解剖开来说，武士的家系，是藩主的家系的从属，武士自身，又为藩主本身或藩主家系和自己家系的从属。这家系的观念，和宗法的神权迷信，当然有密切关系。所以那些武士，为藩主的本身，或藩主的家系而奋斗的精神，不但是由物质上的社会关系、经济关系结合成的，并且渊源于历史的因袭，含有不少的神秘气氛。“轻生死”“重然诺”“尚意气”这种武士独有的特性，固然由于武士阶级的生活必要，但就精神方面看来，许多年遗传下来的生活意识所造成的道德和信仰，也是使他们肯于牺牲自己的生命和家族的生命而为主家奋斗的最要紧的因素。

在封建时代，这一种为保存家系而努力的事实和奋斗的精神，是他们社会所最赞美的。以为这是道德的极致，人生的真意，宇宙的大法。能够如此，就是最高人格，可以和神同体，与佛同化，与宇宙长存。越是神秘，越是悲哀，社会越是赞美。他们举国所赞美的武士道的精华，就事实上说明起来可以举出两件事，一件是“仇讨”，一件是“切腹”。“仇讨”是杀人，“切腹”就是自杀。

“仇讨”就是中国所谓复仇，本来是没有法治的野蛮社会里面的普通习惯。日本封建时代，这一种事实，不但是社会上赞美他，并且国里的藩主，还特别许可。日本从前那些文学家，往往把复仇的事实，当作最好的题材，或是用小说描写复仇者的性格，或是用诗歌去赞美他的行为。近代还有许多人，以为这复仇的事实，是日本人最高尚的精神，就是日本人最优美的性格。其实这也是一种“民族的自画自赞”，如果这种行为，可以成为人类道德标准，那么非洲、澳洲的土人，也就很有自负的资格了，不过这种行为，也是“生的奋斗”的精神。而他所以能具备一种力量，刺激后来的人，使人感觉他的优美和高尚，完全由于当时社会一般的文化思想已经很进步，在单调而严格的封建制度下面，这两件事又最是一种破除成例的行为，值得一些文学家的歌咏。维新以后，日本人在民族生存竞争场里，能够占到优者位置，也有许多由这种遗传的道德观念来的。

复仇者的精神和身体，完全是受“种族保存”的原则支配。如像有名的曾我兄弟的复仇，是为自己的家事。大石良雄等所谓“元禄义举”，是为他们藩主的家事。此外为自己受人欺侮直接取复仇手段的，更是多极了。赤穗事件最初的原因，就是为此。这种观察，都是就复仇者的本身着眼。完全和复仇事件没有利害关系的人，也往往有帮他人复仇的，日本话叫做“助大刀”。社会上对于这种为正义出力的人，也很赞美，武士道的精神，我以为在这“助大刀”上面，确实看得出许多正义的精神。比“复仇”本身，道德的意义，还是多一点。这种正义的同情心，不只在男子中如此，女子里面也很有这种美德。武士家女子，直接为君、父、夫复仇，或是为他人表同情，帮助他人复仇事业成功的事件，历史上很不少。这一种社会同情的热诚，确是封建时代日本女子的美德，直到今天，这种特色，还是极彰著的。再看日本维新历史的背后，有很多女性的活动，尤其是在苦海中的妓女，对于维新志士的同情扶助，非常之大。维新元勋的夫人，多半出自青楼，就是从这一种关系来的。

把这一种性格，从思想上、学问上去奖励他、完成他，是德川时代哲学思想的特色，而且是日本古学派哲学思想的特色。赤穗藩里所以能够生出大石良雄一般人，完全因为受了山鹿素行教育的结果。当时德川幕府所最奖励的朱子学派的学者，在整理日本的制度文物上面，确是很有功劳，然而精神却注重在汉和一体，不像素行一派，专事鼓吹日本主义。素行说，“大八洲的生成，出自天琼矛，形状和琼矛相似，所以叫细千足国。日本的雄武，真是应该的了。那天地开辟的时候，有多少的灵物，都不用他，偏要这天琼矛来开创，就是尊重武德、表扬雄义的原故”。天琼矛是男子阳具的象征，这一种创世思想，渊源于男性崇拜，是很明白的。就这思想和历史的系统看来，也可以晓得日本的尚武思想、军国主义，并不是由于中国思想、印度思想，纯是由日本宗法社会的神权迷信来的。近代德国军国主义的政治哲学，很受日本人的欢迎，自日俄战后，到欧战终结十几年当中，日本思想界最受感动的，就是普拉邱克一流的武力主义和尼采一派的超人哲学。最近一转而为马克斯的斗争主义，都有同类的因缘。我们看得到日本人的风气和中国最大不同的地方，就是日本人在任何方面，都没有中国晋朝人清谈而不负责和六朝人软弱颓丧的堕落毛病。连最消极的“浮世派文学艺术”当中，都含着不少杀伐气。这都是最值得我们研究，最值得我们注意的。

八 封建时代『町人』和『百姓』的品性

封建时代的政权、兵权、土地所有权，是藩主和武士阶级专有的。学问也是武士阶级专有的。教育的机关，除了藩学而外，私立的学塾，也是为武士而设。商人、工人、农夫，不但是在社会阶级上被武士压服，连智识上也是被武士阶级压服了的。日本从前叫商人作“町人”，因为他们是住在街坊上的。叫农夫作“百姓”，这大约是把中国的熟语用错了。这两种人的品性很可研究。农夫完全是靠务农生活，虽是一生一世，没有智识，没有学问，又没有社会上的荣誉地位，但是一生和自然做朋友，所以性格是很纯朴的。兼之那个时代的政治思想是重农主义，藩主武士们的脑筋里，受着中国民以农为本的感化，至少对于百姓们的人格，不会有很大的轻侮，所以还过得去。惟有商人，在社会阶级上，既然处于被治的阶级，住的地方，又和治者阶级接近，所营的生业，又要依赖治者阶级。只在一种极鄙陋暧昧的空气里面，作世袭的守财虏，性格上自然发生出很龌龊的卑鄙习惯来。人格上毫无地位的商人，当然不会有高尚的德性，因为高尚的德性，不但不能够帮助他的生活，反而可以妨害他的生活的。有名的实业家涩泽荣一，他有一篇论封建时代商人性格的文章，讲得很清楚，看他这一段话，就可以明白六十年前的商人气质了。

> 从前国家的租税，为主的就是米。也有征收蜡、沙糖、蓝、盐各种货物的。幕府及各藩邦，把自己所征收的货物，用他们的官船，装到江户——就是现在的东京——大阪去，用投标的方法，卖给大商人，大商人再卖给门庄的小店家。此外虽然也有直接向农家收卖米粮等类来贩卖的商人，不过大宗买卖，却是由官府出来的。所以那个时代的商人，不过是一种小卖店。这大一点的商人，所谓“藏宿”（是代官府卖货兼做货栈的商人）、“御用达”（是专替官府做买卖的大掮客）都是历代相传的大家。主人只要在屋子里面招呼一点年节计算，就可以了，其余生意的事，都是交给经理的人。到各藩府里出入，年节非送礼不可，对那些官吏，非请他们吃酒嫖妓不可，只要这种事做得周到，生意就大可以发达了。
>
> 这个时代，商人和官吏的社会阶级，相差得很远，绝对是不能够同席谈话的。极端的讲，简直就是没有把商人当人。江户那样的大都会，比较好一点，小藩地方，尤其利害。小小一个代官出门，商人农夫都要跪在地下。商人见了武士，无论甚么事，都是绝对不能够辩论是非曲直。如果武士们出了一个难题，实在不能应承，也不过只敢说，“贵意是一点不错的，请许我详详细细的想过之后，再来回明就

是”。总而言之，当时商人对武士，实在卑污到极点的了。

商人既处于卑贱的地位，当然养成了一种卑劣的性格。从前那些武士们，对于商人，是很鄙屑的，他们所读的中国书，也都是充满了贱商主义的文字，以为这是下贱人天生成了习性，叫这种性质作“町人根性”。骂人的时候，也就把这一句话用作顶恶劣卑贱的意义，一直到现在，上流社会里面的人，平常还拿这句话来骂人。就这一点看来，就可以晓得日本的封建的制度，一面是养成一部分食禄报恩主义的武士，一面也造成下贱卑劣的商人。武士的性格，是轻死生，重然诺。商人的性格，是轻信义，重金钱。一面是回教式的神秘道德，一面是犹太式的现金主义。所以承继武士道气质的武人，虽然专制，却是许多年来的历史，把他造就得意志坚强，自尊心丰富；能够不怕强权，同时也就不欺弱小；在战阵上能够奋勇杀敌，而在自己失败的时候，也就能够为惜名而自杀。我们要晓得欧洲尊重女子的风俗，是出于骑士怜爱女子，就可以推想所谓武士道的特质了。我常常想，何以欧洲人对于美洲土人，那样惨酷，竟忍心动辄坑杀数十万的土人，原来这种行径，绝不是出于纯粹的战士，而是出于拿了刀的商人和流犯。日本封建时代的所谓“町人根性”，一方面是阴柔，而一方面是残酷，以政治上的弱者而争生活上的优胜，当然会产生这样的性格。现在日本的实业家里面除了明治时代受过新教育的人而外，那些八十岁级的老人里面，我们试把一个武士出身的涩泽和町人出身的大仓比较研究起来，一个是诚信的君子，一个是狡猾的市侩；一个高尚，一个卑陋；一个讲修养，一个讲势利，这两种极不同的性格，就可以明明白白地看出武士、町人的差别了。

九 『尊王攘夷』与『开国进取』

日本推翻幕府，恢复王室的原因，大约可以下列几件事概括一切。是不是武断，大家且去研究日本维新的历史，便可以明白了。

（一）德川幕府本身的腐败。

（二）幕府和各藩的财政难、幕藩武士的生活难。

（三）外国势力压迫渐烈，于是引起国民“攘夷倒幕”的感情。

（四）有力的雄藩，如长萨等，向来不满于幕府，久存待时而动的念头，又兼地理上和海外及京都的交通接近，所以成了“尊王攘夷”的重心。

（五）德川执政以后，古学派的神权王权思想普及和汉学发达的影响。

以上所述的五个原因，如果一一叙述起来，决非这一篇小论文所能尽，总之当时日本幕府和各藩的情形，已经是到了穷极必变的时代。即使没有外来的种种原因，幕府的权力和各藩的地位，已经要动摇起来了。恰好这时欧美的势力，很猛烈地压迫了来，青年的武士们，只要看见外国人跋扈，幕府退让，恨得了不得，就标榜一个“尊王攘夷”的旗号去反对幕府。我们试看几十年欧美人记日本当时情形的书，就可以晓得当时倒幕原动力的浪人，差不多很像是义和团一流人物。在这个时代，各国强迫日本通商的行动，也一天比一天激烈。“黑船”的威力，决不是日本人的力量所能抗拒的。而且和兰的兵学输入日本很久，日本人已经晓得外国是有学问、有力量的。一面尽管说“攘夷”，事实上那里攘得来，于是在积极图强的必要上，当然更一面欢迎欧洲的学问。当时所谓“英学”“佛学”，英吉利、法兰西的学问的价值，渐渐的为一般人所认识。所以幕府一倒，“尊王攘夷”四个字的目标，就变成了“开国进取”。攘夷和开国，是两个矛盾的倾向，而这两个矛盾的倾向，都是造成日本今日绝盛的基础。如果没有义和团的精神，决不能造成独立的文化，这是我们所应当要晓得的。

倒幕府的事业是甚么人做的？就是那受神权思想感化的武士。京都来的几个公卿，本来就不过是装门面的。甚么三条实美、岩仓具视，不过是一般武士穿的号衣。这些武士们，平时脑筋里面，装满了英雄思想。幻想中的模范人格，不过日本战国时代的所谓七雄八将。甚么丰臣秀吉的雄图，加藤清正的战功，塞满一头。在这一种思想下面来标榜起“开国进取”，这开国进取的意思，也就不问可知了。从前丰臣秀吉征朝鲜，他的目的，从答朝鲜国王书里面，可以看得出许多。我且把赖山阳《日本外史》所记的抄出来。

> 日本丰臣秀吉，谨答朝鲜国王足下。吾邦诸道，久处分离，废乱纲纪，格阻帝命。秀吉为之愤激，披坚执锐，西讨东伐，以数年之间，而定六十余国。秀吉鄙人也，然当其在胎，母梦日入怀，占者曰，“日光所临，莫不透澈，壮岁必耀武八表”。是故战必胜、攻必取。今海内既治，

> 民富财足，帝京之盛，前古无比。夫人之居世，自古不满百岁，安能郁郁久居此乎。吾欲假道贵国，超越山海，直入于明，使其四百州，尽化我俗，以施王政于亿万斯年，是秀吉宿志也。凡海外诸藩，后至者皆在所不释。贵国先修使币，帝甚嘉之。秀吉入明之日，其率士卒，会军营，以为我前导。

由这一篇拟史汉体的文章里面，我们不单可以看出秀吉的怀抱，也可以看出那时一般人的思想。我们可以断言，这一种气魄，这一种怀抱，是武家时代以前的人所决不会有的。而且当丰臣秀吉以前，日本国内统一之基未立，民族独立思想未成，中国的失败未著，都不会刺激出这种“问鼎之意”来。无论一种甚么思想，似乎是先时代而生，实则也都是后时代而起。精神物质，是一物的两面，过去未来，是一时的两端。时代的生活要求产生思想，思想又促进新时代的要求，如是推移，乃成历史。然而就我们中国民族想来，以这样大的一个国家，这样古的文化，不能吸收近邻的小民族，反使四围的小民族，个个都生出“是可取而代也”的观念，这是何等的可耻呵！

在日本维新前的“攘夷”思想，是外力的压迫逼出来的，前面已经说过了，外力的压迫，大体可分为两方面，一是北方俄国的政治压迫，一是南方欧美各国商船的来航，这两件事所引起来的对抗思想、内容和方面，都有不同。由对抗俄国而起的攘夷思想是激越的、武力的，由对抗欧美诸国之航船而起的思想是打算的、经济的。这两个不同的事实所引起的不同的倾向，其后在开国进取思想上的影响，也是不同。直至明治时代，支配日本国防政策、外交政策的北进、南进两个潮流，也都和这两个倾向成很密切的连带，是我们所不能不注意的。

那时候的攘夷论，是些甚么内容呢？我们也可以举几条文献来看看。

（一）肥后国细川山城守的上书中一节说：

> 本朝自有大法，交易云者，不外通信，此外则一切皆当谢绝。

（二）佐贺藩主锅岛肥前守的上书中有一节说：

> 幕府之职，世号征夷大将军，此征夷二字，实为万世不易的眼目，当今太平日久，士气偷惰，正宜乘时奋发，耀威国外，乃足以挽回末运，奠定国基。

（三）川越藩主松平太和守的上书中有一节说：

> 凡诸外夷，对于皇国有敢为不敬者，允宜施以皇国武力，悉加诛罚，以光国威。

只此区区数节，也就可以揣测当时人的思想和知识了。在这样一种空气下面，最有力的刺激文字，就是宋明亡国的历史，蒙古满洲蹂躏中国的事实。一般有志气的人，时时把这一种事实，来鼓舞全国国民团结抵抗的士气。而鸦片战争和英法联军战争两件大事，更把日本全国的武士的热血，沸腾起来。一面以亡国的危险，警告国民，一面也学习不少的国际情形。所以中国在十九世纪初中叶所受外国的压迫，也是日本维新的大兴奋剂，梁川星岩《咏鸦片战史》云：

赤县神州殆一空，可怜无个半英雄。台湾流鬼无人岛，切恐余波及大东。

山内容堂《咏英法联军陷北京诗》云：

谁教丑虏入燕城，八百八街膻气腥。开帙独诵淡庵集，失声欲骂小朝庭。

这两首咏中国的诗，不用说是处处都对着日本当时的国情说话，想要激动全国士气的。幕府外受逼于外国的威力，内受逼于志士的责备，其非倒不可，实在已成了必然的事实。所以攘夷和倒幕，成了一桩事情，正和中国排满和排外，成为一个时代倾向，是完全一样的。

大家以为明治初年的征韩论，是萨藩西乡一派鼓吹出来的，其实不然。长藩里面的人，主张征韩，并不在萨藩之后。木户孝允、大木乔任，并且是最初顶热心主张征韩的人。大木乔任有一篇文章《论日本国是》，说“世界各国，惟有俄国，是顶可怕的，是顶能够妨害日本大陆发展的。日本如果要在大陆发展，应该要和俄国同盟，中国的领土，就可以由日俄两国平分”。这个意见，木户孝允极力赞成，以为是日本建国唯一的良策。他这主张，还在西乡隆盛之前。不过是后来大家虽是理想一样，政策上打算就不同。主张征韩的以为“国里面的封建制度废了，不赶快向外面发展，那些没了米吃的武士们，怕要闹乱子”。反对的人说，“日本国里面的政治，还没有改良，力量还没有充足，赶快要整理内政”。相差的地方，不过如此，并不是根本上有什么两样。

在这个时代，还有一般受了欧洲民权思想感化的人，晓得世界潮流，不是继续日本的法律政治，可以图国家发展。所以民权思想就同“开国进取”的思想，同时并进。力量最大的，就是英法的思想。据明治四年统计看来，东京一个地方，教授英法文字的学塾，已经十有一所。合了兰学通算起来，有十九所。就学的学生，有二千多名，可见明治初年时代外国文化输入的势力了。

我们将日本从封建时代变成统一时代历史看来，有甚么感想呢？单简讲来，就是日本的改革，并不是由大多数农民或者工商业者的思想行动而起，完全是武士一个阶级发动出来的事业。开国进取的思想固不用说，就是“民权”主义，也是由武士这一个阶级里面鼓吹出来的，还有一个最要点，就是“世界的人类同胞思想”，在前期和后期，都是由外来思想的感化而起。前期的“世界的人类同胞思想”，是由中国儒家思想给与一种政治和道德的世界大同理论。由佛教的众生平等思想，给与以世界大同的信仰。然而这一个观念，在武家时代，渐渐被日本民族优越的统治思想，压伏了下去。连奉中国文化为正宗，认中国为中国的意义，都被“中朝事实”那一种日本正统的神权历史学说压伏了。王道的政治理论，在乱时胜不过霸道的武力，也是必然的现象。这日本式的自尊思想，到得幕末时代，被欧美侵来的势力，又压迫出一个新体态来。民权思想和欧化主义，就是维新后的特产。这一种新的民权思想，自由、平等、博爱的思想，可以说是日本后期的“世界人类同胞观念”。一个闭关的岛国，他的思想的变动，当然离不了外来的感化。在他自己本身，绝不容易创造世界的特殊文明，而接受世界的文明，却是岛国的特长。我们观察日本的历史，应该不要遗漏这一点。

十 『军阀』与『财阀』的渊源

明治维新的政治思想，前两段已经讲明。还有一个极大的变化，就是商工业发达。现在日本已经由武士专制时代，进到资本家专制时代了。要观察日本真象，不能不晓得他商工业发达的渊源。因为今天左右日本政局的力量，并不只是几个军阀的领袖，几个垂死的官僚，实在是生龙活虎的富豪和富豪支配的下面的工商业组织。现代日本的上流阶级、中流阶级的气质，完全是在“町人根性”的骨子上面，穿了一件“武士道”的外套。这种气质，虽不能说上中流阶级，全部都是如此，但顶少都有一大半。——军阀和官僚，不用说是“武士阶级”的直系，那最有势力的资本家和工商业的支配者，不用说就是“武士”“町人”的混合体。政党就是介居军阀、官阀、财阀之间的大掮客。因为多数人的权利，并不是自己要求得来，是由少数人自己让出来给他们的。而且从祖宗以来，几百年遗传下来的被治性，决不是短期间里面可以除得了的。

现在乡下的农夫和藩主武士，已经很早脱离了主从关系。但是老一辈的人，听见藩主的名，还是崇敬得和鬼神一样。前几年间，旧藩主从东京回到他以前所统治的地方去，那些老百姓们，依旧是“伏道郊迎”。旧治下的武士们，依旧执臣僚礼节，现在老藩主渐渐死了，袭爵的人，和旧藩属地方，毫无关系，地方上中年的人，都没有直接受过封建制度的压制束缚，也没有受过他的恩惠，青年人更不用说。到这个时候，封建的观念，方渐渐的淡薄下来，可见“因袭”是颇不容易除去的。

明治初年，废藩置县以后，武士的世袭财产，被中央剥夺了。武士职务上的特权，被征兵令打消了。知识上的特权，被教育普及制度削去了。那些武士既失了世袭的财产，又失了世袭的职业。这时产业革命风潮，已经渐渐萌芽，失势的武士，要想得生活上的安全，也只好放弃了“武士道”的门面，向商业上去讨生活。但是向来不惯拿算盘、不惯说诳话、不惯向人低头的武人，一旦和那些“町人”去竞争，没有不失败的。维新后的武士，有许许多多，陷入沦落的悲境，都是这个原故。

中央政权，由幕府的手里，归了皇室，确定了统治的中心。这统治权的运用，既不是皇室独揽，更不是明治帝的专制，而实在是归了萨长两藩的武士手里。虽然有一两个“随龙入关”的旧公卿，如三条实美、岩仓具视之流，实在不过是替皇帝装门面，替飞扬跋扈的武士出身的新公卿，做一个傀儡。同时也在政治舞台当中，运用一种较为温和而高明的手腕，往来组织于各藩士的势力之间，做一个调和者。萨藩的势力，因征韩论的失败，完全驱出中央政府，执政大权，便是长藩武士独占了。这些执权的武士，也和失势的武士一样，晓得今后武士阶级是没有了，要发财一定非做生意不可。他们的位置很高，有政权做保护，有国家岁入的金钱帮助他们的活动。只要检定几种大事业，垄断起来，发财的方法就够了，用不着自己打算盘，用不着自己筹资本。

在第八节，我已讲过，从前日本的商业，都操在各藩手里。维新以后，对外贸易的趋势，一天增长一天。政府标榜出“殖产兴业”四个字，做政治的大方针，国内的工商业和对外的贸易，如潮似水地发达起来，“武士”和“町人”的结纳——政府和商人的结纳——也就从这里面越加密切。大家如果把明治工商业发达史，详详细细的里面外面去研究一番，这中间的情景，便都可以明白了。举几个例来说，现在几个大资本团，三井、岩崎、大仓，那一家不是靠做“御用商人”膨胀起来的？三井、岩崎这两家，还算是封建时代以来的老御用商人。大仓喜八郎，本是一个极穷的“素町人”，忽然发起几百兆的财来。这是靠甚么？不用说就是靠做政府的买办发财的了。

十一 维新事业成功的主力何在

一个时代的创造，有很多历史的因缘，决不是靠一两个人的力量创得起来。不过领袖的人格和本领，也是创造时代的一个最大要素。创造时代的领袖人物，不一定是在事功上，有的是以思想鼓舞群伦，有的是以智识觉醒民众。有的是靠他的优美的道德性，给民众作一个信仰依赖的目标，有的是靠他坚强的意志，一面威压着民众，同时作民众努力奋斗的统帅者。至于智仁勇兼备的圣哲，不是轻易得来，并且在很多政治改造的时期当中，这一种智仁勇兼备的圣哲，往往作了前期的牺牲，再供后代人的瞻仰，而不得躬与成功之盛。日本的明治维新，在思想上、社会上、国际上的种种背境，前面已经大概讲过了。我们看他，虽然是千头万绪，异常复杂，到底作民众活动意识中心的政治思想，只有很简单的几种趋势。而这各种趋势，却是像百川归海一样，顺着德川氏以来的民族统一国家独立的伟大要求，把日本人历史传说的王权神授思想，作了中心。明治维新当时几个大的运动，一方面有生活的切实要求，作他的分因，一方面有一个共同的信仰，作他的归宿。我们试把日本维新前后的历史，整个的通看起来，简直没法晓得，当时最有力量的领袖，到底是那一个？如果要在活动的人才当中去寻，活动的人才当中，只有寻得出干部，不能寻得出领袖。维新史形式上的开篇，当然要从明治前一年十二月发布王政复古的诏书算起，当时在京都参与这大运动的一般人，正好像一个乱蜂窝。宫中的一些公卿旧臣，外藩的一些藩士，拉拉杂杂，塞满了一城。当然，那时候主张一切的人，并不是后来尊为维新大帝的小孩子。公卿当中，算为顶能干的是岩仓具视，然而讲起实际力量来，依然不过是长袖中的破落户。就第一批发表的人物表里看看，“议定”十几人，参与几十人，究竟谁是中心人物，谁是掌权的领袖呢？藩兵的势力，以萨藩为最，当然萨州藩士领袖人物的西乡隆盛，占了纠合群雄的地位。然而在名分上，还是一个陪臣。所以我对于日本维新成功的历史，认为主要的成功原因，完全在于两点。一是有时代的切实要求，一是有人民共同的信仰。而这两个原因，又通同归结在历史上“日本民族统一的发展能力已经确实具备”的一点。“民族的统一思想，统一信仰，统一的力量”，这就是日本维新成功的最大元素。

如果我们把这一个基本的要点看差了，单纯在一二领袖人才上去寻他的成功原因，固然是寻不出，而且要拿人才的比较，去寻幕府所以倒的原因，更寻不出。至若兵力财力等的讨论，更是无用了。最奇妙不可思议的事，就是王政之所以复兴，各藩势力之所以能结合，幕府之所以能倒，封建制之所以能废，主力既在萨藩，而人物的伟大，亦不能不推西乡隆盛。至于他下面的人才济济，更不用说了。此外四大藩当中的土肥两藩的人才，也不算差，而且思想上的代表人物，都被土藩占尽。偏偏在征韩论破裂之后，萨、土、肥三藩的势力，倒得干干净净。当日一般维新功臣，到得后来，都弄到杀的杀，逃的逃。而掌握了中枢的兵财两权，直造出后来军财两阀势力的，却是几个不干不净的长阀贪官，这不是很奇怪吗？说到这里，我们更可晓得一代历史的创造，不是简单的东西，成功失败，不是绝对的问题，人才的良否，力量的大小，不是可以做绝对的凭据。在全时代的历史当中，一代革命的成败，民族势力的兴衰，文化的隆污，是整个的东西。个人事功上失败的，倒往往是时代成功的原动力，而个人事功上成功的，往往是享失败者的福。我们试把日本这几十年的历史通看起来，西乡隆盛失败了，然而他的人格化成了日本民族最近五十年的绝对支配者。各种事业的进行，都靠着他的人格来推进。当时随着他失败了的土肥两藩的势力，一化而为后来民权运动的中心，直到今天，他的余荫还是支配着日本全部的既成政党。那事功上成功的长藩，一方面既不能不拜倒在西乡的人格下面，一方面也不能不随着民论的推移，定他的政策。即以事业说，西乡的征韩论，直到死后十八年，依然成为事实，到死后三十年，公然达了目的。假使明治四年西乡的征韩论通过了，也许是闯了一场大祸，日本的维新事业，完全付之东流，而西乡的人格也都埋没干净。所以我们如果要读一代的历史，千万不可被事实迷住，不可被道德迷住，不可被理论迷住。我们要看得透全部的历史，然后读书才是有用的。我们相信中山先生所主张的三民主义，的确是现代唯一的革命理论，他不但在事业上，指导我们的将来，他的理论，自自然然地替我们解释了一切的历史。日本自丰臣以来，直至条约改正，这三百年间的努力，民族主义，的确是在无形中成了一个指导原则。从废藩置县、解放农民直到今天，是一部民权斗争的历史。现在已进入民生问题要求直接的普遍的组织的解决时代了。再把他横溯上去，推论将来，不外是一部为“人民的生活、社会的生存、国民的生计、群众的生命”而努力的历史。这经过当中的是是非非，都不可执一而论的。

十二　现代统治阶级形成的起点

现在我想把明治维新历史背面藏着的几件事实写了出来，从政治史背面的残酷和非道的当中，探讨日本现代治者阶级的来路。

（一）山城屋事件

有一个长州藩的武士，名叫做野村三千三。在维新讨幕的时候，和山县有朋一样都是做骑兵队队长。野村看见时代的趋向，渐渐从“刀”的势力，变成“金钱”的势力，于是弃官不做，想在商业上占势力。当时山县有朋正做陆军大辅，因为同乡同僚的关系，把国库里面的款子，借了六十多万圆给野村。野村便改了“町人式姓名”，叫做山城屋和助，和外国人贸易。后来折了本，不得了，山县没有法子，只好再借款子给他，希望他翻本。和助说，“要翻本，除非自己到外国去，实在调查，直接和消费市场发生关系不可”。亲自带了大宗款子，跑到巴黎去。到了之后，这位和助先生，被巴黎的女优迷住了，于是忘乎其形地大阔大用起来，弄成了新闻纸上的材料。巴黎的日本公使，莫名其妙，打了电报回日本来，请政府调查和助的来历。这个当口，刚巧做司法大辅的是一个著名硬骨头江藤新平。陆军省里也有许多很恨长州人的萨派军官。种种方面的力量凑起来，流用公款的事就被发觉了。还算这个时候，西乡隆盛出来调解，仅仅把一个管会计名叫船越卫的革职，完了这段公案。后来山县知恩报恩，把船越提拔起来做枢密顾问官，又把他的女儿，嫁给船越的儿子。

（二）尾去泽铜山事件

日本东北，有一个藩国，叫做南部。南部藩里的豪商，尾去泽铜山矿权所有者，名村井茂兵卫，因为一桩借款的事，替藩主垫了二万五千两金款。他们藩里的规矩，藩主借民间的钱，不写借字，要贷款人写一个凭据给藩主。字据写法也很奇怪，是“奉内借”的字样。直译出来，就是“奉内府所借”的意思。究竟是借藩主的呢，还是借给藩主的呢？照文字上，当然也可以说是借藩主的。废藩置县以后，各藩的债权债务，都由中央政府继承。这时候井上馨做大藏大辅，就指定说这笔款是村井茂兵卫所负的债务，要他筹还。村井哀诉苦辩，官府那里肯听。村井没法子，只得承认分五年偿还，政府仍旧还是不理。过了多少日子，忽然政府把村井所有的尾去泽铜山标卖，井上指定自己的

> 部下冈田平藏买了去。后来村井不服，起了诉讼，这件案子，也落在江藤新平手里，一定要澈底根究，办井上馨这般人的罪。三条木户极力袒护着，办不下去。江藤新平为此辞职。后来仅轻轻地罚了几个属员，就算完了。尾去泽铜山，依旧是井上的东西。由井上卖给了三菱公司，发一笔财。又和冈田平藏、益田孝这一般人，做起大生意来，造成功财阀元老的基础。这铜山是日本有名的铜矿，留心日本事情的人就可以晓得他的价值，在三菱公司，不用说是一件大宝贝了。

这两件事不过是已发觉的最著名事件罢了，此外没有发觉的事件，不知有多少。江藤新平因此非常不平，那抱升官发财主义武士身的新公卿，更恨江藤入骨髓，后来江藤新平在明治九年，起兵反抗政府，被政府军打败，捉来枭首，传示各县，江藤的子孙，至今沦落，都是由这种私恨发生的结果。

大正三年的海军受贿案，受有罪宣告的人，岂不是海军部内的重要当局和三井株氏会社的重要当局吗？为这一件事，三井费了许多钱，费了许多力量，运动减轻被告的罪名。海军的财部，三井的山本，到底得了执行犹豫。这一件案子正是证明“武士出身的堕落官僚”和“町人出身的奸商”狼狈为奸的好资料。日本的大商家，可以说没有一个不和陆海军当局结托，没有一个不和元老有密切关系。陆海军机关上的人物，和一般的官僚，也没有不联络商家的。固然，这种官商的结纳，绝不尽都营私舞弊的，他的正面的历史，就是国力的充实和文化的进步，不过在努力向上的方面看，“军国主义”“资本主义”“官僚政治”这几件事，也一样是互相关联，互相维持，没有资本主义不维持军国主义的，也没有军国主义能永远避免官僚主义之发生的。就前面所举这几个重要案件看来，我们就可以晓得，当日本初发起维新运动的时代，那时腰插双刀的武士里面，确是迎着蓬蓬勃勃的民气，出了不少的英杰。而一到了统一完成，国力巩固的时代，从前的志士仁人，或死或退，或另开新路，投入民权运动，握权的都不是道德高尚的人。然而他的国力依旧蒸蒸日上的原故，全在历史所造成之社会力和民族力全部的效用。不过因为这一种重大缺陷，第二革命的因，又早种下了。“武士”和“町人”的结纳，就前面所说的事情，已经可以明白了。由民权运动而起之议会政治下面的政党，他的前因后果如何呢？这个问题，也是研究日本问题的人，不能不留心的。

十三　政党的发生

同是一样的"武士"，受了"王政复古""废藩置县"的洗礼以后，也有得意的，也有倒霉的，也有间接做生意发财的，也有直接做生意折本的。十六年前，我旅居大连，有一天无聊的时候，同了几个朋友，到一个日本酒馆喝酒，遇着一个气度很好而智识也很丰富的歌妓，举止言谈，都不似流落在海外的普通妓女，问起他的家世来，原来是一个士族，他的父亲，乃是从前尊王倒幕时代的有名战士，在十年之乱的时候，随着西乡战死的。可见这"武士"阶级的当中，也就命运太不齐了。

那些武士靠废藩时候分得一点最后俸禄的公债，那里能够维持生活呢？一般得意的，变做新时代的阔人去了。而大多数的武士们，坐吃山空，既不能新式的洋文，又不通新式的操典。要想巴结着作官呢，也不是容易人人能够的。有些打不来算盘，而又跑去作生意，于是折本倒霉，倒十有八九，这种人不用去说他了。那一些能干有势力得了地位的志士们，当中也有许多因为机会不好，或是自己力量不够，或是脾气不好，或是派别不合，或是思想不同，虽掌了权而又掌不了全权，和占了地位重新被人家挤了下来的，又不晓得有多少。得意的武士，固然是飞扬跋扈，出将入相。那失意的武士，而又硬骨棱棱，不甘落伍的人，也就免不了要做草大王了。

江藤新平举兵，西乡隆盛举兵，这两件是最大的事。“神风连”的举兵，前原一诚、越智彦四郎等在福冈的举兵，这几件算是小事。在社会的全部关系上，都是有很重大的背景。但是从直发的原因看来，得意的志士与失意的武士冲突，失意的志士想要取得意武士的位置自代，是种种问题的因子。可是大势所趋，社会的历史的因果律支配着，得意的终是得意定了，失意的也算失意定了。失意的武士，受人讴歌，得意的武士，便受人唾骂，这些讴歌唾骂，一大半固然也有真正的是非在当中存在着，然而普通的原因，还是在同情于失败者的社会心理。如果木户大久保失败，江藤西乡这一般人战胜，就大势上看，如前面所说的，日本的维新事业，或者倒因此不能成功。至于在主义上说，依然是二五等一十，军国主义、资本主义、官僚政治，这几个必然运命所产生的结果，决计不会有两样的。

这些举兵的，算他们是勇敢，算他们是洁白，却总不能不说他们蠢，不能不说他们不识时务。为甚么呢？因为他们在一方面，既然看不见国际政局的关系，一方面又不晓得有立宪政治民权运动这一条最适当的新路。不晓得把藩阀的团结，变成民众的团结去组织政党，顺应时代的需要，造就自己的新生命。江藤新平是晓得一点的，但是热中政权之心太切，一点不肯忍耐，大部分又被意气鼓动着，被历史的习惯支配着，一到失败，便去举兵。西乡的举兵，固然不是出自本怀。（江藤举兵的原因，也有一大半是被部下逼着干的。）然而大多数的武士们的观念，总以为天下大事，只有兵力是最利害的，是能够夺取政权，达到快意的目的，而忘却了武力成功的前提，是在民众的需要，在时代的要求。古人论“兵”，以“道”为先，道就是主义，主义就是支配民众利害的理论。背道而驰，就是背时而行，结果没有不失败的。因为征韩论辞职的参议西乡隆盛死在败军里面，江藤新平又被捕枭首，一个气盖群豪的伟大英雄，一个高风亮节的廉洁学者，都落得如此悲惨的结果，寄与日本维新历史上一大段的泪痕诗意，作后人追怀感咏之资。此外征韩论时代活动得最健的板垣退助、副岛种臣、后藤象二郎这三个名士到那里去了呢？想起这一件事来，我们就要研究日本政党的发生史了。

五参议辞职之后，西乡隆盛回鹿儿岛办学去了。到底西乡的伟大，在这一件事上面，也可以看得出来。可惜后来被一般暴躁的小孩子硬断送了。五参议里面，最有新思想，在明治时代之前就主张四民平等的板垣退助，联合了后藤、副岛、江藤主张开设民选议院，发起爱国公党，后来江藤遭了横死，板垣恨得了不得。他说，“这样没有耐性的孺子，万万干不了大事”。提起半部《民约论》，唱着“板垣不死自由不死”的口号，回到土佐藩里组织立志社，大倡民权自由主义。西乡隆盛举兵失败之后，单想用武力改业的无效已经是证明了。差不多的武士们，也不敢再举兵了。迎着板垣的民权论，东也发起一个政社，西也发起一个政社。武士丢了刀，变做了论客文人，板垣的爱国社，成了政治运动的中心。一变为“国会期成同盟”，再变为自由党。不附和五参议辞职的大隈重信，也组织了改进党。这一个普遍而深切的民众运动，在一方面促进了日本的民权政治，一方面促成了废除不平等条约的事业，一方面促进了一般青年智识，为后来科学发达的基础，而现在的社会运动，也种因于此时。我们细细从种种方面考察起来，就晓得不单日本的立宪政治由此而生，连一切劳动运动、妇女运动，乃至今天最猛烈的水平运动，直接间接，都脱不了此时的关系。失意的武士和得意的武士，官僚与革命党，军阀与商人，保守与进步，每一个伟大的时代转换，必然是两面分化着，适合于当时人们生存的需要和能力，不断地进步。读历史的人，如果不懂保守主义者在建设上的功绩，也就不懂得革命主义者在建设上的恩惠。

既然有了政党，有了议院，和议院占在相对地位的政府，当然要想操纵议会，操纵政党。操纵的办法，只有两个，一个是压迫，一个是收买。再从经营工商业的人一方面看，没有政党，没有议院，一切运动，只要对政府一方面便得了，既然有了议院和政党，他们拿着立法权，所以无论甚么问题，都非联络议员，买通政党不可。从政党本身看，政党的目的，就是掌握政权，不能够完全掌握，也得接近政权。要掌握政权、接近政权，先要扩充党势。金钱这样东西，当然缺不了。所以政府既然有利用政党的必要，商人也有利用政党的必要，政党有利用官僚的必要，同时也有利用商人的必要，洁白的领袖和党员，用不来卑劣手段，受不惯势力压迫，当然干不了这样勾当，自由党之所以解体，原因完全在此。其后进步党的基础，也随着自由党的解体而动摇。最初成立两大政党的后身，都投降在军阀官僚的旗下。在“政治”这样茫茫大海里游来泳去，打翻身，顽花头的政客们，一定不是走官僚军阀的路子，便是靠资本家的豢养，朝秦暮楚，总是为的“政权”“财权”。而且还得不着政权财权，只不过依靠政权财权，讨得多少残羹剩粥，强的利用人，弱的被人利用，这虽不是日本一国独有的弊病，却是在民权的基础尚未确立，立宪政治的体用尚未具备，仅靠着依附弄权过日子的日本政党，这样毛病更是多极了。所以我说，政党的生命，必须要维持一种坚实的独立性。要具备革命性，才能够维持真正的独立。如果把革命性失却，独立性也就不能具备。甚么是革命性，甚么是独立性呢？当然不外乎“革命的主义”“革命的政策”“革命的策略”。这三样东西，更靠革命的领袖和革命的干部而存在。且看离开了板垣之后的自由党，一变再变成了甚么样子？政党变成了股票交换所，政党的干部，变成了“掮客”的公会，而军阀、官僚和商人，却成了有财有势的顾主。明治维新的末运，便由此现出来了。

十四 板垣退助

我们且把自由党的板垣先生的一生看看。他是日本民权自由运动始祖，在明治维新的人物当中，他是一个最特殊的人才。当时日本的维新志士他们的思想，都是很简单而且是复古的。维新这一个大事业的动机，完全在欧洲势力的压迫，对于世界的问题，那些志士们，只是一味的排外，再也造不出新的道路来。只有板垣退助，他不仅是尊王攘夷，他是看见必定要造成新的生命，然后旧的生命，才可以继续，必定要能够接受世界的新文明，才能够在新世界中求存在。在国内的政治上，他更看得见一代的革命，必定要完全为民众的幸福着力，必定要普遍的解放民众，才可以创出新的国家。所以他拿起当时刚译起的半部《民约论》，猛烈地主张自由民权，这一个运动，的确是日本一切政治改革、社会改革的最大动力。并且当时他和他的同志，不单主张解放农民，还努力主张解放秽多、非人那一种最悲惨的阶级。直到后来，他和他的几个旧同志，离开了政治社会之后，大江卓也还是奉着他的教义，专门从事水平运动。今天社会运动当中最有力的水平社，确是发源于板垣一派的自由运动。这一个民权运动，一方面使下层民众得到了多少的自由，一方面也造成了现代产业文化的基础。至于日本的立宪制度，不用说是他直接的功劳，所以不但是日本的农夫工人应该感激他，就是那些阔老官，也没有不受他们的恩惠，更应该要感激他的。如果没有板垣先生的奋斗，日本今天，那里有这样文明，这样发达，真要算他是近代日本的第一个恩人了。而且他的努力，是至死没有休息的，他晚年虽然绝对抛弃了政治活动，在很穷的境遇中，过他很严谨而诚虔的敬神生活，然而对于为民众谋自由的努力，仍旧继续着。看见日本政府对台湾那样的高压政策和不平等的待遇，非常痛苦，认为这是人道所不许的，于是发起台湾同化会，主张日本应该撤废特殊的统治台湾的法律，给台湾人一样有宪法上的权利。他以八十几岁的衰老身体，还亲自冒着大热炎天，到台湾去宣传。后来他一离台湾之后，日本的台湾总督，便把他发起的会所封了、办事人拿了。我从“文明”“人道”的意义上，很钦仰这位先生，从前每到日本，总去拜望他，但是我到他家里去一回，伤感一回。他本来不希望舒服，不希望升官，不希望发财，所以才落到这个境遇。苦也是他的本分，穷也是他的本分。这样一个讨幕的健将，维新的元勋，立宪政治的元祖，竟没有人理睬他，不是“门前冷落车马稀”，简直是“门前冷落车马无”，连一个讨材料的新闻记者，也没有上门的。至于他的生活呢，每年总有一两回连米钱房钱都付不出，穷到不成样子。我觉得日本这些惯讲“食禄报恩主义”的人们，直是完全被“町人根性”同化了。从前名振一时的大井宪太郎、大江卓也之流，落魄京华，更不用说是当然的了。但是我们再仔细研究一下，何以他们会落到如此的境遇呢？这是很明显的。板垣退助等所主张的一切主义一切政策，已经都成功了。而民权政治的毛病，同时也现出了。在这时候，他还是再作第二次的革命运动呢，还是随着时代腐化下去呢？第一件他不能作，第二件他不愿作。一面是不能，一面是不愿。他又不能开一个新生面，另立一个工作的方针，另造一种社会的事业。自然他的社会生命随政治生命以俱去，所能保存的，就只有一个使后人追慕的道德人格。所以一个民众的领袖，必须要时时刻刻能够顺应着时代的要求，不断的努力，不断的奋斗，失却“天行健”的精神，万不能希望事业成功，而抛弃了战斗的生活，只是作消极的隐遁，消极的劝告，也是不成功的。

十五 军国主义的日本与国家主义的日本

我们总理孙中山先生在《民族主义》第一讲上面说：

民族和国家是有一定的界限。要分别民族和国家最好的方法，是从造成的“力”是什么上面去求。民族是由天然力造成的，国家是由武力造成的。中国人说，王道是顺乎自然。换句话说，自然便是王道，用王道造成的国体，便是民族，武力便是霸道，用霸道造成的国体，便是国家。

这一个说明实在是分别国家和民族最好的定义。读总理书的人要晓得总理在这一篇讲义里面主要的目的，是说明国家主义和民族主义的区别。主义的意思，总理已经很明白的讲过了，是“一种思想生出信仰，再由信仰成为力量”，换一句话说，能够决定人类之生活的方式，生存的方向，生计的方法，生命的意思的主旨。再明白些说，就是人生的目的和达到目的的途径，就是主义。古人讲道德，道是什么，用字虽然不同，我们很晓得和今天我们所用的主义这一个字，是没有两样的。德就是能够行主义，而有得的能力和能力所发生行为之总和。所以并不是除却一个主义，就没第二个主义存在，而必定有二个以上的主义存在，方才发生主义的效力。凡是一个主义，必定包含着许多事实，必定认定有一个主义的本体，民族主义的本体是民族，国家主义的本体是国家，但是民族不是不要国家的，而民族主义的国家是以民族为本体，国家主义不是离开民族的，而组织不是以民族为单位，不能适合于一切民族的存在。更有一点我们要特别留意的，就是总理所主张的民族主义，是以民族之平等的存在发展为基础。主张民族即国族，有一定的分际，不能随意曲解。所以以一民族为主体而压迫他民族所组成的国家，是国家主义、帝国主义而不是民族主义。这都是就人类的目的和达到目的的途径立言，并不注重在详详细细说明民族和国家，而是注重在说明这两个主义。至若说到这两个团体的本身，他的成立经过，在历史上的关系，是比较复杂的。许多现存的民族，除了很野蛮的民族而外没有不是由几个民族混合而成的。所以“历史民族”即是“文化民族”，而“文明民族”即是“混合民族”。混合的次数越多，文化程度越高。民族的成立，混合是一个顶大的要素。混合的事实，就不外总理所指出的几种，一血统，二生活，三语言，四宗教，五风俗习惯。这几种混合的要素，都不外以“力”为结合的中心，强的可以吸收弱者，大的可以吸收小的。成功一个完全的民族，是要经过很长的岁月，这很长的岁月当中，要经过很多次的变迁，变迁的重要形体，往往仍旧不脱国家团结的形式，不过国家这一个形式，只是形式中之一种而不是全部，并且所经过国家组织，时分时合，随时是随各种自然力而为变迁。所以我们晓得一切国家，总不能离得民族的基础，一切民族，也不能抛开国家这一个工具，只是说到行动方针的主义，在今天这一个时代里，便有确然的分解，而不能够相混的。

我为甚么要把这一个道理来辩明呢？是因为要避免一种极端论者的误解。把事实和主义分别不清楚的人，往往会生一种错误的解释，以为民族的成立，绝对不要武力，而国家的成立，是单纯靠着武力一个力量。孔子说，“足食足兵，民信之矣”。孔子是不讲霸道的人，是反对武力的人，而他不能不承认武力是维持人民信仰的最大原因。中山先生也是反对霸道反对帝国主义的人，他的目的在救国，救国的手段，仍旧注意在造成适当的武力，作适当的活动。因为我们今天讲民族主义，我们的目的，是要建设民族主义的国家。说到建国，便不能不受“国家是武力造成”这一个原则的支配，要建国，要救国，而不注意武力，是绝对不得的。这些年来，中国对于武力，简直可以说没有正当的了解，有一个时代，一般国民的思想，几乎把武力鄙弃得不成样子。从民国三四年以来，到八九年的当中，听见武力就反对，以为这是一个顶不好的东西。就是最近这两年，风气变了一点，然而在“打倒军阀”这一个口号之下，一般人对于武力，依然没有正确的了解，连军人的当中，都没有敢主张军队是国家存在唯一的组织原素，战斗是民族存在唯一的动力的人，这的确是思想界的最大弱点。我们试看，人类的生活，那一样不是含得有很强力的斗争性的。就是血统、生活、语言、宗教、风习，这五种民族力的存在，那一样不是在斗争的当中进行着。“天行健，君子以自强不息”这一种努力向上的观念，是表明自古到如今人类生存竞争的真理。战争和武力是一切社会力的澈始澈终的表现，不过他不是目的而是手段，不是经常而是非常，不是全部而是一部。互助的组织和平和的幸福，乃是全人类经常的手段和经常的目的所在。所以我们不主张军国主义，而我们承认在建国的工作上，必须有军政的组织，在民族竞争的当中，必须造成强有力的军队，在世界的目的当中，必须要以中国民族的能力，为世界人类打不平。

过去和现在的一切历史事实，都是如此证明的。我们看见日本民族种种历史上的思想，看见日本维新的思想根据，使我们愈加了解“武力”和“战争”这一个事实，是建国的最要紧的手段。不是经过很多的恶战苦斗，费过很大的牺牲，民族的平等，国家的独立，是决计得不到的。我们要主张取消不平等条约，要主张中国人在世界上生存发展的权利，要为一切被压迫的人类打不平，必须要造成强有力的武力。今天我们反对中国的一切军阀，并不是因为他们有强有力的军队，而是因为他们不能为国家、为民族、为民众造成强有力的军队。试看过去他们的军队，如何的脆弱，如何的腐败，如何的堕落。他们的行径，说不上是甚么主义，他们的力量，更够不上维持甚么主义。中国的兵家，以孙子的著作，最有系统、有价值。今天翻译外国兵书的人，还是借用他许多的名词。他讲兵力的构成原素，第一就说是“道”。他为“道”字下的注解就是：

> 道者，令民与上同意也，故可与之死，可与之生，而民不畏危。

这一个定义，和总理宣言上所说“使武力与人民结合，使武力成为人民之武力”的话有甚么两样呢？我们中国人因为这些年受军阀的压迫太多了，所以只有从消极的方法，解释总理北伐宣言上的两句话，而不晓得在兵学的原理上，非此不能造成强有力的武力，作为民族争生存的基础。中国民族如果不能够决死，决不能够求生。

要想求生，必定先要敢死。要民族敢死，在今天世界文化的条件下面，必须要成“有意识的民众的武力”。在从前的民族竞争，只是单纯的争生存。单纯的争生存，就需要军国主义。今天的民族竞争，不单是争生存，而且是要争“有意义的生存”。我们的三民主义，就是今天生存的意义，要全国上下都能同意，要将士兵卒都能同意，然后才可与共死、可与共生而不畏危，这是我们今天的“共由之道”。

日本维新的历史，我们已经从前面种种事实讲明白许多了。我们再从国家的意义上看，可以看得明明白白，日本民族之所以有今天，完全是几次战争的结果。而这几次战争得到胜利，都是人民与政府同意的结果。就国内来说，倒幕府、废封建的完全成功，是明治元年之战、九年之战、十年之战的成绩。废除不平等条约，是廿七八年战争的成绩。取得世界强国的地位，是三十七八年之战的成绩。这几件重大事实，是我们不能不注意的。

十六 军国主义的实际

在世界大同不曾成就的时代，说国家是人类生活的最高本据，这句话恐怕不是过当吗？无论帝国的主义如何，既然是国家，就不能不受“国家是武力造成的”这一个原则所支配。古人讲政治，说是“国之大事，在祀与戎”。孙子论兵，说是“兵者，国之大事”。所以说到建国，决不能离开兵力。不单不能离开兵力，而且若不是举国的民众，在一个意志的下面，团结起来，认定军事是“生死之地，存亡之道”，上下一心，作真创胜负的豫备，是决计不成的。日本建国的思想，在前几章已经讲得很明白，他是在一种“民族的宗教信仰”下面统一起来的新兴民族。他们把古代的“满津里古登”（政治）复活起来了，他们所信仰的，是男性万能的君主神权，是武力中心的统帅政治，而“祭祀”，是他们理论上的政权出处。在这样一个国家组织之下，又当四围环境恶劣至极之时，其由封建政治一变而为军国主义的近代帝国，这是毫不足奇而且在当时也是很应该的。

日本民族在现代总算是强盛起来了。虽然在文化上，西洋诸国不过晓得日本是一个富于温泉而风景秀丽的地方，是一个以仇讨和情死为道德中心的民族，而同时把“浪子样”认为日本社会伦理的标准，而把“日本文化”和“小儿玩具”看成同等的东西，然而到底不敢轻视日本的国力和民族力。从东方全体来看，日本维新的成功，的确是有色人种觉悟的起点，是东方民族复兴的起点。前头几章，把日本“祀”的起源变迁，大约说过了。就戎的方面来看，日本是怎样的组织呢？这也是我们不能不十分留意的。

军国主义这个东西，不仅只是一个思想上的表现而已。如果他仅只是一个思想的表现，决不能成功一个伟大的势力，一定要成为一种制度。这一个制度，是以军事组织的力量，作政权的重心，一切政治的势力，都附从在军事势力之下，一切政治的组织，都附从在军国组织之下，必须这样，才能成为军国主义的国家。如果不然，即使拥有很多的兵，我们不能说他是军国主义的。譬如英美那样帝国主义的大国，我们不能承认他是军国主义，而黑山国那样一个小国，是很的确的军国主义。这一个道理，很多人是认识错误的。

日本军国主义的组成要点何在？我们第一要看他军权、政权是统一在甚么地方，所谓统制权的行使，是握甚么机关之事，国防、外交、财政、教育、工业，这几个重大的政治机能，是如何运用。第二要看他军队组成的制度如何，壮丁训练的普及程度如何，动员的施设如何，社会的风纪如何。我们要能够从这两点仔细观察时，就可以晓得，到日俄战后几年止，日本的确是一个澈上澈下的军国。虽然是开设了议会，制定了宪法，然而政权的重心，完全是在军事机关，操纵政权的主动人物，完全是武人，议会不过是调济民众势力与民众势力，民众势力与军事势力的机关。内阁的主要任务，是以民众意思和统治者意思两个重要事实作基础，从实际工作上，打理政治的分工合作，使军国的企图，能够确实成立。而且就整个的政治机能上看来，内阁的权能，实在薄弱得很，与其说他是内阁，无宁说他是最高行政会议。再从财政上看，统制配分的基础，完全是军国的利害，而不是国民经济的利害，配分的实际，是把军费作为主要目的，其他一切政费，都不过是剩余配分的地位。皇帝的称号恐怕不能确实掌握军国，于是再加上陆海军大元帅的称号。军令机关，以大元帅幕僚的意义，完全独立于内阁之外，直隶大元帅之下，不受政治上的任何动摇。掌握政治中枢权能的枢密院，在一方面，是皇帝的政治慕僚，在一方面，是政权的最高集中点，而实际上确是军令机关的政治代表处。外交方针、财政方针、教育方针，都以国防计画为基本，所以外交是军事交际，财政是军需，教育是军事训育。这一种关系，在思想上固然看得出，在政治上，在法律上，也可以看得出的。日本的政治组织，所以不能学英美，并且不能学法国，而必须学德国的原故，就是为此。由此看来，我们可以明白，一个国民的哲学，是说明他的行动，而不是指导他的行动。近数十年当中，各国的思想，传到日本之后，尽管可以风行一时，而能长久存留在日本，而且化成日本人的思想表现在行动上的，只有适合于他这一种国家目的的思想。反是则只于学者的研究，少数人的玩赏，而不能发生实际的效力。

再从这三十年来的政权起伏、人物交替上看，我们可以很清楚的看出他的一个奇特处来。就是换来换去，总在长州军阀势力的这一个圈子里。而政党的转换，更是从议会开设以后，一步一步和政权接近，便一步一步的被军阀同化。如果反乎这一个趋势的人，不是被压迫而倒，便是自己知难而退。英美式的两党对立的现象，固然不见之于日本，而法国式的小党分立的现象，亦复不见于日本的。自由党的势力，一附于伊藤，再附于西园寺——西园寺虽是公卿，而其实是很聪明地能够顺应军阀的趋势的人——最近分裂之后，老老实实地，附到田中大将的麾下去了。进步党溃裂之后，留着一个国民党的残骸，当桂太郎出而组党的时候，大多数的议员，也都走到他的麾下。这种情形，有人说因为日本的政党，民众的基础太过薄弱，其实民众基础所以薄弱自有原因，过去许多年当中，在军国主义笼照之下的日本民众，的确是讴歌军国主义而不讴歌政党政治的。这一个军国主义的势力，到桂太郎出而组织政党的时候，已经发生破绽了。大家都晓得，长州军阀的元老，除了山县有朋之外，第一个最有势力、有资望的，就是桂太郎。他是陆军大将公爵。在日俄战争之后，日本的政权，可以说完全操纵在他的手里。何以他要舍了军事上的地位而投身于政党的活动呢？在一方面，我们不能不佩服桂太郎的高明，而在一方面，我们不能不看见日本民众势力渐次勃兴。中国革命的成功和满洲帝室的崩溃，是给日本民众以最大刺激，同时给日本的军阀以最大刺激。桂太郎这一个人，的确要算日本近代第一个有伟大眼光的政治家。他看见世界大势的移动和东方革命潮流的涌起，知道军国主义的政治组织和军阀的政权，不能长久继续。于是乎他毅然决然，抱定造成政党政治基础的目的，跳入民众政治圈里。同时他又看见英帝国覆败的时期逼近，东方民族独立机运的勃兴。于是乘着战胜俄国的威光，同时作联德倒英的计画。可惜他到底是前时期的人，他看得见大势的激变，而看不到这个激变是从社会的根底动摇起。时代的转换，先从中心人物的转换起，天时人事，都不容他的雄飞，竟自饮恨而终。桂太郎死后，日本军国主义之政治的代表人物，可以说是没有了。接着寺内死了，现在的田中，明明白白是军阀的回光反照。所以论日本军国主义的时代，我以为桂太郎的死，是一个大关键。自此而后，一方面现出思想界的大变迁，一方面现出国际政治的大变动。不单日本军国主义走下坡路，全世界的国家基础，没有一个不走进革命期的了。

十七 中日国际关系与日本的南进北进两政策

甚么叫国际关系？甚么叫外交？我们要看清楚，他的基本，到底是在一个民族的发展，而国家仅是达到目的的手段。到得目的达到，手段的本身便随着变革，过去民族主义、会变成国家主义，国家主义会变成帝国主义，就是这个原故。所以主张民族主义而不同时主张民权主义、民生主义，以民族平等为基础，以民权为骨干，以世界大同为目标，则其结果必定会重蹈过去一切帝国主义的覆辙。三民主义所以是解决现代人类生存问题的最完美的原则，价值即在于此。我们看日本过去的历史，在他的民族统一运动当中，同时就发生帝国主义的倾向。丰臣秀吉征韩之役，明治初年的征韩论，明治二十七八年的中日战争，明治三十七八年的日俄战争，欧战中的青岛出兵，西北利亚出兵，这许许多多历史的事迹，都是在一条很明了的道路上行进，他是由民族主义一变而为国家主义，再变而为帝国主义。并且我们看得很清楚，他的民族主义开始的时期，已经包含着帝国主义的胎种，我们试读山鹿素行所著的《神皇正统论》

《中朝事实》，德川光国所编的《大日本史》，赖山阳所著的《日本政记》，我们已经很感觉到日本民族的目的，不仅在统一民族而在征服四围的民族，建设大帝国了。他们心目中的“神”，就是世界全体的意识，而“神皇”的思想，就是统治世界的意识，和罗马的“楷萨”、俄国的“查阿”、波斯的“沙、因、沙”、蒙古的“汗”、土耳基的“加利夫”的观念，是一些没有两样的。“继绝世、举废国、厚往薄来”这一种世界政治道德的观念，的确是中国这一个最古的“世界国”的特色，而不是那些“强而小的民族帝国主义”所能梦见的。

但是我们始终要看见，民族生存的对象是世界。民族主义发生的时候同时就是世界观念明确的时候。在从前没有中山先生这样崇高而伟大的三民主义发生的原故，一则是别的民族，没有中国这样久远而伟大的历史，二则全世界一切国家的关系民众生活的组织，没有今天这样密切而发达。所以在美洲独立的时代，有这样的观念而没有这样制度的主张，在欧洲诸国有反帝国主义的运动，有三民主义的实际趋向，而没有这样明了的意识。我们越是研究各国的历史观察，国际的交涉，民族的兴亡，越是确信总理的三民主义，不单是后来居上的政治理论，并且越是确信复兴中国国家道德的思想，是改革世界政治生活的起点。

世界一切民族的生活，到得有了交通，有了生产的交换，于是一切关系，便都是相互的了。甲国的文化，输入乙国，成立乙国新文化的资料。到了乙国新文化成了之后，又再输入于甲国，变成甲国改造的标本。如是互相影响，互相感化，互相逼迫，造成大同的基础。所以有了“车同轨”，必是会“书同文”。到了“书同文”的时代，一定会“行同伦”的。但是这一个人类文化大同的运动，在国家生活的当中，常常是用武力为推进的动力。我们看世界文化的交通，不晓得藏着多少悲惨的战斗历史。这盲目的战斗，如果是文明的民族战胜了，文化的推行，自然特别顺当而且迅速。然而历史上的事实不是如此。山蛮海寇侵夺文明民族的生活本据，残破文明民族的工作成绩，使文化的进展，一退几百千年，这样的事实，历史上不知多少。所以文明民族如果忘记了“奋斗”，忘记了“武力是文化推进的原动力”，这就是“文明的堕落”。“自然”所要的，只是人类的努力，人类的生存。“自然”是大公无私的，他不单是不私于野蛮，他也不私于文明。他只要惩罚堕落，惩罚文明的浪费者，惩罚懒惰而不努力求生存的人。为生存而奋斗的，自然给他生存。为文化而奋斗的，自然给他推广文化。除此而外，自然不给他甚么，也不听从他甚么。

我们试想，中国和日本这两个民族，地面的差异，人口的差异，都在十倍以上，而文化的差异，却是差了几千年。当中国文化的黄金时代，日本地面，还是穴居野处的生蕃，便是他所谓天孙民族的这个阶级，还不知是在何处。然而中国文化输入日本以后，不过经过一千几百年，他便造成了日本民族的统一。如果把一个日本三岛，当成一个世界来看，就是他已经造成了一个大同的文化，而旁边的中国民族，一天比一天堕落。最初赐文化给日本的朝鲜，更是堕落得不成样子，如果不衰，谁敢去问他鼎的轻重。中国民族如不衰败，日本何敢起侵略中国的野心。蒙古灭宋，这是刺激丰臣秀吉的最大事实。满洲灭明，英法侵略中国，两次订盟城下，是引起西乡隆盛等的野心的最大事实。自此而后，日本的内政一天整理似一天，进取的能力，一天增加似一天，帝国主义的雄图油然兴起，而历史上的传统政策，便确实进行起来了。

在日本维新之前，俄国的势力从北方压迫到日本来。这个时候，日本志士当中，已经生出一种防北的主张。开发北海道的政策，就是由此而起。这防北的政策，就是北进的基础。北进的道路，不用说是跟着神功皇后、丰臣秀吉以来的传统政策来的。他们唯一的目的，就是征服高丽，侵略满洲。在明治元二年，已经有几个很狂妄的武士，主张日俄联盟瓜分中国。后来中国的国力，一天衰似一天，满清统治能力的薄弱，已经被日本看透了。中法战争的时候，中国连战连胜，依然北京政府要忙着割地赔款，这样的情形，那里不引动日本的轻视呢！不止此也，此时俄国的势力的南下，一天紧似一天，如果日本不努力北进，他也怕唇亡齿寒，占了满洲的俄国，一定向高丽进取，以那样腐败的朝鲜王室和两班，那里当得起俄国的一蹴，所以他们的北进，也可以叫作实逼处此。中日战争和日俄战争两次的大战，他们也是拼着民族的兴衰、国家的存亡来的。究竟中国和俄国，都是世界的大国，以小抗大，而且是抗十倍之大，难道日本人真是疯子，一点不会作退一步的想吗？前进是生路，后退是绝路，他们也是算清楚了的。

日本开国进取的方针，不只是北进的、南进的策略，也是一个很重要的趋势。在幕末时代，压迫日本的外国势力有两个，一个是从北方来的俄国，一个是从南方来的英美诸国。从大陆来的俄国，引出日本的北进，而从海上来的英美诸国，便引起日本的南进。其实这两个名词，还是不很妥当，我们还是说他是“大陆进取政策”和“海洋进取政策”要明显些。代表大陆进取的是陆军军人，当然代表海洋进取的是海军军人了。中日战争之后，北进的政策，被三国干涉阻止了，而南方得了台湾，成为他海上进取的基础。日本的移民政策，便随着商业的关系，拼命向海外求生路。然而生路是很少的，布满了美澳两洲的“排黄运动”，不单是阻止着中国人的求生之路，也是阻止着日本人的求生之路的。所以这若干年的当中，日本在美洲的发展，也只有挤开一些中国人，得着一点苟存的地位，并不存为东方民族创得一些基础。太平洋的欧亚人种竞争当中，处处包含着中日民族的竞争。我们每看到日本人排斥海外华侨的言论，不惟引起我们一种愤恨的心理，并且使我们想到日本也是东方民族，何以竟没志气一至于此，真不由不替东方民族太息了。

十八 桂太郎

我们立脚在理论和历史两个重要的问题上面的人，我们一切的批评，只有事事根据事实，事事根据理论，我们不晓得有恩怨，不晓得有私交，不晓得有客气。我在日本有不少的至友，不少的先辈，或者可以说，我之社会生活，在日本还多过在中国罢，但是我们到得立脚在评论国事的时候，我们不能管那些，我们只有说明事实，阐发主义。

田中大将也要算是一个很熟的朋友了，他的幕僚部下当中，更有不少的至交。我在未批评他们之先，我想附带讲一句话，就是希望他们看见了这一篇文字之后，要深刻地反省，要晓得我的叙述和批评，是顾不得世俗之所谓客气的。

民国二年的春天，总理中山先生特地访问日本。那时我随从总理作秘书。在日本六十天的当中，一切演讲、宴会、访问、交涉，事事参与。那时一切经过，我至今还是很详细记忆着。因为那一回每事都是我作翻译，每一件事都有听两次说两次的机会。以后关于日本的交涉，总理常常命我负责去办，却是每一件事只有听一回说一回的机会，记忆反而减少了。

那一年在东京四十天的当中，最值得我们记忆的，只有一件事，就是中山先生和桂太郎公爵的会见。桂太郎这一个人，大家都晓得，他是日本军人政治家当中，最有能力而当权最久的一个人。日本自有内阁制度以来，没有他做总理那样久的。伊藤博文组阁三次，总共不过六年十个月，他也组阁三次，却有了七年十个月之久。他第一次组阁，是明治三十四年六月到三十八年十二月。在这几年当权的当中，他所干的两件最重大的事情，就是日英同盟和日俄战争。从外交史上看，大家都晓得英国是标榜“荣誉的孤立”的，在百年以来，英国没有和任何国家，缔结过同盟。这一次把百年政策之一的“荣誉孤立”抛弃了，和日本联盟，这自然是他认为有民族兴衰、国家存亡的大关系，才肯出此的。至于日本，以一个东方新兴的国家，才从不平等条约的束缚下面解放了不过十年，便和世界第一个强大的帝国结成攻守同盟，造成他战败世界第一大陆国家的历史，这真是日本民族最大的奋斗成功。不特此也，这一件大事，可以说把全世界都整个推动了。由日本战胜的结果，打破了东方民族不能战胜西方民族的催眠术，全东方的民族，都活泼泼地动作起来，世界民族革命的新潮，从此开始。因为俄国战败的结果，才造成英法协商和三国协商，继续五年死亡二千万的世界大战，以及俄、德、奥、土四大帝国的倒坍，都由此而起，无论是非如何，桂太郎这第一次登台四年零七个月当中的成绩，的确要算是世界史上空前的伟观了。

桂太郎的事迹，世间所知者大都如此。而不晓得他在日俄战争之后的计画，更属可惊。他的高识远见和通权达变，的确不是日本现在一切政治当局所能望其肩背的。在中国排满革命成功之后，他特意派人来对中山先生表示亲近的意思。及中山先生到了日本之后，那时他正是第三次组阁的时候，他特意约中山先生密谈两次。这两次密谈的当中，他和中山先生都可算是尽倾肺腑的了。而自此以后，桂太郎之佩服中山先生和中山先生之佩服桂太郎，都到了极点。两人之互相期望，也到了极度。桂太郎死后，中山先生叹气说，“日本现在更没有一个足与共天下事的政治家，东方大局的转移，更无可望于现在的日本了”。当桂太郎临死的时候，他对在旁视疾的最亲信的人说，“我不能倒袁扶孙，成就东方民族独立的大计是我平生的遗恨”。由这两个人的感情上，大家总可以了解，桂太郎的心胸和气魄了。何以一个帝国的大军阀领袖，一个民国开国的革命领袖，一个军国主义的权化，一个三民主义的宗师，会如此互相谅解呢？他们两人的互谅和互信，不是在学术思想上，不是在国家思想上，而是在以东方民族复兴为根据的世界政策上。桂太郎和中山先生密谈，前后约计十五六小时，桂太郎的话的要点，我可以记出来：

在清政府的时代，东方的危险，固然到了极点，同时失望也到了极点。那样腐败的朝廷和政府，那里还可以有存立发展的希望。而西方的势力尤其是军国主义大陆国的俄国，以最强的武力从北方压迫下来，海上霸王的英国，以最大的经济力从南方压迫上来。这个时候的日本，除了努力图自存而外，更无他道。而自存的方法，断不能同时抗拒英俄。幸而英俄两国，在亚洲的地位，立在极端冲突的地位，使我得以利用英俄的冲突，和英国联盟，居然侥幸把俄国打败了。

俄国这一个敌人，不是东方最大的敌人，而是最急的敌人。打败了俄国，急是救了，以后的东方，便会变成英国的独霸。英国的海军力，绝非日本之所能敌，而英国的经济力，绝非日本之所能望其肩背。我在日俄未战之先，极力想法造成日英同盟。现在日俄战争的结果既已分明，而日英同盟的效用完全终了。此后日本绝不能联英，而英国更不用联日。在太平洋上，英日两国，完全立于敌对地位。此后日本唯一之生路，东方民族唯一之生路，惟有极力遮断英俄的联结，而且尽力联德，以日德同盟继日英同盟之后，以对英作战，继对俄作战之后，必须打倒英国的霸权，而后东方乃得安枕，而后日本乃有生命。此生命问题非独日本，从鞑靼海峡到太平洋，全部东方民族的运命，皆以此计画的成败而决。现今世界只有三个问题，土耳基、印度、中国是也。此三国皆在英国武力与经济力压迫之下。然而只须解除其武力的压迫，则经济力之压迫，完全不成问题。盖此三国皆真可以成最富的生产国之要素，此三国皆不能为日本助。中国有可以为日本助之道，而此数十年来，内政既不修明，利权复任意放弃，且持其远交近攻之策以临日本。中日之战，中国如强，则绝不会有日俄之战。中国若强，则应为中日俄之战，或中俄之战，而不至以此牺牲，归之日本，我可断言。此两战者，日本不过以人民死生拼国家存亡，岂足以言侵略。若中国不强而甘受欧洲的侵略，且将陷日本于危亡，是可恨耳。

我有鉴于此，故前年有俄都之行。余之赴俄，世间谓余将作日俄同盟。余诚欲修好于俄，然同盟何能成，成又有何用。我所计画者乃是日德同盟。我因既不能以此事假手于人又不敢往德国，惹人注意，故与德政府约在俄都讨论政策。乃刚到俄都，先帝病笃，连以急电催回，事遂一停至今，真是一个绝大恨事。但我一日握政权，终必做成此举。此为余之最大秘密，亦为日本之最大秘密。倘此事有半点漏泄，日本将立于最不利的境地。在日德同盟未成之时而英国以全力来对付，日本实不能当。我刚才听见先生所论所劝告日本之策略，不期正为我志。我在日本国内，从不曾得到一个同志，了解我的政策。今日得闻先生之说，真大喜欲狂。中国有一孙先生，今后可以无忧。今后惟望我两人互相信托以达此目的，造成中、日、土、德、奥的同盟，以解印度问题。印度问题一解决，则全世界有色人种皆得苏生。日本得成此功绩，决不愁此后无移民贸易地，决不作侵略中国的拙策。对大陆得绝对的保障而以全力发展于美澳，才是日本民族生存发展的正路。大陆的发展，是中国的责任。中日两国联好，可保东半球的和平，中、日、土、德、奥联好，可保世界的和平，此惟在吾两人今后的努力如何耳。

现在中国的境遇如此，国力又不堪用，先生的羽翼又未成。刚才所云助袁执政云云，以我所见，袁终非民国忠实的政治家，终为民国之敌，为先生之敌，然今日与之争殊无益而有损。如先生所言目前以全力造成中国铁道干线，此实最要的企图。铁道干线成，先生便可再起执政权，我必定以全力助先生。现今世界中，足以抗英帝国而倒之者，只有我与先生与德皇三人而已。

这一件事，在政治道德上，中山先生和我始终守着秘密。直到桂太郎死，欧战发生，日本对德宣战，先生才对亲信的同志谈过。我们把桂太郎的话看看，再把欧战前后的事情想一想，假若桂太郎不死，东方的局面，可说绝对不是今天这样的。现在日本这一般政治当局，无论是政府的大臣，是政党的领袖，都是些随波逐流，没气力、没志气、没计画的普通政客。一天到晚，只把如何取得政权、如何保持政权作成唯一的目的。日本民族的将来，东方的将来，世界的将来，他们绝没作过打算。政治人才拂底的日本，前途的确是可危极了。至于中国今天在政治上的人们，或是永不读书，或是读一句书，喊一句口号。政治是民族生死存亡的大事业，又岂是这样所能成的，真可叹呵！

十九 秋山贞之

桂太郎是中山先生的一个政策上的同志，秋山贞之这一个人，也要算是中山先生最知己的朋友了。

秋山贞之死的时候，还是一个海军中将，是死后才追赠大将的。如果说桂太郎是日本军人政治家当中的伟人，这秋山贞之可以算是日本军人学问家当中的奇人了，我也把他的事迹谈一点罢。

秋山贞之，在日本海军界里，算为是唯一的奇杰，而同时是一个唯一的学问家。他的身材，正是普通我们意想中的日本人，非常短小。他的相貌，是很平常的。比如西园寺公望、桂太郎这一类的人，如果在人丛中见着，谁也一望就注意他是非常人，他们的面貌身躯，是很多特质的。而这秋山贞之，却不容易在形相上看出他的奇伟来，至多我们只能看出他是一个平常人当中富于修养的人罢了。然而他的奇特，却是很值得我们注意的。就学问说，他是海军中唯一的智囊，他的海军战术，是海军中的人认为可望而不可即的。大抵他是一个聪明绝顶的人，而他的知识丰富，知识学问的方面非常之多，他能够用他的聪明去用他，而他自己的目的，不是在做学者，所以他不曾用科学的方法去整理他，种种学问知识，在他的心灵上，化成了一种直感直觉的作用。所以人人以为不能及的，就是他的直感直觉。许多人说他是天眼通，他心通，这大约就是他那一种由很丰富的学识所化成的潜在意力的作用罢。在中日黄海战的时候，他作海军参谋官，黄海的战胜，他有不少的功绩。日俄的日本海战，他作舰队的参谋长，一切作战，都是他的主任，把波罗的舰队，打得片甲不回，就是他的作战。据他自己对我说，在俄国波罗的舰东来的时候，他只每日潜思默想，极意静坐。他确实从一种的心灵作用，明明白白地，晓得波罗的舰队的行动。当时大家都惶恐，畏惧波罗的舰队的伟大威力，而民间更是恐怖得利害。他自己却是有很坚确的信念，认定自己必定能够歼灭波罗的舰队。以后一切作战，都是这一种很坚确的信仰的力量，而不是用科学的方法。要是靠科学的方法，日本舰队决非波罗的舰队的敌手。当时他常对我讲起许多日本海战的故事，多是玄玄妙妙，半宗教半哲学的话。这个人的性格，和平常日本的军人不同，他是非常朴素温厚的君子，绝没有普通日本军人那样矜骄欺诈的习性。我认为他所说的话，不是假话，不过他的认识和说明，是否正确，当然又当别论的。

他的努力，是平常人所绝不能及的。他一天睡眠的时间很少，他的刻苦用功，只有“手不释卷”四个字，可以形容，不是看书就是测图，此外就是静坐。他是一个很热烈而诚挚的神教信徒，他确信信仰是一切道德的极致，在一切修为中，有最大威力。他的宗教思想，当然是纯日本式的民族神权论，正是素行派哲学思想的余脉。不过他不是一个理论的信者而是一个情意的信者，在仪式上，和普通日本信神的人一样，完全是受佛教的感化。

他是这样一个人，何以总理和他那样交好呢？这也完全是在政治的主张上，他是一个很热烈的南进论者，同时他是一个排英美的论者。他的南进论和排英美论，完全是立足在有色人种的复兴上面。他不是讲大东洋主义，不是讲大亚洲主义，也不是讲大日本主义，而是主张人类的平等。他以为“人类都是神的子孙，文化是人类共享的工具，世界不容一种人专横，文化不容一种人垄断”。他在政策上，和桂太郎大略相同。他以为日本不可以造成陆军国，而且不能够造成大的陆军国。日本人的运命在美洲澳洲。但是要达到这个目的，除是土耳基、印度、中国三个大民族都完成了独立，打倒了英美的霸权，要海上的自由完全实现之后，诸大陆的移住自由，才能实现。所以他在这一个论据之下，极力盼望印度的革命成功。他认为印度的革命成功，是东方民族复兴的总关键。如果印度的革命不成，其他的一切努力，都不能完全有效。他在这一种观点的下面，和总理成了很好的朋友。他对于总理的革命事业，在物质上、精神上，都有了不少的援助。而他之援助总理的革命事业，是很纯洁的，不单是不含有半点策略，并且不带有半点虚荣，至今日本人很少知道他和总理的交谊如此之深，也足以表明他是作事不求人知的。

张勋复辟的那一年，田中义一还是作参谋次长，而他那时的权势，可以说是倾动一时的。参谋总长是萨藩出身的上原大将，是绝不问事的傀儡，一切大权，尽在田中的掌握，他的全付精神，都是注意在中国大陆的。那年的四、五月间，他特地到中国来，到徐州见了张勋，又游了长江沿海。到上海的时候，曾和总理见面。在他回国之后，中国的复辟风说，已经遍布全国，而报纸上也盛传田中到徐州，是和张勋的复辟有关。这个风说，越传越紧，在六月初旬的时候，已经是山雨欲来风满楼了。总理此时便派我到日本去调查复辟运动的内情，究竟如何。去的时候，带了许多封总理的信，这当中最重要必须讨问的人，就是陆军的田中中将和海军的秋山中将。

我是六月十六日从上海起身的，到东京大约是二十一罢。向例我到东京总是住日比谷公园附近的“旭馆”，那一回刚逢着议会开会期，旭馆被国民党的议员们住满了，我只好住在筑地的“冈本旅馆”。筑地这个地方，本是东京的最低地带，我向来不愿意住的，这一回算是第一回。

房间定好，稍为休息了一下，我便最先去看秋山中将。那时他是海军军令部长，海军军令部和陆军参谋本部一样，是最高的军令机关。他当时要算是海军的最高领袖。然而他的住宅，是非常简微的，照当时日本的房价，至多不过月租三十元的小房子。我向来是去得惯了的，所以从花园的篱门进去直到了他的书房。他正端坐在图书堆中闭目习静，听见有人进去，把两眼睁开，一看见是我，他好像大吃一惊的样子，把身子向后一退，指住我说：

　　你几时来的，你，你的面色很不好。

我倒被他吓了一大跳，我答说：

　　我刚刚才到，我一落旅馆，立刻就动身到先生处来的，我这一回因为旭馆住满了，住在冈本。

他重新把眼睛闭下，把两只手合着，默念了一两分钟，又重新向着我说：

还好，不要紧，这不是你有甚么祸事，是因为你住的地方不好，那个地方不久就有天灾，你快些搬到最高处去住罢，低地住不得。

我越被他闹糊涂了，但是我晓得他一向是如此神里神气的，然而又不好反对他，我想一想，对他说：

东京最高的地方，要算是六番町的金生馆了，搬到那里好吗？

他说很好，赶紧搬去，只有这一个地方可住。我此时才把总理的信取出送给他，我问：

先生看中国的大局如何？

他又把眼睛闭上，照例默念了几分钟，把眼睛睁开说：

中国不出十天，有国体的变动，这个变动，发生在北京，可是发生之后，不过三天，便仍旧失败。

我再问他时，他说，我的能力，现在只能见到如此，以后的事情，且待这一个局面现出之后再看罢。我又坐了一会，谈了些别后的闲话，便告辞出来。我对于他的话，明知是很有意思，而对于他的态度，总是不能释然。回到冈本旅馆，用电话向金生馆定好了房间，嘱咐旅馆给我把行李移去，出来便去看田中中将。他住的是一间和洋折衷式的相当的华屋。书斋里面，很精致地排列着许多书橱，金光眩目的书籍，插满一室，当中放着一张洋式书案，和秋山那一个中国古代式的乱七八糟的书房，是大不相同的。我走到他的书房里之后，田中还没有出来，我一人坐在书房里等，看见他壁间挂着一付泥金笺的簇新的对联，是张勋新送的，上面题着“田中中将雅正”，下面题着“弟张勋拜书”，对文我是记不得了，大约不见得会是张勋的亲笔。虽然在那样的时候，看见这付对，不能不有种种联想，然而文字应酬，是中国人的通常习惯，我也不很以为奇怪。等一会田中中将出来了，他看见我注意看张勋的对联，似乎是很不安心的样子。寒暄既毕，他自归自急急的尽管讲他如何反对中国的复辟运动，如何特意为此去见张勋，叫张勋千万不好复辟，越说越长，越长越奇，我绝没有说他和张勋有关，没有疑他叫张勋复辟，然而他如此大费唇舌地辩明，真是一件妙事。但是我见了这两位中将之后，我对于时局的观测，已经得了不少的基础，人也倦了，时候也晚了，我就回到金生馆。

我一到金生馆的门口，就看见绝不似寻常日子，门前是车如流水马如龙，一望而知这里面有活动人物住着。住定了之后，细细问旅馆的主人，原来“日本的中国复辟党”，都聚会在此地，肃王派、恭王派、宣统派的领袖都齐了。满清倒了之后，清室的亲贵们，只有藏着过安乐日子，那有一个人有甚么复辟的勇气。所谓复辟党，在中国人中除了张勋、升允之外，恐怕就只有吴稚晖先生之所谓老鼠精一派的古董骗子。所谓复辟运动，只有在日本才有，只有日本的几个北京浪人、满洲浪人，才是整天家兴风作浪。此时正是他们大举兴师的时候，听说是大仓组拿出二百万运动费给他们，所以摆得出车如流水马如龙的架子。

当晚我就写了一封很详细的报告，寄给总理。我的调查任务，算是达了目的，在东京住了三四天，便动身回上海。等我刚离了东京，一两天内，东京湾便发生很大的海啸，飓风把海水卷起，筑地一带，变成泽国，街上都用小船搬置人物，秋山中将之所谓天灾，大约就指此了。及我回到上海，张勋的复辟，已经发动，报上已经满载着甚么封王封侯的记事，可是刚刚三天，马厂兵到，一场皇帝梦，依然如梦幻泡影，这就是秋山中将之所谓“北京有国体变更，不过三天，必然失败”。但是何以他能够如此灵验，说得一点不错呢。总理说：

> 秋山中将是日本第一个海军的学者，他对于气象的学问，本来有专门的研究，而海军军令部，是不断地接受各国各处天文报告的，何处发生飓风，这风有多大的力量，几时可到东京湾，他是应该计算得出的。他是政府中最高的当局，他明明白白，晓得种种的消息，他在主义上，对于张勋等之所为，是反对的，我们去问他，他既不能不告诉我们，而他的职责上，万不能随便讲话，所以只好假托神仙，从静坐默念的当中，显示他的意见。

对了，这一场公案，我们得到最正确的解释了。只是现在想起来，“此地无银三百两，隔壁小二不曾偷”两句话，确实有些意思。只可惜秋山中将这样一个天才，这次和我相见时，已经得了不治的癌病，不到六个月，便作了古人。陆军的桂太郎死了，海军的秋山贞之死了，日本海陆军中，现在恐怕再没有一个有意识的人才罢！

二十 昨天的田中中将

我们要晓得，近十五六年以来，中国的政局变动，没有一回不是受外力支配的。在这十五六年当中，除了我们总理中山先生，他的一切行动，是主动的、独立的以外，握政权的人的行动，几乎尽是站在被动的地位，而大多数是被帝国主义的势力支配着。帝国主义者叫他东他不敢西，叫他西他不敢东。“操之自我则存，操之于人则亡”，中国人失却了建国的能力，这是一个最大的证据。所以总理说：“不平等条约不废除，中国不能够得到民族的平等，国家的独立，则永无统一的日子。中国不统一，最大原因，是中国人自己失却了自信力而甘心受制于外国。同时一个外来的原因，就是掌握着最大的兵力财力的外国人，以不平等条约为工具，以中国人无自信力为机会，而来中国捣乱。”这是的的确确的。我们在前面许多叙述当中，总应该看得出，日本何以能强，何以能统一，何以能吸收欧洲的文化，把他组织起来，变成日本统一的民族文化，这完由于日本民族的自信力。“信仰”是生存的基础，“信力”是活动的骨干。

这种地方，是中国人应当切实反省，努力自新的。

自从欧洲战事发生以后，欧洲列强，没有一国能在中国作政治的活动，于是中国的政治问题，完全被日本人操纵着。操纵中国政局的中心人是谁呢，这是我们所不能不知道的。

田中义一大将，是日本长州系军阀的嫡孙，是山县有朋的家督相续人，前面我已经说过了。他最有声有色的活动，是在他的中将次长时代。而他有声有色的活动，既不是像桂太郎那样大刀阔斧的创造生活，也不是像秋山贞之那样生龙活虎的精神生活。他只是在日本传统思想、传统政策、传统势力下面，运用他的聪明和才智，一天到晚干着。干的甚么，是没有一定的计画、一定的方法、一定的把握的。他只是要掌握日本的政权，而如何施政的理想是没有的。他只是想操纵中国的政治，而中国政治的重心在何处，是永远不认识的。他只是看见日本的社会倾向变了，革命的风潮起来了，中国的民众觉醒了，中国的革命势力扩大了，世界的趋势紧张起来了，日本在东方的地位动摇了。他对于这些现象和趋向，他恐怖得很。他怕日本藩阀失了政权，怕日本的神权失了信仰，怕日本的帝国失了生命，怕中国的革命运动阻碍日本传统政策的推行，同时又怕中国的革命影响及于日本的民众，怕世界的潮流推倒日本的地位和组织。明天怎么样他不明白，明天应该怎么样他没有一点打算。只是恋着过去，恐怖将来，于是敷衍现在。而又不甘于敷衍，于是一天到晚开倒车。开一回失败一回，而他尽开着。恋着的过去是没有了，而他的意象中不能抛却。恐怖的将来片刻不停的迎面而来，他也不能阻止，也不能变换。心劳日拙，愈用智慧而愈是愚暗，愈用气力而气力愈是消失。政治家当中有成功的英雄，有失败的英雄，田中大将的将来，恐怕是失败的非英雄罢！我说这些话，并不是故意对于这位老先生加以菲薄，现在日本的地位，和他的历史关系，本来不是容易打得破因袭的势力支配的，不过想起他过去一切无益而有害的活动，实在不能不为中国、为日本、为东方一切民族叹气。

我有几年不到日本，今春奉命使日，在东京见过田中大将一回，他的精神仍旧很好，他的雄心仍旧不衰，不过我总觉得有一个很大的不同，从前的田中中将，一天到晚是我要干，今天的田中大将是我不能不干。要干的田中中将的意识是在推动时局，不能不干的田中大将是被时局推动。要干的田中中将的意识是“不怕”，不能不干的田中大将的意识是“怕”。

中山先生在日本的时候，对于田中，也是很属望的。中山先生向来对于任何人，总时时刻刻希望作他的同志。因为中山先生不承认世界上有坏人，也不承认世界上有不能变易的人，他认为一切人类行为的错误，只是“不知”，如果知了，他一定能行。当时的田中中将，是很有活气的。他又在操纵日本政权的地位，那时对于一切国际的问题，可以由田中的方寸来决定。因为那时日本一切外交方针的决定，都是受支配于国防计画，而内阁政策，也就受支配于参谋本部。虽然内阁总理有权可以决定政策，然而没有权保障他的地位。参谋本部的法律上地位虽然不能支配政权，然而实际政治作用上可以左右内阁的成败。在这样一个重要地位的田中中将，倘若能够具备秋山军令部长那样的思想，中国的革命事业，要容易进行许多。因为日本的地位和力量，足以左右中国的时局，并且可以障碍中国一切事业的进行，阻止一切事业的成功。尤其在每一次战事发生，日本人必定操纵了中国全国的交通。参谋本部的武官，是布遍了各处重要都会。各方面的领袖人物，都和他们的驻在武官发生关系。而那些驻在武官，也乐于和领袖们发生关系的。无论在怎样困难的地方，他们可以有通信的自由。无论甚么地方的变动，他们总得着最快的情报。在中国地方，政治军事的情报，最确实而最迅速的，恐怕要算日本的参谋本部了。中山先生所希望于田中中将的，第一是希望他抛弃日本的传统政策，第二是希望他改正一切认识错误，其他的日本人，没有比田中的地位关系中国更大的。然而这希望是绝没有效果，一切动植物，都可以变成化石，而化石决不能再变成动植物。

民国五年的排袁运动，日本人是有很大关系的。日本人何以要排袁，这是知道东方历史的人所能了解的。在中日战争的时代，袁世凯驻在高丽，运用高丽的王室和政府排日，是袁世凯最初的政治活动。此后袁世凯当了政局，虽然一样是拜倒在帝国主义列强的权力下面，然而却不是专一服从日本。日本近二三十年来，对于中国的事，他要垄断，对于中国握政权的人，谁能够一点不疑惑不反抗，倒在日本权力的怀里，日本人就帮助他；反对日本的不用说了，就是主张亲日的人如果不能够倒到他怀里去，也是不受日本的恋爱的。袁世凯不单是不能倒在日本的怀里，而且时时要用远交近攻的政策，这是日本人排袁的第一原因。其次是机会。当时日本人也看见中国排袁的风潮决不能够镇压，袁世凯的倒坍，已成了必然的运命。顺着这一个时势，扶植起倒袁的人来，也是他们操纵中国政权的机会。聪明的参谋本部的聪明的田中中将，他是不肯放过这一个机会的，这是第二个原因。

所以在他们化石的脑筋里面，始终是不愿意中国革命成功，不愿意真正的革命党在中国占势力的。说起这件事，也有一个历史。辛亥革命的时候，西园寺公望作内阁总理，此人也是日本近代政治家当中一个最有能力的人。他是京都的旧公卿，维新时候，作倒幕运动的公卿当中的最年青者。性格的确是贵公子当中的模范人物，聪明而老诚，风流而沉着，忍耐而有决断。他的思想，含得有不少的法国派的自由气习，对于现在政治和社会，很能了解。同时他自己是老公卿，维新时代和武士们共事又最多而且久，所以训练成一个圆熟而有才华的政治家。一切元老当中，他的头脑，化石的部分最少。当武汉革命军起，日本的宫中府中，不用说是起了极大的震动。那时有两派的主张，一种人主张要出兵帮助清廷镇压革命，一种人主张守中立，不干涉中国的时局。长阀元老的山县元帅，作枢密院议长，在御前会议的时候，山县便主张出兵，枢密院中的老人辈，不用说附和山县的很多。西园寺很平淡地说，“革命不是一件好事，一国最好是不起革命，但是一旦起了，他必定要成功，不到成功则政治永不安定，这是历史的原则，所以帮助他国镇压革命，是一件不应该而不可能的事情”。这一个议论，成了当时日本庙议的决定。本来，日本军阀们所以反对中国的革命运动，第一个要点，就是对于革命的恐怖，怕中国的革命影响及于日本。究竟这一个恐怖，是不是应该的呢？我认为是应该的。因为革命运动一方面是事实，一方面是思想，这两件东西，都有同类比附，同声相应，同气相求的可能。日本虽然是经过了一次的民权革命，推翻了幕府，统一了全国，开设了议会，发布了宪法，然而经过数十年之后，前时代的维新，已经生了一种惰力，而新组织起来的社会，起了一种新的要求，同时也生了一种新的缺陷，民众势力和藩阀的势力，早已成了对立的现象，“打倒军阀”的运动，当时已经渐渐普遍及于民间了。如果中国革命的成绩良好，直接间接，对日本的军阀，足以成为一个打击，第三次桂内阁之所以倒，当时民众运动之所以勃兴，的确是中国革命的影响。有这样的关系，这样的历史，自然山县有朋的子孙辈，一定和山县有朋的思想，是一个脉络、一个形态。

所以在中国倒袁运动起来的时候，田中中将的行动是很值得我们注意的。他第一件大事，就是在南方扶植岑春煊、唐继尧而压制中山先生所领导的中华革命党。那时他的说法，是说南方的势力要团结、要联合，不可分散。他们分析中国的势力，决不用革命、反革命做分析，而用南方、北方做口号。确实当时有许多国民党人，甚至许多同盟会的旧人，也忘记了“革命”而注意在南北，日本人的说头，更是有根据了。当时参谋本部派青木宣纯中将到中国来。在青木下面作实际工作的，就是今天参谋本部第二部长的松井石根。南方各军的交通和势力的集散，政府的组织，可以说都出自青木公馆。岑春煊之回国，回国后之活动，军务之组织，政学系、研究系之联合，此中关键，都在东京参谋本部。不止此也，田中中将此时的注意是很普遍的。他在中国的中部，又扶助张勋，以为后日督军团运动和复辟运动的伏线。在中国北部，又扶助段祺瑞以为后日握掌北京政权及压制黎元洪打倒张勋，对欧参战，中日协约种种问题的伏线。还不够，又努力扶植张作霖在奉天的势力，以为此后几次奉直大战和此次奉军南下的伏线。而作来作去，他总有一个主点，就是不要中国统一，尤其不要中国统一于革命，不要统一于革命领袖的中山先生。此后数年之间，中国一切纠纷扰乱，没有不和此刻田中中将的方针，有直接间接的关系。当然六七年以来的民众运动，自五四运动以至于今日，虽然中国民众不知有田中，田中不欲中国有民众，然而无有不和田中的思想行为，有密切关系。因为有许多事件，都是田中中将的政策的结果。至若日本的资本家、商人，一切对中国、在中国的言行，更不用说和田中中将的言行，关系非常密切。日本现代资本家的来路，在前面几节的记事当中，已经略略画出一点影子。自倒幕的时期以至于欧战发生为止，日本的资本家，仅可以说是御用商人而不是独立的事业，一举一动，当然以政府尤其是和陆海军当局的意志为目标的。

在前面的叙述里面，我们应该了解最近若干年中日本军阀和中国政治社会一切变动的直接间接的关系。我们看得出一个民族的生命，最要紧是他的统一性和独立性，而这统一性和独立性的生成，最要紧的是在于他的自信力。一代的政治运动也是如此。如果一个团体，一个团体的运动，乃至一个政治家的活动，失却了统一性和独立性，失却了自信的能力，结果一定是失败。不单是失败而已，因为这一种没有统一性、独立性的运动，在社会各种阶级、各种组织上面，只有生出无目的的破坏而一败不已，失却“自动力”的社会，任何道德、任何制度，都不能建设。日本民族之所以强与中国民族之所以弱，完全以此为分际。总理这四十年的努力，要点在何处呢？就是要唤起中国民族的自信心，造成中国民族的统一性和独立性。革命是创造的，是建设的，是独立的，是统一的，三民主义是自信心的保障，是独立性和统一性的保障。中国人不能澈底接受三民主义，就是因为“不自信”的原故。

任何帝国主义者在中国能够操纵，都是利用中国人的这种弱点。不单是帝国主义者，一切外面的势力，能够侵入中国，来压迫中国的民众，捣乱中国的政局，或是拆散中国的社会，其根本的原因，都是在内而不在外的。袁世凯以下，若冯、若段、若张、若岑，乃至今天已失败的吴佩孚，在失败中的孙传芳，一切等等，他们的特质在那里，就是在原是一个中国人而没有中国人的自信，只能作依草附木的生涯，只能倒向外国人的怀里去。

我们把日本的维新来看。在思想上，中国人普通总晓得日本人是受西洋很大的感化。法国的自由民权说，鼓动日本的维新；而德国的军国主义的思想和制度，成就日本的维新；但是始终日本的重心是日本，日本的基础，是建设在日本。巴黎并没有能够指挥日本，柏林也并没有能够指挥日本。如果有了这一天，就是日本的亡国，并且会是亡种。我们再看俄国的革命怎么样。德国的思想在任何方面，都供给俄国以很重大而紧要的资料。并且俄国一九一九年革命的发动，还是起自柏林。然而一旦成为俄国革命的时候，俄国的一切，都是自己支配。俄国的革命党，立刻建设起一个革命中心的莫斯科。他们不单要支配俄国，还要支配世界。柏林是不能支配俄国的。“堡”的地名，都变成了“格拉德”，乐用外国语的陋习也改变为歌诵俄国语了。以共产主义、世界主义相号召的俄国革命是如此成就的。土耳基的革命，更是明显了。他们唯一的目的，就是打破外国的支配。从倒袁运动起，直至今天，除了总理孙中山先生和真实是他领导下的国民革命势力而外，在中国一切政治的势力，都是受东京的支配、听东京的指挥的。

即以用客卿一件事论，我们看得很明白。在交通发展的时代，凡是建设新国，绝没有不取材异国所能成功的。但是有一个绝对条件，就是自己去用他。日本维新建设的内容，并不是靠日本人的智识能力去充实起来，而是靠客卿充实起来的。军队是德国人替他练的，军制是德国人替他定的。一切法律制度，在最初一个时代，差不多是法国的波阿索那德顾问替他一手造起的。然而指挥、统制、选择、运用，都是在日本人自己。当初总理是最主张用客卿的。自南京政府时代，直至最后，没有一次总理执权的时候不用客卿，然而终是总理用客卿而不曾看见有被客卿所用的事。却是北京政府就不然了，我们看北京政府下面的客卿有两种，一种是由条约上的关系来的，这不是客卿而是外国派来的统监；一种是自己自由聘定的，这就只有请他们坐在那里，永远是顾而不问。前者是证明北京政府的懦弱，后者是证明北京政府的腐败。我可以断言，今后我们要革命，必须要用客卿，不单要用而且要用很多。然而如果不是用客卿而被客卿所用，就是自杀。更深一层说，如果不能造成一个有任用客卿的能力的政府，没有具备这一种能力的领袖，我们的建设，是绝对不能起的。现在我们很看得见，国民党同志当中，有两种大毛病，一种是拜倒在客卿门下，一种是绝对不敢用客卿。前者是没志气，后者是没能力。没志气的人不足以革命，没能力的人不可以革命，这是很的确的论断。

我们追想民国五六年在东京的田中中将和在中国的青木中将，又想起这几年莫斯科的政府和在中国的鲍罗庭，真是不胜感慨系之。

二十一　今天的田中大将

田中义一早晚要组阁，这是我们在十年前就看见的。田中内阁的出现，就是长州藩阀的最后握权，这也是我们在十年前所看见的。而且在今天这一个时代，田中内阁出现，不单在日本政治上是一个必然的结果，并且也是全世界的反动倾向当中的必然事实。现在全世界的情况，在一方面是革命潮流的猛烈进行，同时在一方面就是反动政治的增长。英国劳动党内阁倒了便生出保守党内阁，德国在共产党压下去之后兴登堡便做了总统，美国的政权又落在共和党手里，此外意大利是法西斯啻的木梭里尼当权，西班牙是德维拉将军执政，“独裁政治是文明进步的国家当中最经济最有力的一个需要”这一个声浪，传遍了欧洲。从前议会政治论者所视为蛇蝎的迪克推多，在今天的政论家当作寻常茶饭。在这样一个世界里，日本当然也要应一应景的。

并且我们看日本前内阁的确也是不能维持。不单前内阁不能维持，和前内阁取同样的平和政策、调和政策的内阁，都不容易维持的。这个理论和事实，讲起来话便很长。我可以简单说，在国际状态和国内产业状态紧张到了极度的今天，一方面中国的局面大摇大动，没有一点平静；一方面日本现存政党的基础，根本动摇。从明年五月的大选举，日本的选举权，便要从三百万扩张到一千二百万。英国对中国，取压伏革命的手段，大举出兵。俄国既掌握蒙古的政权，还要想垄断中国的革命。在这样一个情形之下，以和平而独立的外交政策为存在纲领的前内阁，无论是对内对外，都不能得人的满意，这是必然的趋向。田中义一出来之后，他要怎样干呢？我们没有确实的材料，不能随意悬揣。但是我们很看见，田中是要干的，不单他自己要干，四围的情况，也要求他干。他的干法，从前已经有了成绩，有了榜样。他身边的人，依旧是从前那一套。他虽然不在参谋本部，而参谋本部，依旧是在他的统率之下。不过是挂上一个政党领袖的头衔，加了些摇旗呐喊的政客，而且从前一些北京关系的老人，板西西原，也都集到他的幕下，这样一个情形，他总要唱一出戏罢！

日本有一些人——于藩阀、财阀有关系的人，在前年去年，对于中国抱着一个假想，他们认定，“中国的政治如何变化，和日本有极密切的关系，中国的政治，如果不能受日本的支配，是非常危险的。但是从前所取操纵北京政府的政策，事实上失败了。何以会失败，便是中国事实上不能统一，以事实上不能统一的国家，单想操纵一个京都的政治来支配全国，这是绝对办不到。而且因此生出中国人民的反感，实际上反而受打击。从前的二十一条的中日协约，就是一个失败的例证。即使没有“二十一条”，日本在中国的地位，也不能小过今天，少过今天。而因为有了“二十一条”的名义，倒反而妨碍了实际利权的获得。以后对于中国，爽性不取操纵中央的办法，而另开门径。但是有一个要点，就是如果革命运动成功，中国由革命而得统一，则必于日本不利。所以必须使中国革命势力，不得统一。现在中国的各个势力当中，张作霖的势力，是日本势力在中国的一个基础。但是中国绝不会统一于张作霖。此外借英美势力而想作武力统一的吴佩孚，也必然失败。在中国的势力，目前最确实的，就是广东的国民政府，长江的孙传芳，东北的张作霖，西北的冯玉祥。国民政府的势力向北，冯玉祥的势力向南，如果这两个势力把长江孙传芳、吴佩孚的势力打倒而得联络，则统一的国民政府成立，张作霖的势力，始终是不能维持的。为应付这一个局面，日本应该要扶植孙传芳，有统一长江的势力，把孙传芳造成日本的第二张作霖，以阻隔南北两个革命的地理上的连接”。抱这一种见解的人，很是不少。而尤其是在长江有投资企业贸易关系的商人，主张更切。及至国民革命军北伐，武汉克复，国民政府将要北迁的时候，这一种论调，更加高起来了。同时我们还晓得中国国内，也有些没志气的人，颇想勾结日本，作这一种运动。他们一是怕共产党，二是想要得一个依附，于是往来于孙传芳与日本人之间者，也就实繁有徒。及至革命军向长江下游发展的时候，日本政府里面便和此种论调相应，生出一种出兵论来，主张出兵论的，不用说是陆军一派了。

从前日本参谋部在中国各地的驻在武官，是非常活动的。在民国五年以后，在南京各地的武官，更加活动。而外务省所辖的领事官，除了管理侨民之外，对于本地方的政治上，没有甚么关系，他们也不大和军政界干部的人们来往，所以取得情报的能力，陆海军人较之领事官为大。自从国民党改组而后，国民党的中央，对于日本取一个不理睬的态度。而各地的民众，是绝对排日。两三年当中，在南方各地的驻在武官，和当地的军政领袖，几乎失了关系。此时党的组织，渐加严密，从前两院的政客们，除了真是做革命党的而外，也不能东奔西跑，日本人取得情报而操纵的线索，因此更少了一个大部分。因此参谋本部对于中国问题，足以时时处处，胜过外务省的能力少起来了。这是前内阁的对华方针居然可以自己决定，而外务省居然可以不受参谋部指挥的一个大原因。

本来，日本人的对华观念和日本政府的对华方针，可以说无论甚么人，大体都差不多。维持在满洲的特权，和在直鲁及三特区福建等的特殊地位，维持日本在中国的最优发言权、支配权，尤其是经济的支配权。这几种根本政策，现在在政治上的人物，谁也没有两样。当然外务省系的人和参谋本部系的人，决没有根本上的不同。然而因为对于世界关系的认识两样，所取的手段和所持的态度，就有很大的不同。尤其近年来我们觉察得到日本对华的态度，有一个转换。从前属于外交系的人，在国际关系上，几乎没有一个不是崇拜英国，事事听英国的话。关于中国的方针，尽管遇事主张日本的特殊利益、特殊权力，而遇事都仰英国的鼻息，尤其加藤高明统率外部和总理内阁的时代，这一个趋向，是很真切而极端。本来加藤是替桂公爵办事的一个人，然而他只懂得桂太郎亲英，不懂得桂太郎排英。桂太郎死后，他领袖宪政党十年，这十年的当中，他把桂太郎早认为已经任务终了的日英同盟，仍旧奉为天经地义。直到欧战既终，日本以欧战当中积极、消极对于英国那样的帮忙，到底不能得英国的感谢。满期的日英同盟，日本政府和民间，还想要勉强运动保持，然而被英国半文不值的丢了。自此以后，外交系的人，对于英国，才渐渐不能像从前那样恭顺。在一方面，这几年来，中国极度的排日热，一转而为排英热。同时不能有两物存在于同一个空间，积极的排英，当然便把日本的问题冷淡了下去。外交系的人，他们很留意中国人心的趋向，看到这一个情形，很了解这是挽回中国民间排日风潮的机会，绝不愿意再跟英国走，不惟得不到利益，反替英国人负责。在陆海军系的人，尤其是陆军系的人，他们对于中国一切的方针，向来是抱定一个进取的国防计画，所谓“蝎形政策”，一切方法都从这里面打算出来。他们向来不问国际情形如何，便一意孤行，也要遂行他的策略，所以倒不像外交系的人那样奉英国若神明。而在近两三年来陆军参谋部内的日英协调论非常浓厚起来了。他们认为中国的革命运动发展，是绝不利于日本，而在南方中国，日本又没有独行其意的势力基础。为压伏中国革命运动计，他们便想取一个“北日南英中协调”的政策。就是对于南部中国，英国独力处理之；北部中国，日本独力处理之；而对于中部，则日英两国以协调的精神取协调的形式。在今年英国出兵上海的时候，陆军方面，极力主张出兵，前内阁则不愿意如此。及南京问题发生，出兵论更盛，而外务省方面，还是取郑重态度。后来内阁一交替，山东出兵的事便实现了。山东出兵的意义，在日本人方面，他们说是仅为保护日本侨民。而其实际是因为革命军占领了江苏，更向北进展，他们所最爱的孙传芳的势力，差不多已经消灭干净，张宗昌又是绝无战斗能力而且天怒人怨的东西。倘若革命军一气呵成地北攻，山东的底定，是很不难的。于是以维持“蝎形政策”为目的的参陆两部的人，便不能不以对付郭松龄的精神而出兵了。出的兵虽然很有限，但是意思是很深长的。战斗力消失干净残余北渡而逃的孙传芳当时败卒不及两万，而不到几个月工夫，又有了七万以上的军队，这一次再渡江的队伍，已经有四万左右，岂不是很奇怪吗？当南京政变发生，孙军从新反攻的时候，日本忽然宣告退兵了，不用说这是他们认为革命军再不能北攻济南的证据。

所谓“蝎形政策”是一个甚么东西，我也得讲一讲。大家都晓得，蝎子的利害，全在两个螯和一个尾。日本既定要了侵入大陆的计画，他们军事的眼光，一面注意在南方的海陆，一面注意在北方的诸省。他们认定确实掌握渤海湾，是非常要紧的。对于渤海湾，一个辽东半岛，一个山东半岛，是最要紧的形胜。中日战争之后，日本在南方已经占据了蝎尾的台湾，以为根据，可以控制南部中国和南洋一带。还想要占领辽东半岛，而被三国干涉逼到不得不退步。其后德国却拿了胶州，俄国租了旅大，这一个大蝎的两螯，被俄德两个陆洲大陆的强国占了。日俄战争之后，夺了辽东，欧战之后，又夺了青岛，在形式上，似乎像完成了“蝎形政策”了。然而以后把持得住把持不住，如何把持，这些都是今天日本军人们所最苦心的。

田中大将的政治兴味是很浓的。他很有军人策士的称誉。他也和桂太郎一样，看见今后要在政治上活动，非有政治上的与党不可。恰好逢着政友会失却统率的时候，便因缘际遇而被热中政权的政客们推为总裁。但是一部分较有民主的气习的人，决不愿如此。而政友会的势力便因此永无结合之期。以二十余年来维持第一党地位的政友会，由此便化为第二党与第三党。政友本党的领袖床次竹二郎说，“田中的人物如何，政策如何，姑置不问，其历史和环境，决不能作宪法政治下面的政治家，我宁可永远作少数党作在野党，而不能与之联合”。这个话的确是一大部分政友会议员的心理。

田中为甚么进政党的呢？他走进政党之后如何作法呢？闻得人说，他们有一般军国主义者所组织的一个修养团体叫作“凡人会”。所以叫作凡人会的心理作用，我想是从不凡者自居，视世人皆凡人，故自己反号为凡人。这一个团体的人数不多，他们是以讲大乘佛教为团结的意义。但是就会员的思想分野看，多半是神权信者，和佛教的教义，相离很远。我在前面说过，日本的佛教思想，固然不是印度的佛教，也不是中国的佛教。受过了王权时代的公家制度和封建时代武家制度两重感化和神权的民族思想陶融的日本佛教，完全变了样子。明治以来虽然经了神佛分离一个很大的制度变革，然而民间的思想，依然是神佛混合。这凡人会中的人们，大约可以说是以佛教为用，以神权为体的民族神权主义者罢。在这个团体中的人，多半是长藩关系的军阀主义者而尤其是北进论者。田中也是当中的一个人。他们也讲究一些禅宗的机锋。有一天一个朋友劝田中大将说："你何不把剑放下来去拿珠子！"田中受了这一个机锋的刺激，于是决心跳入政党生活了。田中说，"我做军人以来，经过两次大战，这两大战，我都不曾死，政友会这一个党，是不利于领袖的不祥党，从前星亨是被人刺杀了，现在原总裁又被人刺杀了，我以战阵余生，不能死于疆场，所以特意寻着这一个不利于领袖的党来做领袖"。这样看来，田中之跳入政党生活，的确和平常的政客们有一个大大的不同。他不仅是热中政权，不仅是希望成功，他很像是看破了红尘，超脱了生死，以这一种"似能立""似能破"的主张，"似现量""似比量"的观念，当这危机四伏、一触即发的东方军国的政权，乘着全世界革命和反动两个大潮流翻来覆去。他的前途怎样，东方的前途怎样，世界的前途怎样？

我们看纽约、华盛顿，是西半球的两个中心。伦敦、巴黎、柏林、罗马，是欧洲政治的四个中心。莫斯科和东京，是亚洲政治的两个中心。安予拉是正在努力想造成一个亚洲中心来的，前途如何，不止在土耳基，而尤其是在全世界的回教诸民族。中国不单造不出一个世界中心，而且造不起一个全国的中心。全世界正在豫备极大的战斗，这一个大的战斗，主要的问题，就是被压迫的十二万五千万民族能够站起来自己造成政治支配的中心不能够。四万万五千万人的中国，就是这中心问题的中心。然而只成了问题的中心而不能造出一个力的中心，于是四围的“中心力”，都向着中国来吸引。失却自力支配的中国民族，一逢着他力，便被吸引，逢着强大的他力，便很快很大的被吸引。而来吸引中国的中心力，当然是互相冲突，吸引力愈大的，当然是冲突愈大。英国这一个势力，是压迫中国最大的势力，同时也是吸引中国的最大势力。在太平天国战后，中国人的精神被英国的势力完全吸引住，使中国人连压迫的感受性都失却了。长江和南方一带，崇拜英国、迷信英国，成了一种风气。只是北方还不曾被吸引干净，野蛮的抵力一变而为义和团，及义和团失败，这一个抵抗性也消失干净了。直到民国十四年为止，全中国的人心可以说是被英国吸引住一动也不能动弹的了。这几年工夫，国民革命的运动，在三民主义的领导之下，在总理二十年抗英的努力之下，大刀阔斧、大声疾呼的进行起来，于是全国人心，方才猛然惊醒，此时可以说任何人没有不排英的了。所以此刻英国的压迫，已经失了吸引的作用。然而除英国之外，还有两个很大的压迫，正在发挥他的吸引力，不用说一个是莫斯科，一个是东京了。

从中日战争以后尤其是日俄战争以后到民国初年，东京的吸引力真是大极了。全中国的青年，羡慕日本维新的成就，于是都想学日本，都到东京去。等到成了一个风气，由日本归来的人，都可以得差事赚钱，于是不羡慕日本维新而羡慕到东京能够学得赚钱、赚地位法术的人们，也都大举赶向东京去。最盛的时候，在东京一处，同时有三万余人，速成法政，速成警察，速成师范，速成陆军，样样都速成，好一个终南捷径，只要一到东京，便能很快的学得赚钱、赚地位的法术。在欧战之后，空气大变了，被欧洲五年的大战渐渐唤醒了的中国青年，晓得要努力打破现状、打破环境。魏铿的新理想主义，尼采的超人主义，詹姆斯的实验主义，柏格孙的创造进化论，枯罗巴金的互助论，柏伦哈底的战斗生活论，五光十色，四面飞来，然而解决不了中国的任何问题。忽然俄国劳农革命起来了，成功了，雄大的战斗力，精密的组织力，广大的宣传力，富裕的金钱力，使中国的青年把那些解决不了自己切身问题的甚么主义，一齐搁下，先走向马克斯主义再走向列宁主义。

在这样一个情形的下面，我们很看得见，俄国和日本这两个压迫中国民族的势力，都变成一种吸引的势力。受这吸引力吸收了的人，差不多好像是中了魔一样的狂。不过被日本吸引的人，病根是不深的，因为中国人对于日本，总抱着一个“我们是文化的先进国”的历史心理。而对于俄国，便不然了。现在这两个大的压迫力，各自都在吸引的上面显神通，而这一种“压迫的吸引”都是豫备东方将来的世界大战。“人为刀俎，我为鱼肉”，“操之自我则存，操之于人则亡”，中国的国民到底对于自己将来的生命，对于世界将要爆裂的战争，作何种打算呵！

近三十年来，东京是很显明地，取得了东方政治中心的地位。虽然他们的力量，依然屈服在全欧洲的势力之下，而尤其是在伦敦的政治力吸引之下，加藤当国的几年当中，这个趋向，尤其是很明显。然而他自己统一的力量已经很确实，对于中国，已经由压迫而生出了吸引的作用。十几年来，中国任何政治变迁，没有不从东京的打算上影响出来。最近七十年的东方史，前半是日本对俄国卧薪尝胆的争存史，后半是日俄两国在中国的争霸史。而世界战争之后，又进了两国的新争霸时代，没有出息的中国人的心理，不向东京便向莫斯科，这是一个召乱召亡的心理。在这样一个情形之下，东京的政权，落在军国主义者的田中大将手里，他一就总理的职，立刻便跟着英国对上海的政策而对山东出兵，而召集在中国的外交陆军人员会议，而对满蒙决定积极政策，陆军大将内阁总理兼外务大臣的田中义一，恐怕是要变成第二个塞尔维亚的中学生罢！

二十二 信仰的真实性

在前面几节里，顺着一个叙述的系统，把政治方面说得太多了，而日本的社会情况，完全没有提及。现在我想回头来就日本的社会心理，加以观察。

前几年上海民权出版部印行一部平江不肖生著的《留东外史》，描写中国留学生和亡命客在东京的生活，自然他的叙述里面，有一个部分是日本的社会，这种日本社会的观察，在中国恐怕是很普通的罢。我可以说，中国人对于日本的社会，观察错误和判断错误，很普遍的，平江不肖生所描写的一部分社会，固然是社会的黑暗面，然而连黑暗面的观察，也是很敷浅而且错误的。不过他的目的，不在观察日本的社会，而在观察“中国人的日本社会”，我们也可以不必多事批评，只是晓得中国人对于日本的社会不留心研究便了。

在最初几节里面，叙述了一点神权的迷信和佛教的问题，大家看了那几张书，总可以感觉到日本的国民，是一个信仰最热烈而真切的国民了。一个人的生活，不能是单靠理知的，单靠理知的生活，人生便会变成解剖室里的死尸，失却生存的意义。而尤其是一个国民、一个民族的生活，绝不能单靠理知的。民族的结合，是靠一种意识的力量。这一种意识的力量，当然由种种客观的事实而来。但是种种乐观事实的观察和判断，不变成一种主观的意识时，绝不发生动力。“观我生”“观其生”的观，如果不到得自强不息的精神上来，甚么“省方”“观民”“设教”都不能生，即生，也不能久。理知仅仅是观而不是行，理知的世界是静的而不动的。不过一切情感的意识，活动的意识，如果不经过理知的陶融，则情感不能“醇化”。不能醇化的情感，就不是文明的作用而只是动物性的本能作用。然而缺乏了情感的人，永不能创造理知。缺乏了情感的社会，也不能作生活的团结。一个人、一个社会的创造进化，都是靠着这醇化的情感来推动、来组织、来调和，程度和方面有不同，而其作用只是一样。信仰的生活，是个人和社会的进步团结最大的机能。总理说主义是“信仰”，就是很明显地说明冷静的理知不化为热烈的情感时，绝不生力量。我们在无论甚么地方，都看得出日本人的民族意识是很鲜明的。他们那一种“日本迷”，正是他的鲜明的民族意识增高到了极度的时候变成的无意识作用。白热度的热体，触到我们的指头，我们一刹那间的感觉，会和冰一样的冷，一粒子弹刚刚洞穿人的身体时，人不感觉疼痛，都是这一个道理。所以我们看到日本人信仰生活的热烈和真切，便晓得他这一个民族，真是生气勃勃正在不断地向上发展的。

人生是不是可以打算的？如果人生是不可以打算的，我们何必要科学。如果人生是可以专靠打算的，人们的打算，自古来没有完全通了的时候。空间是无量的，时间是无尽的，任何考古学者，不能知道星球未成以前的历史，任何哲学者，不能知道人类绝灭的时期，任何天文学者，不能超过现在的机械能力，测算无尽无量的宇宙。人是要生存的，打仗是杀人的事，在战斗的进行上，人人都晓得强制的命令是必要的。有一个军官说，“没有统一的命令谁肯去打死仗”。我要问他，“如果大家都不服从统一的命令，统一的命令，效力在那里”？如果失却了信仰，发命令的指挥官，也可以私自脱逃，受命令的士兵，更可以全场哗变。读《扬州十日记》的人，该晓得那时五百个满洲兵，断没有屠杀扬州的能力。读《桃花扇》的人，看到四镇兵哄的时候，该晓得失了信仰的命令，不过是等于烂字堆里的臭八股。完全不要打算是可以通的吗？迷信枪打不尽、炮打不伤的义和团，到底敌不过钢弹。所以打算只是生的方法，不打算是生的意义。“迷”是没有理知的意识，“信”是醇化的感情的真力。我们如果知道人生是“力”的作用时，便晓得信仰是生活当中最不可少的条件。“自强不息”是自信力的工作，“厚德载物”是自信力的效果。只有信仰，才能够永生。只有信仰，才能够合众。人的生活是时时在死灭的当中。如果人人专靠着一个打算时，何处去生出死里求生的威力？

宗教是信仰的一个表现，而信仰不一定是宗教，这是在今天说明信仰时所必须具备的知识。所以信仰这一种心理，许多学者用“宗教性”一个名词来说他，这是在宗教堕落和宗教革命期中的适当用语。俄国今天已经在共产党的治下，而共产党是以反抗宗教为党义的。但是从莫斯科回来的人，谁都晓得莫斯科的民众，是生活在热烈的信仰当中，而信教的虔笃，和革命前途没有两样，无论是与非，俄国布尔色维克的革命是成功了。中国的青年看见反宗教的革命可以成功，而不晓得他仍旧是“反宗教的宗教力”的成功，是信仰的成功，要那样热烈信教的国民，才产生得出那样热烈的反宗教的革命。他的革命成功了，怎样是他的成功。一方面的反共产的新经济政策，一方面的尊重信教自由的政策，星期日一切教会堂里热烈虔诚的民众和每天震动一切都市村落的钟声正是俄国民众“能够建国的永久生存力”的表现了。

一个城隍庙里，城隍老爷高坐着，香烟缭绕，烛炬辉煌，下面跪拜着成百成千的男女，他们信仰甚么？一个黑夜挖洞的贼，他祷告说，“神呵！请你保祐我不要犯案，我下月十五日买一只雄鸡来谢谢你”。隔壁正是被那贼偷了东西的失主，他祷告说，“神呵！请你保祐我，使我能够破获偷我东西的贼，使我被偷去的东西能够回来，我买一个猪头来谢你”。这样一种打算的国民，那里去找信仰，这是“迷”极了的一群愚人，是愚极了的一群弱人，是弱极了的一群没有将来的半死人。把这样的迷信做对象去反对信仰，是中国人的一个极大的错误。信仰是无打算的，是不能打算的，一有了打算就不成信仰。尤其是一个民族，在生存竞争剧烈的当中，如果人人这样打算着，决没有人肯拼着必死自己炸沉了自己的船去封锁敌人的军港，决没有人抛却了一切所得去研究目前没有一些效力的纯正学问，决没有人舍了自己的财产去救济社会国家的危难。“从井救人是不行的”，这是中国人普通的观念。如果没有从井救人的决心，连不从井而救人的方便事也没有人肯去作了。“下水思命，上岸思财”，这一种打算的民族，何从产生奋斗的精神，何处去创造永久的历史，一切思想行为，何从有澈底的究竟。心里想共产革命，口里说国民革命，手里作的是个人主义的生涯，这一种矛盾的虚伪的生活，是从打算里来的谬误。世界一切都是真实的，如果没有真实的努力，创造是做不成，模仿也是做不成。且看今天的中国，无论甚么好的理论，好的制度，一到了中国，立刻会变相。通电的主张，报纸的批评，群众的口号，那一样不是很正大堂皇的。然而实际怎么样？王亮畴说过一句极调皮的话，他说，“中国人的事，你望坏处一猜就着”，这真是中国人亡国性的表现呵！

我们细细考察日本的信仰生活，的确比中国人要纯洁得多。我们很认识得出他们的信仰生活是较为纯洁的、积极的、不打算的。他们的牺牲精神，确是由这一种信仰生活的训练而来。就宗教来看，无论是那一教那一宗，我们看得见他们的教义和组织，比起中国人来，确是真创的。他们大多数的信徒，不是像中国人的信神拜神一样，作自己利益的打算。他们有一种把自己的身体，无条件的奉给神的决心。有一种“绝对的”观念。对于宇宙和人生，有一种“永久”和“一切”的观念。他们能够把自我扩大，造成一种“大我的生活”。他们“物质的无常观”是立在一个很积极的“精神的常住观”的上面。这些观念，不是从和尚的念经、神官的祝告、牧师的说教里去看，是从社会现实生活的种种相，尤其是男女的恋爱和战争两件事上面去看出来。我们看中国人的男女生活，真是枯寂悲哀到极点。中国人的家庭里面，固然看不出一种热烘烘的爱力的结合来。连野男女的自由结合，也都是很冷冰冰的打算。在这种地方，或者很多人不把他拿来同信仰生活一样看待。不晓得人类的生活，在一切真实性上，有一个绝对一致点而尤其是生命的存在，不容有一点虚假的。男女的关系，是人类生命的总关键，他在“生”的意义上，只有和“杀”的意义集中的战争，可以相提并论。在生死过程当中的“食”的问题，尚不足与之比大。性生活的虚伪和打算，可以说是生存意义的错误消失。一个民族到得把男女关系看成游戏时，他的生存意义，已经衰弱。到得在男女关系上面只剩得一个打算的时候，他的生存的意义，可以说是完全绝了。

自杀是一件顶懦弱顶愚蠢的行为，是最无自信力的行为，而且是最贪生的结果。如果一个人生存的能力是强的，具备一个顶天立地的信仰，把宇宙人生，看得透透澈澈，一往直前，毫无愧怍地行过去，无坚不破，无敌不摧，甚么恶魔，也都可以服下去，何至于在生死的道途当中，恐怖忧疑，至于怕死到了极点，贪生到了极点的时候，走到“不敢生存”的绝路上去。固然社会的一切制度，一切习惯，足以在有形无形的上面，压迫着个人，使个人社会的生存，生出不可救的缺陷，于是把个人逼到自杀。然而这一种“社会的生存意义上的缺陷”，如果个人不是在外的生活上自己造出缺陷时，内观的心理上，也决不会体认出罪恶来，而自己苛责自己，至于自刑。倘若很真确地认识缺陷是在社会，那么自己的生命的意义，也可以体认到和社会同大而敢于对社会作一个紧对手的敌人去摧破他。如果斗不过而死，还不失自己承认自己生命的意义。所以最贪者莫过于自杀，最弱者莫过于自杀，最无自信者莫过于自杀。在人道的意义上，最残忍的更莫过于自杀，在精神的生活上，最矛盾最纷乱而不能统驭的心理无过于自杀。佛家说，“一切罪恶以自杀为最大，杀人尚有成佛之因而自杀决无成佛之果”。这一个判断，是从很多方面判断而下的总评，的确是确当的。但是就“自杀”一个行为而加以分析研究时，我们很看得出世界自杀最多的日本，他们对于自杀的观念，确有和其他民族不同的处所。我们可以说，“自杀的观念，在最和其他诸民族不同的地方，最最看得出日本人的特性，而这一个特性，最足以表现日本人的强点”。我这一个观察，并不是批评自杀者的本人，而是就他的观念上看出他背后的社会生存意识的物质来。

日本人的自杀，我们可以用两种区分来研究。一种是普通和别的民族没有分别的，懦弱至于不能生存，乃至不敢生存的自杀，属于这一种。一种是很特殊的，在自杀者的心理状态上，含得有一种积极的意义，物质无常和精神常住两种观念，很明晰地现出在自杀者的意识上面。在别的民族，自杀方法的选择，普通是选择世人所认为痛苦最小的最消极的不须努力的方法，行投水投环者之多，全是为此。而在中国，更多一种吞鸦片烟自杀的人。在这一种人当中，有许多自杀的决心很不明确，最后因为到底遇不着救星或是救的方法时间错过了而死，然当其服毒时还是希望着中途遇见救星，使他既可以不死，而他生存中的可怜又得原谅，这更是懦弱至于不敢生存时而尚存着不愿死、不愿即死的幸存心理。在这一种心理当中，决看不出半点物质无常和精神常住的观念来。日本人的切腹，决不是如此的。切腹是痛苦最多的、积极的，必须努力而后能达到目的的自杀方法。自杀者在死的时候，还是积极的保持住很明晰的生存意识，很坚强的奋斗精神，到最后一刹那为止，不愿意抛却努力的义务，不使身体有倾斜，不使十字纹有偏倚，不把使用后的武器随意散乱着。生存中作他生存意义的主义，是贯澈到底，更不存着自杀途中幸而得救的打算。由思想所生的信仰，由信仰所生的力量，继续到他最后的一刹那。

情死的事，更是值得我们注意的。有很多情死的人，不是为达自己的目的，而且不是为达共同的目的，是为达所爱的对方的目的很勇猛的积极的作所爱者的牺牲。他们的世界是很小的，只有相对的二人间的绝对的恋爱是他们的世界。他们为了这一个世界能够舍去一切世界。情死的事，不用说最多是在花柳社会，其次是在社会阶级不同的男女间的恋爱。这两种境遇，都是打算最多的境遇，而有许多的男女，会把一切打算抛却，这一种“超世间的性生活”，是堕落的、懦弱的、苟且偷安的、放纵贪淫的性生活社会中的男女们所意想不到的。热烈的性爱和优美的同情，这两重性的超性的生存意识，是引着他们走向死路去的动因。在中国的北地胭脂史上已经没有这种激越的性行供我们追怀，南朝金粉史上更看不见这种深刻的人生意义。在自杀这一种死的事实上看得出很丰富的生意来，是日本民族一种信仰真实性的表现。

至若在战争的历史上，可以给我们坚强而深刻的印象的事实，更是很多很多了。这几年当中，中国国民战斗能力的确是增进好多了。我常说，“这十几年来国内的战争，在几十年回头一看，才可以晓得为了要训练国民战斗能力而设的真剑演习。其他一切个人的、地方的乃至党派的目的，都不是要造成这种真剑演习不能不有的动力。而真正的目的，是目前的人们所不能知道的”。这个批评，我总希望他是真实的。但是生存的意义上如果没有一个大的革命，这一种战斗的训练，对于民族能力的增加，功效是很小的。士兵们为了十几块钱，官长们为了升官发财、子女玉帛，把这些很小的打算做全部意义的战争，正是太过把生命看得轻了。古人说，“死有重于泰山，有轻于鸿毛”，这两句话或者说明的方法不完全，然而要在物质无常的上面，建设精神常住，在小我的里面，显出宇宙我的力量，实际些说，就是要离却了个体生死的观念而置重群众的生死，如果这样主义的战斗观念不澈底不坚强，民族的战斗力不会增加，打算的竞争，当不起不容打算、不能打算的战斗。中国人在过去一千几百年当中，所以敌不过四围强蛮小民族的原故，都是为此。这一回的北伐战争何以一到长江，便生出很多破绽来？固然英国的压迫，日本的压迫，共产党的压迫，这三个大压迫是使我们失败的原因。而打不过腐败堕落的社会，破不了打算的因袭，更是我们的弱点之一。这一个弱点，是中国民族通有的，谁打得掉这一个弱点谁就成功。总理给革命军下的定义说，“一个人打得过一百人就是革命军”，这个话是真实的。我们要用精密一点的话来讲，就是“能把一切私的计算抛开，把永久一切的生存意义建设起来，从死的意义上去求生存的意义，为信仰而生为信仰而死的军队，就是革命军”。信仰的形式和内容有不同，而目的只是一样。一个民族，如果失却了信仰力，任何主义，都不能救得他起来。“要救中国，要把中国的自信力恢复起来”，这一个伟大而深刻的精神教育，在今天总应该有人明白了罢！

这几年来中国的思想界，庞杂极了，但是我们看得出一个很大的进步来，就是从前一切战斗，没有达到思想战争的地位。思想的战争，只是限于思想的形式，不曾晓得思想就是生命，思想不统一，则是生命不统一，思想的不同，可以生出很悲惨激烈的战斗。这过去三年的经过，在十五年来民族战斗力训练之真剑的演习上，加上更重要的意义了，现在训练到作战基本动力的思想上来了。思想不是纸上的空谈，不是不负责任的儿戏，是生命的中心。思想不变成信仰时，不生力量，不到得与生命合为一致时，不成信仰。鄙弃信仰的唯物史观，决不能说明人生的意义，更不能说明民族生存的意义。伟大的三民主义，伟大的民生史观呵！

二十三 好美的国民

人类的生活，除了信仰生活而外，最要紧的，要算是“美的生活”罢。“据于礼，成于乐，依于仁，游于艺”，这四句话说明文化的要义，可算是精微了。礼是甚么，就是社会组织的制度。社会不能不有组织，组织不有制度时，他的组织力是不确定的。人类的生活，决不是无情趣的无机的一个形骸，他成为生活的原故，是要有一个生活的机能。生存意识是生活机能的主体，而生活的情趣更是推进生活的动力。所以一切生物，号为“有情”，真是很巧妙的学语。一代的革命，是改革一切社会组织的制度。但是在社会组织的制度未改革之先，推动社会生活的情趣，必然先起一种变化，生一种的改革。信仰生活的革命和艺术生活的革命往往先社会制度的革命而起，后制度革命的改革而成，到得他完成时，又是变化将起的时代了。这样递换不已，就成社会的进化。我想要于论日本人信仰的生活之后，接着论他们的艺术生活了。

诗歌、音乐、绘画、雕刻、园林、建筑、衣饰，乃至一切生活的形式，无处不有美的必要。美是人类文化的一个最大的特质，也是一个最大的需要。把“美”的意义除却了的时候，将无从去寻人类文化的原素。我们看一切生物，他都具备特殊的“色香”，而这特殊的色香，一面是他生存必须的工具，同时更是推进他的生活的动力。性是生命的起点，所以“美”的表现，更常常和性的生活成密切的关联。这一个事实，我们尤其是在禽类的形态声音当中看得最亲切。雌雄竞争最剧烈的鸟类，他的声色美特别比竞争不剧烈的鸟类彰著。在人类当中，美术进步而普及的民族，也就是创造文化能力最大的民族。

我们并且看得见，民族的特性，表现得最明白一点不容假借的，是在他的信仰生活和艺术生活两方面。同是一个宗教，传到异民族的社会里，他的性质，完全会变了一个。中国佛教和日本佛教的不同，是很明显的。不单教如此，宗派也是一样。中国的禅宗和日本的禅宗，无论僧侣居士，都完全不相同的。中国的禅和尚禅居士，不是晋人的清谈，便是宋儒的性理，等而下之，便是借教外别传，不立文字，直参微妙，不借修为为口实，伪造禅机欺骗大众。日本的禅和尚禅居士，何尝不是有很多的毛病，很多的虚伪，在武家时代那一种真创的斗争社会中，坐禅、剑术、柔术，都成为斗争的精神训练的要义，而禅定可以变为军队的最高统率，剑术的最高的秘奥，战斗的最高策略。无论你自己说是怎样高明的禅师，要在“战斗”和“死”的考试上不落第，才可以算为初等及第。艺术生活上，看出的特质，也是多极了。他的特质如何，我们可以看出两点，一点是战斗的精神，超生死的力量，一点是优美闲静的意态，精巧细致的形体。前者是好战国民战斗生活的结晶，后者是温带岛国之美丽的山川风景的表现。如果用时代来说，前者是武家时代的习性，后者是公家时代的遗音。就地方来说，前者是表现东国和西南国的短衣，后者是表现京都的长袖。固然这种分别都不是绝对的，而且横的交通、纵的遗传的变化，经过很长久的时期，已经由混和而化合，造成了一种不易分析的日本趣味。这一种日本趣味，很不容易以言语形容，也不容单讲一两点所能概括。然而我想称赞他一句话，就是“日本人的艺术生活，是真实的。他能够在艺术里面，体现出他真实而不虚伪的生命来”。我还想称赞他们一句话，就是“日本审美的程度，比较在诸国民中，算是高尚而普遍”。如果我们从他的德性品格上去分析起来，崇高、伟大、幽雅、精致这四种品性，最富的是幽雅精致，缺乏的伟大崇高，而尤其缺乏的是伟大。中国古代人说起美的对象，总是举出日月星辰、碧霞苍穹来，甚么满天星斗焕文章，也是用来形容美术的惯语。大平原的国民，审美的特性，当然如此。至若山川美的丰富，在这样一个大陆的国家，更非岛国可比。日本人标榜为美的极致，不过一个富士，伟大崇高，也不足比中国的诸名山。不过他在一个海国山地当中，溪谷冈陵，起伏变幻，随处都成一个小小邱壑，随地都足供人们的赏玩。而这些山水，都是幽雅精致，好像刻意雕琢成功一样。这样明媚的风光，对于他们的国民，当然成为一种美育，而自然的赏鉴，遂成为普遍的习性。《徒然草》的序文上说，“在花间鸣的黄莺，水里叫的青蛙，我们听到这些声音，就晓得一切有生的生物，没一样不会作歌”。这一种自然审美的趣味，在日本的确是很普及。不过气局褊小，没有平原广漠，万里无云，长江大河，一泻千里的气度，是他一般的缺点。日本的人一与中国人交际，最令我们感觉不愉快的，就是这一个性格。然而这决不是一二百年乃至三五百年所能变革的。日本这一个民族，至少也有了二千几百年的历史。他在这二千几百年当中，不断地受着天候地理历史的感化陶融，连好带坏，成了今天这么一件东西，好是他的习性，坏也是他的习性。我们现在所最需要知道的，不是他的好坏而是他是甚么。一个民族在信仰生活和艺术上面，长处短处，都是不容易抛弃更变的。我们看许多亡了国几千年的民族，乃至移转了几万里的民族，而至今仍旧能够保存他多少古代艺术的面目和审美的特性，如果具备这一种能力的民族，他的保持民族质量的力量，都具备相当的伟大。并且我们要晓得一种特殊的美术的成立，必定是要经过很长的年月，很多种类很多次数的文明混合。而在调和和创造的上面，又必须保持着一种或数种民族要素的纯洁性，尤其最要紧的是他的血统的纯洁性，然后才能够达到文化的烂熟期而成功一种特殊的美术。日本的美术构成的成分是很多种的，中国美术和印度美术，不用说是最基本的要素。但是看得见他尤其要紧的是日本民族的特殊性。只要是稍为对于中日两国的美术有过一点经验的人，无论是对于那一种的作品，或是音乐，或是绘画、雕刻、盆栽、插花、书法，都能够一眼便看出他是中国的或是日本的。这一个特点的发见，比之发现中日两国人身体面貌的差别，尤其容易而确实。正好像中国书法中个性特质的表现一样。一千个学王羲之的人，决定是一千个样子，各人的异点是一点也不能隐藏、不能虚饰的。

日本民族一般比就中国人审美的情绪优美而丰富，这恐怕是的确的批评罢。我们走到中国的农村去，看得见的美术，只有一块石头上画着头大于身的土地神，一块木头上刻着的财神、五通神、三官大帝、关老爷神像的壁画、门神、门钱，红色的春联上写着文不对题而又别字连篇的联句，甚至除了安放一块石头以外甚么都没有的社坛。但是这些地方我们还能够从千篇一律毫无自然美的陶融人造美的创造的当中，体察出一种素朴的生意来。城市里面那些阔家的不透日光、不通空气的四方五平的建筑，和花园里很辛苦地盘制出来绿叶中显出白人头来的花神盆景，乃至瓦房里面挂着甚么草堂，城市里面刻着甚么山馆一类的匾额，名副其实的五步一楼、十步一阁的园林构造，这许许多多名堂，我们在日本是绝对看不见的。日本人对于自然美的玩赏，是很有一种微妙的情趣的。最使我们注意的，是造园、盆栽、生花。把某处的天然风景缩小若干分之一成为一个园林。把某处的某一株松柏的奇古形态作标本造一个盆栽。把某一家的画法作基础案出一种生花的流义。这些还是顶普通的外形。在这当中，更潜伏着很特殊的想象力和创造力，使死的东西添出生意。胡床边的篱落，决不使我们生城市山馆的厌气。优美的茶间当中的瓦壶竹档，决不使我们发生瓦盖草堂的恶感。村落间墙壁上贴着的浮世画，决不令我们觉得有看三官神像那样的劣等情绪。乞食的穷和尚，吹着古韵悠扬的尺八，比之我们听宣卷，要深几十倍的耽想中古时代历史。这种种地方，都是人人很容易觉察得到的。

中国文化输到日本，二千年的当中，发展的成熟期，大约可以分为两个段落。第一个段落是完全模仿唐制的公家时代，所谓平安朝的文化，可以算为是最成熟的时代。这一个时代里面，一般人民所接受的中土文化，只有被支配的法令、被宣传的宗教。所以由统一的典章制度和学术的宗教信仰两种很艰深的文化成熟起来的艺术，是贵族的专有品。从种种方面看，我们都认识得出他们的内容决不浅薄，形式也决不鄙劣。然而范围是很狭隘而气力是微弱的。到得这一个文化烂熟了，便发生本身的破产。公家制度的衰颓，就是他文明腐化的证据。很像中国建康临安时代的金粉文明，一样是充满了亡国败家的气象。于是政治上的统治，当然不能维持而变为群雄争伯的时代。制度文物在杀伐争战的当中，黑暗了几百年，直到得太阁统一群雄，家康继承霸业，丢开了腐败堕落的西方，在荒野的东海之滨，造出一个簇新的江户文化，这是我们很值得注意的。我们要看得见日本文明的建设，是在很低级的民族部落时代，硬用人为的工夫，模仿中国最统一最发展的盛唐文化。这一种建设，当然不容易使民众咀嚼得来的。由统一的公家制度变为分裂的封建制度，就中国的历史比较起来，很像是开倒车。其实从当时日本社会组织和文化普及的范围看来，便可以晓得封建制度的产生，是各地方需要文化普及的自然要求。所以后来德川三百年的治世，不特把日本民族的势力结合起来，而且把从前垄断在京畿一带地方少数贵族手里的文化，普及开来。就艺术上看，在德川中叶以后，民间文学、民间美术的发达兴起，是日本空前的巨观。而且这一个时代的特色，是一切文艺，都含着丰富的现实生活的情趣。同时一切制度文物，也都把“人情”当作骨子。日本民众好美的风习和审美能力的增长养成，确是德川时代的最大成绩。研究他的现象和因果，是一个日本史上一个最专门而且重要的问题。我没有作详细批评的能力，也没有作精深研究的工夫，我只是提出这一个注意点来，要大家十分注意。

一个人如果不好美、不懂得审美，这一个人的一生，是最可怜的一生。一个民族如果把好美的精神丢掉，一切文化，便只有一步一步向后退，而生存的能力，也只有逐渐消失。“美”是生存意义当中最大最高深的一个意义。除了信仰生活而外，美的生活，要算是最重要的了。人生的重要生活条件，中山先生举出五样，是食、衣、住、行、印刷。这一个分类，是就产业为主的分类法。便以此着想，无论那一样，都要是不仅只有，还要美，不仅只要美，还要不断的要求美的发展进步。这样的人生，才是一步一步向上的人生。如果有了番薯吃，便永不再想吃米麦；有了棉布穿，便再也不想丝织；有了茅屋住，便再也不想高大华屋；只要披荆斩棘的走得通，便再也不想造路；有了雕刻梨枣的印刷术，便再也不想机器印刷——这种生活意识，说甚么文明，说甚么进步呢？并且在道德生活上面，好美的关系更大极了。一个人要求道德生活的进步，他的心理和好美是一样的。不懂得好美的人，决不要求道德的进步。即使有一种要求，也是很空虚很错误的。中国讲修身，把外的生活丢开，专讲性理。结果不单物质的文明不得进步，连精神的文化，也一天一天倒退。把民族向上发展的能力，残破得干干净净，都是为此。

所以我论日本民族的特点，和寻他所以能够发展进步的原因，第一我确实相信日本人具有一种热烈的“信仰力”。这“信仰力”的作用，足以使他无论对于甚么事，都能够百折不回，能够忍耐一切艰难困苦，能够为主义而牺牲一切，能够把全个民族打成一片。保守的人，他真能顽固到把性命去维持他所要保守的目的物。革命的人，他真能够把生命财产一切丢开，努力作前进的战斗。日俄战争时候他们那一种肉弹的精神，无非是信仰力的表现。第二个特点，我就举出好美这一件事来。这和信仰同样是民族最基本的力量。有了这两个力量，一个民族一定是能够强盛、能够发展。只要这两个力量不消失，民族决不会衰亡，我希望中国的青年们要猛醒呵！

二十四 尚武、平和与两性生活

一个小民族，要想发展进步，尚武当然是一个最必要的习性。日本人的尚武，是人人知道的，他们社会上种种的风习，与乎各种组织制度，处处可以表示出他们尚武的精神来。这一点倒是十几万留学生，人人替日本人宣传得够了，用不着我再来说。我想要特别说明的，倒是充满日本社会的一种平和互助的习性。我们一定要了解，尚武的习性、组织、制度，一定靠平和互助的习性去调和他、帮助他，才有真实的用处。“为生存而竞争、为竞争而互助”，这是生物的本能。尚武是为竞争而有的德性，平和是为互助而有的德性，两者同时是天生成的。无论怎样野蛮残酷的社会，都有多少平和的习性。如果天下有不会流泪的人，有不会流泪的民族，那么或者他会绝对不懂得平和的，如果不然，无论怎样好勇斗狠，一定是有一种平和的情绪，流在民族生活的大平原当中。

日本人尚武的风气，不只是封建时代几百年当中养成，是他开国以来一种新民族的生存必要上产生出来的习性，在前面几多章里，处处都有说明了。而他们和平的习性，表现到社会风俗上成为一种制度，这确是中国文化和佛教文化普及发展的结果。固然，平和的佛教，到了日本，带了许多杀伐性，中国讲仁爱讲中庸正道的孔子学说，会造成日本古学派的山鹿素行的神权说来，这是证明思想会随境遇而应化。可是我们再翻过一面想，日本这一个山间蛮族，如果不得到中国、印度的文化，他自己本身，决不是在二千年的短时期当中，发明得出高尚的文化来的。岂不是至今还是吃人肉、喝人血的鬼么。——日本的传说，有说上古时代，日本地方住着一种“鬼”，是最野蛮的原人，专门吃人肉、喝人血的。——尤其是使我们特别注意的，就是日本社会生活当中一切平和的习尚，都是佛教种种教义、教仪、教礼的表现和中国文化的“礼教”的表现。直接渊源于日本固有神道的思想行为是尚武，直接渊源于中国、印度的思想行为是尚文。更就精神生活的分析上说，日本的信仰生活，产生尚武的风习，而艺术的生活，产生平和的风习。我们试把日本所有的艺术，分门别类，一件一件的研究，的确很少发现和战斗相关的艺术。——除了武器的装饰和狂言当中关于战事的题材而外，多是表现平和思想和平和生活的。“茶道”“生花”两种特殊艺术的流行，并且是专为打消武家杀伐的习性化干戈为玉帛起见，这是历史所明白告诉我们的。

日本民族的文明，年代是很浅的。封建制度的废除，不过是六十年前的事情。然而社会的文化，确是比中国进步得多。各种野蛮的械斗，和名实相符的部落生活，在日本内地，是非常之少的。中国北方的寨子，南方的堡，这种完全是聚族而居的部落，在大一统的放任政治下面，他们过的生活，还是日本封建制度以前东南东北各地民族制下的生活。法律的效力，不能保障人民的生活，而政治的效力，不能强制人民的行动。再加上一个专制的愚民政策，于是中国民族的文化，除了腐败堕落的长江而外，和北方诸胡混合的黄河流域，和苗瑶杂处的西江流域，连封建制度的干涉、政治的训练也没有受过，一天一天向野蛮方面退化，这是很当然的。日本的社会里面，所以确实流行着中国礼教的好处，而中国只保留着礼教的腐败无用的堕力，就是这个原故。

我们从前住在日本的时候，那时日本的人口，没有今天这样稠密，资本主义没有今天这样成熟，由金钱造成的阶级区分，没有今天这样明晰，生活没有今天这样困难。那时日本社会生活的情况，还保存着不少旧日的良好风习。凡是二十年前到过日本的人，都很能知道的。便是在欧洲战争之前，京阪繁华，已绝非日俄战前可比，但是社会的矛盾和裂痕，尚不如今日之甚。直到大地震之后，民众的心理，随着生活动摇，才起了绝大变化。变化的方向，可以一言蔽之，就是“由安定向不安定，由平和向不平和”。偏偏很奇怪，社会人心，一天比一天向不平和方面恶化，而尚武的精神，亦一天比一天消失。信仰心是比从前减少了，而一方面迷信却比从前加多了。反宗教的运动和无政府的倾向，刚刚与迷信的流行，成一个正比例。经过一千几百年才嚼融了中国文明、印度文明，调和在日本人的血液里，造成一种特殊的日本趣味，现在这日本趣味，却是一天破坏一天，一天减少一天。这一次我隔了六年后到东京，一切闻见，差不多有隔世之感。简单说：

一、日本人的自信力减少，由自信力的减少，而社会的民族的裂痕，便一天一天扩大。因为信仰渐趋薄弱的原故，迷信的增加，却是五花八门，和三年前我在四川所感觉的，程度虽有不同，而方向完全一样。任何阶级，都是被打算的商业心理即日本人所谓“町人根性”支配着。

二、民族的信仰心减少，同时就是民族美术性的破坏，尚武精神、和平精神的低落。对于过去的感激，对于将来的希望，越是崩坏，而对于现在的赏玩精神，也就渐渐崩坏。所谓“日本趣味”，在东京、大阪那样的大都市里面，差不多要看不见了。

三、平和的好美精神和赏美习惯，被一刻不停的斗争生活打破，社会生活失了平和性，而人生的内容，便一天比一天寂寞枯燥。生活的疲乏到了极度，自动的尚武变了被动的争斗。社会组织的缺陷，一天扩大一天，于是全社会都充满着革命的恐怖空气。

这些是大都会的现象，然而在离都市较远的地方，还可以看得见日本的本来面目，这些变动的情形，且放到后面再讲，现在先讲十五年以前日本社会生活的平和相。

日本民族是最欢喜清洁整齐的，他们的生活，一般都很有规律。又是一个最讲礼教的，他们的礼教，和中国老先生们口头的性理，和早已变成僵尸的礼教、惰力支配着的中国社会，绝然不同。支配日本社会的繁文缛礼，比之中国，还要利害得多。但是那些形式，还活泼泼地各自有他的效用，并不曾变作礼教的化石。我们且先从日本人的家庭看起，日本人的社会，是一个男权的社会，女子是绝没有地位的。所谓三从四德、贤母良妻，这些道德标准，在日本是很确实地存在着，很生动地行使着。可是再没有像中国那样把女子关锁在后房里，不许与人见面的习惯。女子的言语行动，在一定的制度下面，是有相当的自由的。女子对于他的丈夫，是绝对服从，绝对恭顺。每天丈夫出门回家，必定是跪迎跪送，但是他这一种跪送，已经成了一种很活泼的自动的动作。女子所使用的语言，和男子所使用的语言，在文法上、修词上，是绝对不同的。任何时候，任何地方，很少听见有女子使用普通的简语。男子却是不同的，在社会交际上，中流以上的男子，他们有几种的交际语，这些交际语，处处都相当的表现出男性。在很恭顺地向对方使用最敬语的时候，也处处很留意地保持着人格的威严。男子在幼年稚年时代的用语，已经是很显明表现男子的独立性和自尊性。这种地方，学校和家庭里面，都是很奖励的。在这样一个男女阶级最彰著而且悬殊的社会里面，却有一个很特殊的和中国不同的地方。我们且把他比较论出来。

一、中国的男尊女卑，是一个表里很不相同的畸形制度，尤其在上层阶级的家庭里面，更是如此。一方面有极端男子虐待女子的事实，一方面更极端的有女子压迫男子的事实。男子在名誉的压迫下面，虚伪的忍耐和虚伪的隐瞒是很普通的。而日本的社会绝不如此。女子对于男子绝对服从的对面，是男子对于女子的绝对保护。——固然也有例外，然而例外很少。具备威严的保护爱和具备同情的体谅爱在很巧妙的组织下面调和着。我们在日本社会里面，很少看见有女子对男子的河东狮吼，更少看见有男子对女子的虐待。爱护弱者这一种武士的道德，尤其在男女间是看得很亲切的。虽然也有置外妾的事，但一夫一妻的制度，比较确实地维持着，妻妾同室的事是绝对没有的。所以日本人的家庭，比起中国人的家庭来，要圆满得多。我常觉得日本的男子在他的奋斗生活当中，有两个慰安，一个是日本人所最欢喜的热汤沐浴，一个就是很温和的家庭。日本的女子对于他的丈夫，的确可以安慰他、同情他，使在社会上吃一整天苦恼的男子由一夜的安慰而回复他疲劳的精神。中国男子很普通的家庭苦，在日本社会上是绝不经见的。

二、中国的蓄婢制度在日本是没有的，同时中国这一种虐婢的事实在日本更是没有。阶级分限很严格的封建制所产生的日本社会里，主人对于使用的婢仆，绝不像中国都会地方的习惯那样无情冷遇。他们家庭里面的使用人，很像是家庭一部分的组织分子。主人对于使用的人，处处都看得出一种温情，这一种温情，不是发生于个人的性格，而个人性格的养成，倒是原因于制度。现代的都市生活下面渐渐地把这一种温情的从属关系打破了。契约的责任观念，替代了阶级的从属观念去。不过在中国这种畸形的虐待和变象的佣金制度，在日本社会里面，我是不曾见过。

三、宗法社会的男系家督相续制和财产相续制，是联成一个东西的，这也是封建制度下面必然应有之义。但是长男对于次男以下的家属的义务观念，也是很明确的。这一层情形，更是和中国绝对不同的地方。

四、许多中国人，以为日本女子的贞操观念淡薄得很，以为日本社会中的男女关系，差不多是乱交一样，这一个观察完全错误。大约这是中国留学生的环境，和他们的行为，很足以令他们生出这样的错觉来。日本人的贞操观念，的确和中国人有很大的不同的地方，然而决不像中国留学生所说的。第一日本人对于处女的贞操观念，绝不如中国那样残酷。第二日本孀妇的贞操，固然也主张的，然而社会的习惯，绝不如中国那样残酷，至于有逼死女儿去请旌表的荒谬事件。第三日本人对于妓女，同情的心理，多过轻蔑的心理。讨妓女作正妻的事，是很普通的。尤其是维新志士的夫人几于无人不是来自青楼，这也可以证明日本社会对于妓女，并不比中国社会的残酷。第四日本的妇人的贞操，在我所晓得的，的确是非常严重，而且一般妇人的贞操观念，非常深刻，并不是中国留学生所想象的那样荒淫的社会。一般来说，我觉得日本的社会风纪，比之中国的苏州、上海，只有良好决没有腐败。而他们的贞操观念，不是建筑在古代礼教上，而是建筑在现代人情上，也较中国自由妥当得多。

附

日本与日本人　小泉八云

代序 小泉八云

曹聚仁

……在我来说，尽管莎士比亚、歌德、拜伦那些大作家那么如雷贯耳，真正给我以影响的，倒是莫罗亚、房龙和小泉八云，而我之所以知道小泉八云，还是从厨川白村的评介而来。

小泉八云，从他的姓名看来，好似一个日本人；诚如厨川白村所说，小泉的血管中，一点日本人的血也没有。他的父亲，原是那富有美的神秘与空想的世界的爱尔兰人；他的母亲，则是欧洲艺术与文明的摇篮的希腊人（他的祖先，是罗马人和由埃及浪游到欧陆的一种野人的后裔。所以，这位现代文学家，可以说混血而又混血的混血人）。他生于爱尔兰，学于法兰西，在美国才长大成人，是一个四海无家的飘零客；后来，以通讯员的身份到了日本，在出云松江中学做英文教师，和那儿的旧藩府的女儿结婚，乃归化日本妇人，取了小泉的姓，而“八云”是日本古地名，又是一首古诗的句首。他的本名，是 Lafcadio Hearn。

小泉的父母回到爱尔兰便闹婚变，父另娶，母别嫁，他就寄养在叔祖母家，过孤儿生活了。他的亲属是天主教徒，自幼就受严厉的天主教教育。他生来是唯美主义者，对于宗教始终格格不入。他曾自述幼年故事：“在天主教学校，照例得向神父自白罪过。有一天，我向神父说：‘据说魔鬼变成美人引诱沙漠中的修道者。我应该自白，我希望魔鬼也该变成美人来引诱我，我想我决定接受这种引诱的。’那神父听了，大为动怒，气得七孔生烟。”

“如果到地狱里去，只要能有美的享受，欲的满足，我也乐意去！”这是小泉八云唯美主义的口号。所以那位道貌岸然的神父，听了他愿意接受魔鬼的试炼，变美女来引诱他，真的怒火冲天。他又惊又喜，因为那神父既然这么认真，那女魔一定会从地狱出来引诱他，谁知并无其事，使他十分失望。

他是一生带着美丽幻想在人间历劫的。他离开了欧洲到美洲，东奔西走了二十余年，那是他最苦的日子，也是他死心塌地努力文学的时期。他于书无所不窥，对希腊的诗剧、印度的史诗、中国的神话、挪威的民间故事、俄国的近代小说、英国浪漫时代的诗和散文都下过功夫，有很深入的研究。他具有拉丁民族的强烈的感官欲，所以他最同情法国近代文学家的作者。他是第一个介绍戈第叶（今译戈蒂耶）、福洛培尔（今译福楼拜）、莫泊桑给英美的读者。他又含有爱尔兰人的诙诡奇诞的嗜好，所以他爱读挪威、俄国、印度、日本诸国的文学，因为这些文学中都含有一种魔性的不平常的情致与风味。

他的神经有时不免失常，他常常说他自己看见了鬼怪。看起来，他像是一个疯子，又像一个小孩子。有一回，他跟妻子去买浴衣，本来只要买一件就够了；哪知他觉得各种花色都不错，便买了三四十件，那店中伙友都看呆了。总之，他是一个走极端的人，在生活方面，在艺术方面，都是独行其所好，瞧不起流俗人的观点的！

如厨川白村所说的，小泉是以稀世的名文，把日本的东方美介绍给西方人士的第一人，同时又是以其趣味丰富的讲义，正确地把西欧的思想与文学传给日本学生的最成功的外国教师。当作站在东西两种文化之间的绍介者，小泉已经完成其天职。这绝不单是他的流丽明快的笔舌与渊博的学识，而是彻首彻尾做真的世界人的伟大人格所造成的。小泉不是英国人，也不是美国人，更不是纯粹的日本人，他是对于国土与民族，没有什么固执的偏见，而足迹遍世界，到处发现了“美”，同情它，同感它，十分地享乐它的人；是理解西洋，在西洋人以上，同时在日本人以上理解日本的人。保有这样浪漫的人格的人，厨川认为在世界上只有小泉一人了，在这一点，小泉也许不仅空前，而且绝后了。

小泉在教室讲课是很有名的。他的特色是情绪本位的文学教授法。小泉自言：“当作情绪的表现，人生的描写，我来教授文学。当讲某个诗人的时候，我努力想说明他所给的情绪的力量与性格。换言之，直诉于学生的想象力与情绪，这是我的教授法的基础。”小泉在东京文科大学的英国文学讲义，前后十年间，由纽约书店出版，先后有《文学的解说》《诗歌的鉴赏》《人生与文学》三种，共四册。哥伦比亚大学的英文学教授厄斯琴氏替小泉校订此书，说：“就英文的文艺批评来说，这是哥尔利治以后的第一人。”

有一时期，我也曾在讲坛上拿粉笔的，我也想如小泉一样，写下可以传世的讲义的呢！

译者自序

小泉八云的作品，我国已经有许多人翻译过。可是所翻译的大概只是他的文艺评论，至于他另外的作品，似乎还没有人注意到，这本《日本与日本人》，很可以使我们从另外方面认识小泉之为人。

不过我所以翻译这本书的，除了上述的一点以外，却还有几个原故：

第一，逼近我们的强邻，不外乎日俄二国。日本对我们怎样的欺凌，不用多说，谁都知道，比俄国只是有过之无不及。我们起先是一点也不知道他们日本人的详情，现在虽然有些人已经注意及之了，却又只留心着他们的外表，仍旧是一个缺憾。本书是从心理上、哲学上，来解剖他们整个的内心生活的，我们要研究他们的全部生活，就可以借此得到一个强有力的参考。

第二，小泉在这些文字上，对他们日本人不免有些过谀的地方，似乎使我们看了有些受不了。然而这也未始不可以给我们一个激刺：为什么欧洲人，只赞美他们而不赞美我们呢？

第三，其实本书的内容，也不单是说的日本，远东全部都是有关的。小泉对于东西两方面的文明都有极清楚的观察和极透辟的论断。其中有些话到现在已是应验了，有些话虽然隔得已久，到如今还是崭新的预言，仍可以帮助我们推测远东的将来。

第四，本书更有若干处专论我们中国人，我们尤其应该看看这位了解东方的西方评论家，对我们有些什么观念，而我们对之更有些什么感想。

为了这几个原故，所以我不揣谫陋，就于去年暑后着手翻译这书。只因其他工作排定了没有充分的余暇，所以到现在才脱稿。至于小泉文字的优美，普通的评论也富于文艺的色彩，那尤其是我们应该满意于本书的。

胡山源

1930 年 1 月 14 日

原编者序

小泉八云在《心》的序里说，“这本书大都讲的是日本人内心的而非外表的生活”，这时他开始了他那一切关于日本的著作。本书选订的目的，是要集合他对于这种内心生活最好的杰作——那些的确能使他成为日本与日本人唯一说明者的文章。

落合贞三郎

1928 年 2 月　东京

第一章 日本文明的天性

引 言

许多人以《心》为小泉八云著作中最有力量的杰构，这是确然不容怀疑的事情，本篇便是这书中的一篇。写成本篇的地点是神户，那时他是《神户年鉴》编辑部的一分子。那时他渐渐的不注意日本国内表面上的事情，而只用他的全力，专为“事物的中心”作说明。

“我想这是在神户，”威德摩夫人（Mrs. Wetmore）写着说，“他达到了他最高的理智程度。在他的感觉敏锐中，他就写明了这篇。《日本文明的天性》里面充满着纽约城（New York City）可惊的描写，和东方世界难于捉摸的心灵上精微的观察。”

一

从未损失过一条船，打过一次败仗的日本，曾将中国的势力摧毁过，造成了一个新朝鲜，将伊自己的领土扩大了，使东方的政治方面，全部变了颜色。这种使人惊奇之处，似乎是在政治方面，而格外可以惊奇的却在心理学方面；因为这代表着一种极大力量的发展，从来为国外所不知道的——是一种程度很高的力量。心理学家都知道，所谓“西方文明的采取”，三十年来对于日本人任何器官或能力的脑筋中，素来所没有的，并没有加添什么。他也知道这在日本民族心智的或道德的性格上，并不能算作一种突然的变化。所有的变化，都不是在三十年中所造成的。转运来的文明，工作得要比较的慢些，必须要有数百年的光阴，才能产生出若干永久的心理学上的结果来。

就在这种光明中，日本成了世界上最非常的国家，而在伊“西方化”的全时代中，最奇妙的乃是伊的民族脑筋，竟能担任得下这样重大的一个震动。可是在人类的历史上，事实固然是这样了，究竟在实际方面这是什么意思呢？原来这无非将已有的思想之机能加以一部分的改组罢了。在千万个勇敢的少年心思看来，便是死也不要紧。西方文明的采取，并不像一个没思想的人所想象的那样容易。这是很明白的，代价很大的心力上的整顿，只在民族显出特种力量的趋向上得到良好结果。因此，西方实业发明的应用，在日本人的手掌中，显出了极好的成绩——根本着他们民族所熟习的种种技术，产生了卓越的结果，许多年来，另是一种面目，格外的精巧。没有什么变化——至多不过是将旧能力改成了新能力，达到了较大的范围。种种科学的职业，也可见出同样的情形来。有几种科学，例如药学外科（世上没有比日本人再好的外科医生），化学，显微镜学，日本人的天性是自然而然的适合的；在这些事上，成绩的惊人，世人早已有口皆碑了。战争时和国家有什么大事业时，他们更显出了奇妙的大能力；不过在他们的历史中，他们最著名的，还是他们军事政治的大能力。然而外国的趋向，对于他们的民族性，并没有成功什么伟大之处。例如在西方音乐、西方艺术、西方文学这许多研究方面似乎不过浪费光阴罢了。[在某种有限制的意义上西方艺术已经影响了日本的文学和戏剧；不过影响的性质，却证明了我所说的种族的差异。欧洲戏剧为了日本舞台改形了，欧洲小说为了日本读者改写了。文学的迻译是不很注意的；因为原来的事实、思想和情绪，对于普通的读者和观者，都得不到了解。情节是选取的；情感和事实就完全的改变了。“新马格大连”（New Magdalen）成了和一个“秽多”结婚的日本少女。嚣俄的《哀史》（*Les Mirerables*）成了一个日本内战的故事；而恩茄拉斯（Enjolras）便成了一个日本学生。出于例外的略有几种，其中有那《少年维特（Werther）之烦恼》照文字上翻译而得到显著成功。]这些事情，对于我们的情绪生活是非常重要的，对于他们日本人的情绪生活却没有这样的重要。每一个切实的思想家，都知道个人的情绪，要用教育来转变是不可能的。想象那一个东方民族的情绪性格，会能在短短的三十年间，因和西方思想接洽之故而能转变的，那简直不合理。情绪生活，比理智生活更根本，更深刻，决不能因环境的改变，而有所突然的不同，正像镜子的表面不为种种反映所改变一样。所有日本所以能有这种不可思议的成绩的原故，都不是自己的转变；那些想现在的日本在情绪上已比三十年前更和我们接近了的人，完全不知道科学上确切不可移的事实。

同情是为理解所限制的。我们同情的程度，以我们的理解为标准。一个人可以想象他对日本人或中国人表同情；但是同情的程度，决不会超出普通情感生活中几点极简单的小范围——就是孩童和成人一般的几点。更复杂的东方感情，是由祖先的和个人的经验结合而成的，和西方生活并没有真正显著的连带关系，因此我们也不能完全了解他们。反过来说，日本人，虽然他们愿意，也不能给欧洲人以最好的同情。

可是西方人一方面始终不明白日本理智或情绪（两者本是混合的）生活的真面目，一方面他也始终要想象日本生活比他自己的生活是很渺小的。这固然是文雅，这固然含着极为珍贵，极有趣味的可能性，可是这又何等的渺小，比较起来，西方生活似乎是超自然了，因为我们必须判断着可见可量的实物。这样判断起来，西方和东方的情感与理智方面，是怎样一个不同的对照呀！日本京都街上，无非是轻飘飘的木头建筑，而巴黎或伦敦的大道上，则到处非常的坚实，是常见的事。试将东方和西方对于它们的梦想、愿望和感触所发表的言论和著作，加以比较——天主教大礼拜寺之与神道教庙宇，凡提（Verdi）的歌剧或华格纳（Wagner）的三幕剧之与艺妓的登场，欧洲叙事诗之与日本小诗——在情绪的卷帙、想象的能力、艺术的综合这种种方面，相差的距离，真是不可以道里计！真的，我们的音乐实在是近代的艺术；不过回顾着我们的已往历史，创作能力上的分别，不是不显明的——不一定是在有云母石的圆形剧场，和属地遍天下的伟大的罗马时代，也不一定是在雕刻达到神圣，文学达到绝顶的希腊时代。

由此，我们可以谈到日本势力突进中的另一件奇妙的事实了。伊在生产方面和战争方面所显出来的那种伟大的新力量，所有物质的表征在那里呢？没有什么地方！我们在伊的情绪和理智生活上所找不出的，在伊的实业和商业生活上也找不出——伟大！土地还是和从前一般；它的表面上，因明治维新而增加起来的并不算多。小规模的铁道和电杆，桥梁和隧道，在那历古以来青葱满目的原野中，差不多没有谁能注意到。所有的城市里，除了通商的口岸和小部分的外国人居留地之外，要想在街上找出那并列成行的绿树，以求出一些西方思想的影踪，也很令人难得。你可以作深入内地二百里的旅行，你决不能看见什么新文明的大发展。你也不能在什么地方找出巨厦巍峨的大货栈，以示商业的雄心，也不能找出基地数十亩，用着机器的大工业。一个日本城市，还和十世纪以前一般，仅仅比了竹篱茅舍的村野略胜一筹——的确是风景美丽的，和纸糊的灯笼一般，玲珑而脆弱。不论何处，没有什么大的扰动和喧嚷——没有热闹的交通，没有隆隆之声与轰轰之音，没有急如星火的匆促。倘使你愿意，你在东京城里也能享受到乡村的生活。这种使人看不见或听不见的新势力，现在正在威吓着西方的商业，改变着远东的地图，不禁令人发生着奇异，我甚至要说妖妄的感觉。当你跋涉了数里的寂寞长途，到了什么神道教的庵宇，而所见的只是空虚与孤零时，你差不多就要感觉到——只是一件渺小荒凉的木建筑，在千年的暗影中发着微斑。日本的力量，和伊那古信仰的力量一样，用不着什么巨大的物质宣示；它们的所在地，就是那不论那一个大民族真正最深力量的所在地——在那“民族的灵魂中”。

二

我默想起来，一个大城市的记忆，就回到了我的脑筋里——是一个壁垒耸天，闹声如海的城市。那种闹声的记忆先回转来，然后是看见的景象。一条深壑，那是一条街；嵌在群山之间，那是房屋。我倦了，因为我在那些石工所造的峰峦中，已经走了许多里路，已经好久没有踏着一片土——只有石片——已经没有听到什么别的，只有暴乱的轰雷，在那极大的街面之下，我知道另有一个非常的空阔世界：组织重重，千头万绪，管理着水和汽和火。街的两边，有许多窗户层层的屋面高高的对峙着——这是遮住日光的建筑之悬崖。上面惨淡的一片青天，被密密的蛛网割得粉碎——这是数不清的电线网。右边那一区宅子中，住着九千个灵魂；房客们每年所付的租金是一百万元。稍远的一区所值的钱，总在七百万元以上，这样的区域，也不知有多少。钢铁梯和水泥梯，铜梯和石梯，装着最重的栏杆，扶摇直上，高至数十层，可是从来没有足迹踏到它们过。用着水力，用着汽，用着电，人人上下自如；对于肢体的应用，这些高度太眩人了，距离太大了。我的朋友，住在相近的一个巨宅十四层楼上，房金是五千元，从来没有踏过他的梯子。我因为好奇心的原故，就独自步行着；如果正经地讲，我是不应该步行的：空间太阔了，时间太宝贵了，对于这样慢慢的努力——人都是用汽力从这地到那地，从家到办公室的。高度太大了，声音传不到；命令的授受，都是借着机器。借着电气，远远的门户开放了；轻轻的一触发，百间屋里都亮起来热起来了。

所有这些巨大，都是艰难的，令人目瞪口呆的；这是达到坚固耐久的利用目的，应该用着科学力量的巨大。这些高楼大厦，商店工场，不论是描摹得出或描摹不出的，都不是美丽，不过是不祥。谁感觉到这些创作它们的巨大生命，是没有同情的生命，这些发扬的浩漫力量，是没有怜惜的力量，谁也要感到沮丧的。它们是新实业时代建筑的宣示。车走如雷声，人足和马蹄如暴风，没有一些休止。问一句话，必须尽量地呼喊，被问者方才能听得见；在那样高压力的声浪传达中，一举一动，一言一行，都必须要有经验。不习惯的人，免不了要有住在狂风大浪，惊波怒涛中的感觉。可是所有这些都还是个秩序。

怪奇的街道，借着石桥网桥，跳过了江河，跨过了海口。目力所极的地方，桅樯纷纷，绳索成网，将那石工造成如悬崖绝壁一般的岸边遮得密不通风。森林中的树木，树木的枝干，比了那样令人目眩心骇的长杆短橛，真显得贫薄，真显得稀疏。可是所有这些，都还是个秩序。

三

总而言之，我们的建筑要耐久，而日本人则要无常。在日本普通用物中能有耐久观念的，实在没有多少。每次旅行的途程上，草屦破了又换了；身上的衣服，用几块布松松的一缝便可穿着，简单的一拆便可浣洗；旅邸中的新客人，每次可以用到新筷子；窗户上和墙壁上的糊纸，只顾目前之用，一年至少换两次；席子每年秋天换一次新的——所有种种这些事情，不过是日常生活中无数小事物的略举一二，都可以显出他们的无常。

一个普通日本住所的故事是什么呢？早上，我离家走过那下一条街和我所住的街交叉处，我看见几个人在那边一块空地上，将竹竿竖了起来。五小时之后，我回来了，我看见那原地上，已有了一座二层楼房屋的骨骼。明天下午，我看见墙壁差不多要完工了——烂泥和芦笆。傍晚时光，屋顶已经完全盖好。又明天上午，我看见席子都已铺好，里面的粉饰也已完工。五天之内，这房子就完全造好。固然，这是一座便宜的宅子；比较优美些的，免不了还要多费些时间。不过日本的许多城市，大部分都是这种普通房屋组织成的。它们既便宜而又简单。

我第一次注意中国式屋顶弧形，犹存游牧时代篷帐的遗迹，我已记不清在什么地方了。这个思想，常常缠扰在我的心中，自从我已忘却了所从找得的书本以后，我第一次在出云看见了神道教古庙的特殊建筑。在它的山墙和屋檐上，都有奇异的十字形的突出物体，这时候，我才突地记起了那书中所说来源恐非远古的话头。不过，在日本，除了许多原始建筑的传说以外，还有许多关于民族方面游牧祖先的传说。不论何时，不论何地，要找得我们所说的坚固，完全是不可能的；在日本人的外表生活中，每一件事上，似乎都留着无常的特性，除了农民的古服，和他们用具的式样，其中大多数已竟完全消灭了。看了这种事实，格外可以使我们大胆地说，每一个日本城市，在三十年之内是一定要重新建筑过的。有几处庙宇，和若干少数巨大的炮垒，可以作为例外；可是按着通例，日本城市即使不变更它的形式，在一个人的一生中，就要变更它的实质。火灾、地震，和其他种种原因，固然是造成这种景象的一部分理由，然而主要的原因，便是所有房屋的建筑并非是传之久远的。平民都没有祖遗宅基。最宝贵的地点，不是出生的地方，乃是埋葬的地方；除了死人长眠之处，和古庙的残址以外，永久的地方是很少的。

土地的本身，就是无常的土地。河流时常变迁，海岸时常递嬗，而平原也时常起伏；火山的高峰，一会儿高，一会儿碎；石熔山崩，填满了幽谷；湖泊则忽隐忽现，甚至那举世无双的富士山，它那白雪皑皑的奇迹，为数世纪许多艺术家感兴的焦点，据说自从我到日本后，已经微微的变过样子了；至于在这短短时期中，完全变过形态的山岭，更不在少数。只有土地上一般的情形，自然界一般的状况，和时季的一般个性，还总算依然如故。就是风景的美丽，也往往变幻不定——是一个五光十色，烟笼雾摇的风景。在这群岛的历史中，只有熟习于美景的人，才能知道出岫的闲云，怎样的会将那已有的真正异象加以何种别的变态，预料着将来还有些什么别的幻景。

诸神确是存在着——依依于他们的山居，在林间的微光中，散布着幽幽的宗教威严，或者是因为他们没有形体的罢。他们的庙宇，像人类的居处一样，是不曾被人遗忘的。不过每一个神道教庙宇，在相当的时间中，必须要重新建筑一过；那最神圣的——伊势的庙宇——按着旧风俗，每二十年必须拆毁一次，将它的木料切成千百根小块，分给香客们，以为灵物。

佛教，带着它那博大精深的无常妙义，经过了中国，从亚利安印度来了。第一次在日本的佛庙建筑家——另一种族的建筑家——建作得很好，看了镰仓地方许多世纪以来还存留的中国式建筑，便可以证明，而那曾经围绕他们的大城，现在则要找寻一些残址遗迹，也不可得了。可是佛教的心灵上势力，不论在什么地方，都不能叫人类的心思喜爱着物质的稳固。它的教训，说宇宙是个幻妄，人生不过是无尽路上的略一驻足，人生事事物物所接触的，都充满着悲苦；只有将每个欲望——甚至是涅槃的欲望——压下去，人生才能达到永久的和平，的确是和那较古旧的种族情感相谐和的。虽然人民并不向着那外国信仰的精深哲学作多量的接受，而无常的教旨必定早就使民族性格受大影响了。它解释了，又安慰了；它恰与新力量，勇敢的去担任所有的事情；它将种族的癖性，忍耐，加以鼓励。

甚至在日本的艺术——在佛教影响之下发展起来的，倘然不是真正创造出来的——上，无常的教旨也留着它的痕迹。佛教的教训说，世界是梦幻泡影，是石火电光；不过它又教人怎样压伏那变化无定的梦幻印象，怎样将那些印象和那最高真理的关系，加以解释。他们学得很好。在那春花焕发的灿烂中，在那蝉声嘒嘒的去来中，在那秋叶的残红中，在那白雪的纯美中，在那风云的变幻中，他们看见了永久意义的古寓言。即使是他们的灾难——水、火、地震、瘟疫——也时常将那永久虚空的教旨宣示给他们。

“一切存在时间中的万物，都要灭亡。树林、山岭——一切这样存在的东西。一切有欲望的万物，都在时间中产生了。

日与月，帝释天自己，和他一切侍从之群，都须灭亡，没有例外；没有一个能够持久的。

起初万物都确定了；最后它们都分开了：不同的结合，引起了别种的材料；因为在自然界中，没有永远一致的主义的。

一切形形色色的万物，必至老境；形形色色的万物都是无常的。甚至一粒胡麻子，也并不是那种永久的实物。一切都是暂时的；一切都备具着分解的本性。

一切形形色色的万物，没有例外，都是无常的，不稳定的，无价值的，定要分开的，解散的；一切都是一霎那的海市蜃楼，幻象和泡沫。……即使所有陶工所制的土器，结果都要被打破，人的生命也要如此结束。

对于事物本身的信仰是记不起，说不出的——这既不是有，也不是无：无论儿童和无知的人，都知道这个。”

四

现在，这实在是一件值得的事情，就是我们来研究，民族生活中这样的无常性，这样的渺小性，倘使是没有什么相当的代价的。

没有别样东西，比了那种生活的流动性最为显著的了。日本人民代表着一种分子，永远运行不息的媒介物。它的活动力，就在它那特具的本身。它比了西方人民的活动力更是大而向外发展，虽然在各点之间，比较的要微弱些。它也格外的要近于自然——自然得不能在西方文明中存在着。一个欧洲人和一个日本人的相对动性；可以将什么颤动的高速度和什么低速度，两者中间的比较表示出来。不过那高速度，在这样的比较中，也许要代表着那应用的人为力量的结果，比较稍慢的颤动则不然。这种分别的意义，不但是表面上能看出来的几件事。在某种意义上美洲人想他们自己是大旅行家，也许是对的。在另一种意义上，他们确是错误了；在美洲的人以旅行家而论，不能和在日本的人两相比较。当然我们研究人民的相对动性，必要想到那大群众，工人们——不仅是小小的富人阶级。在它们自己的国里，日本人真是不论那一种文明百姓中最伟大的旅行家。他们之所以为大旅行家，是因为他们即使是在山岭重叠的境地，他们也不顾什么险阻，要旅行过去。最会旅行的日本人，并非那种需要铁道或汽船带着他往来的人。

在我们中间的平常工人，比在日本的平常工人，要自由得少些。他之所以少自由，乃是为了西方社会更复杂的组织，它们的力量都是趋向着团结和凝固的。他之所以少自由，乃是因为他所倚以为生的社会的和工业的机器，使它适合了它所需要的特殊条件，其中需要着若干特别的和人为的能力，须将若干别种天生的能力耗费。他之所以少自由，因为他必需生活到一种标准程度，而这程度则使他仅仅用节俭的方法，就始终达不到经济独立的地位。他要达到这样的独立，他必须比那成千个同是渴想求得自由的额外竞争者有那更大的额外性格，和额外材力。因此，简单说来，他之所以少独立，那是因为那文明的特性，使他那不需机器或大资本帮助的生活本能，渐渐萎缩无用了。这样人为的生活着，意思就是独立运动的能力迟早之间终必失去。一个西方人行动之前，他有许多要考虑的事情。在日本行动之前，他就什么事也不必想到。他不过毫无困难地离开了他所不喜欢的地方，来到了他所喜欢的地方。没有什么事物能够阻制他。贫穷不是阻碍，不过是刺激。他没有阻碍，有则他于数分钟间便能解决它。距离对于他没有什么意义，大自然已经给了他完美的两条腿，每天能带着他走到五十里以外，而不觉得痛苦。给了他一个胃，它的化学作用能从欧洲人所不能倚以为生的食物上吸收到巨量的滋养料；给了他一个体质，不怕什么冷热干湿，因为不合健康的衣服，过量的享乐，在芦帘低阁间火炉边寻求暖气的习惯，都与他毫发无损。

我们足上的穿着，照我看起来，所表示的意思似乎还不止平常我们所想到的。那种穿着，本身就代表着对于个人自由的阻碍。它甚至还表示着浪费；不过在形式上，它所表示的还有无穷的意义。它已将西方人的脚扭失了原形，使它再不能做它所做的事。体质上的影响，不是只限于脚上。在运动器官上，直接或间接受了什么阻碍，它的影响就要达到体质的全部。祸害就这样停止了么？或者我们因为向鞋匠的残暴屈服得太久了，便向那存在任何文明中最谬误的习俗屈服了。那末在我们的政治中，在我们的社会伦理中，在我们的宗教制度中，也许就会有种种缺点，多少总和那穿着皮鞋的习惯有些关系。向身体上的束缚而屈服，一定要加添那向心思上的束缚而屈服的程度。

日本人中的男子——能够得容易超过任何同等工业上西方工人的良工——始终很快乐的向鞋匠和成衣匠独立着。他的脚看起来很好，他的身体很健康，而他的心是自由的。倘使他要旅行一千里，他能在五分钟之内准备好了上路。他全部的行装值不到七角五分钱，而他所有的行李则能放在一条手帕中。他能够借着十块钱，不必工作的旅行到一年，或者他只要借着他的能力工作便能旅行，或者他做一个香客，也便能旅行。你也许要说，不论任何野蛮人也能作这同样的事的。是的，不过任何文明人是不能的；而日本人之为高等文明人，却至少已不止一千年了。因此，他现在的能力恐吓着西方的制造家。

我们实在太会将这种独立的行动，和我们那种求乞走江湖的生活并作一谈，要想得到这事内容的什么正确观念。我们也以为这事和不开心的东西——不洁与恶臭——有些关系。可是张伯伦（Chamberlain）教授说得好，“一个日本群众是世界上最香的”。日本的走江湖者，倘然他还有一分钱付得起应付的代价，他每天必定要洗浴一次，倘使他没有钱，他就洗冷水浴。在他那小小卷包之中，有木梳、牙签、剃刀、牙刷这许多用物。他永不会使他自己不舒服。他到目的地，他就会变成一个彬彬有礼的旅客，虽然穿着简单的衣服，却是净洁无垢。[有好些评论，对于阿诺德（Sir Edwin Arnold）的说话，加以取笑，因为他说日本群众的气味，好像一朵风吕草（geranium-flower）的花。可是那比喻是对的！那香料称为麝香，少少用一些，很容易给人当作麝香风吕草（musk-geranium）的气味。差不多在不论那一个日本人聚会之处，其中也有妇人的，总免不了一些微微的香气；因为衣裳是放在橱屉内的，橱屉里总有几粒麝香。除了这种好气味以外，一个日本人，是绝对没有气味的。]

不必有家具，不必有辎重行李，只须有少少一些清洁的衣服，便能生活下去的能力，在生活的奋斗中，比了日本民族所占的天然优越，格外能够显示出来：它也显示着我们文明中的真正软弱之处。他反映着我们日常需要上种种繁文缛节的无谓。我们必须要有皮、面包和牛油；玻璃窗和火炉；帽子、白衬衫、羊毛内衣；靴和鞋；大箱子、皮箧、小箱子；床架、卧褥、被单和毛毯；所有这些东西，日本人都是用不着的，而且的确还是不用的好。思想一下看，西方衣着中，仅仅那很费钱的白衬衫一项，是何等的重要呀！可是甚至是细麻布的衬衫，称之谓“绅士之徽章”的，根本便是一件没有用的衣服。它既不给人温暖，也不给人舒服。它在我们的风俗中，代表从前一个奢侈阶级的什么遗迹，在今日呢，就和外衣袖管上的钮子一般的没有意思和无用了。

五

日本的文明，只是特殊的进行着，伊并没有作过什么真正的大事物留下什么大记号。它固然不能永远这样进行，可是他所进行的，已得了惊人的成功。日本，广义的说来，是在不用资本而生产着。伊已变成工业的，但没有变成完全的机械的和人为的。极大的稻米，收成是从数百万极小极小的田地上种出来的；丝绸的收成是从数百万贫苦的家庭里养出来的；茶的收成是从数不清的寸土尺地栽出来的。倘使你到了西京，问那世上最伟大的磁工之一，就是他的产物在伦敦和巴黎比在日本格外著名的这个人，定些什么货，你就可以看见那制造的工厂，不过一座木制的小舍，为不论那一个美洲农夫所住不来的呢。七宝烧（cloisonné），名磁花瓶的最大制造家，他也许要将五吋左右高的东西向你讨价二百元，而他的制造工场乃在一座六个小房间的二层楼之后。在日本制造出来，著名于英帝国各处的最好的丝带，是在一个造价不到五百元的房子里织出来的。那工作当然是手织的。可是用机器织的工厂——织得那样的好，超出了大范围的外国工业——除了极少的例外以外，很难得为人重视的。它们不过是长而轻，一二层的草舍，所费的钱差不多和我们布置一处木制的马房相似。可是像这样的草舍，却能产生卖到全世界去的丝绸。有时只要略加问询，或者听听那机器隆隆之声，你就能辨别出一个工厂和一个旧式的屋敷（大房子）或一个旧式的校舍来——如果读得出园门上的中国字，那就格外好了。也有几处大的砖瓦厂和酿酒厂，可是即使它们已很接近着外国人的居留地，它们似乎还是和所有的景色不调和的。

我们自己在建筑上的怪物，和我们机器的巨厦，都借着工业资本的实用，一一地完成了。可是这种完成在远东却找不着；的确，建筑他们的资本也找不着。而且即使再过数十年，在日本的金钱势力已有了相当的组织时，要想有这样相当的建筑，也不是容易的。即使是二层楼的砖屋，在那著名的商业中心地，也发生了不好的结果；时时的地震，似乎就判定了日本的建筑只好永远的简单。这里的土地，总是反抗着西方建筑的安放，有时甚至还要将铁道线推出了平面，弄得不成样子，反对着新式的交通方法。

不单是工业方面，保留着这种未完成的状况，政府的本身也显示着相同的地位。除了皇位以外，没有什么是固定的。永久的变更是和国家的政策一致的。部长、地方官、监督、稽查，所有高级的文武官员，都时常在说不定的短时期中迁徙不定。较小的官职，则每次政潮一来，就弄得纷纷四散。我第一年在日本所住的那一处，五年之内换了四次长官。在战事发生之前，我留在熊本的时候，那样重要的地方所发出来的军令就变更了三次。国立专门学校，在三年之内，则换了三个校长。很特别的，在教育界中，这种变更的迅速，非常可惊。就在我自己的时期中，教育部长换了五次，而教育政策的变更则尤在五次以上。二万六千个公立学校都和地方议会有密切的关系，甚至没有什么别的影响，只为了议会中有所变更，也便时常随着而有所变更。校长们和教员们，从这一处往那一处团团的转着。勉强三十岁以上的男子，国内各处差不多都已教过的，也大有人在。在这些情形之下，任何教育制度而能产生任何大效果的，简直是个不可思议。

我们总要想稳定这件事，对于所有的真正进步，所有的大发展，多少总有些关系。可是日本却已证明了，极大的发展，即使完全没有稳定性，也是很可能的。在种族性中，可以得到解释——是一种比我们自己的种族性相反的多方面的种族性。一致的行动，一致奋发的全民族，已趋向着大目的移动着，使四千万人的全数，都受统治者的意思所陶冶，就好像沙和水为风所改形。这种改形的顺从是属于它灵魂生活的旧地位的——是很难得的不自私和完全的信仰所造成的旧地位。为了民族性，为我的个人主义的失去，已成了国家的救星；已使一个大民族，能反抗着大困难，保存了它的独立。因此日本应该好好的感谢伊的两大宗教，是伊那道德力的创造者和保存者：一是神道教，它教训一个人，在想到他的家庭和他自己之前，要想到他的天皇和国家；一是佛教，它教训他降伏烦恼，忍受痛苦，并以爱好之物的消灭，和恨恶之物的苛酷，当作永久的定律。

目前有一种僵硬的趋势，很可以看得出——这是变化中的一种危险：要弄到那中国贫弱之原的官僚化地步的。新教育的道德效果，抵不了物质效果。“个性”的需要，在纯粹自私的意义中，将不再反对着下一世纪的日本人。甚至学生的论文，也已经有了新观念，将理智力当作不过侵略的武器，和个人主义的新激刺。有一个人，在他心里还有一些佛教的残痕，写道：“无常是我们的本性。我们时常看见昨天还富足而今天已贫穷的人。按着进化律这是人类竞争的结果。我们都不免于那种竞争。即使是我们本来不愿意的，也不能不互相攻战。我们用什么刀剑来攻战呢？用那为教育所熔铸出来的智识之刀剑。”

哦，为“己”的培植本来是有两种方式的。一种趋向着非常的发展，成为高贵的性质，另一种则表示着那愈少说愈好的事情。可是现在新日本正在那里开始学习的，却并不是前者。有些人相信人类的心性，即使是在一个种族的历史中，也比人类的理智更有无上的价值，它迟早总要证明它自己，回答“人生的狮身女妖”（Sphinx of Life）的恶谜，绰有余力，我便是这些人中之一。我仍旧相信，旧日本人比我们更接近那些恶谜的解决，因为他们承认道德的美丽比理智的美丽更是伟大。我现在抄下一段布鲁尼底埃（Ferdinand Brunetière）教育论文的一段来作本文的结束：

“倘使我们不将拉门奈斯（Lamennais）所说的几句格言深深印刻在心里，则所有我们在教育上的种种努力就将归于徒然，那格言是‘人类社会是建筑在互相给与，或者人为人牺牲，或者一人为一切他人牺牲，这种种之上的；而牺牲则为所有真正社会的真正要素。’这就是我们差不多一个世纪以来，所没有学习什么的事情；倘然我们还一定要再入学校，我们可以再学习它，那总是道理。没有这种智识，就没有社会，也没有教育，倘使教育的目的是为社会造就人。现在，个人主义是教育的仇敌，就像它也本是社会秩序的仇敌一样。它也不会时常如此，可是它已是成为这样了。它将不会永远如此，可是它现在正是这样。我们不摧毁它——这或者要变成打倒一个极端，又入另一个极端的意思——我们必须承认，不管我们希望将为家庭、为社会、为教育、为国家，作些什么事，只有反对个人主义，大功才能告成。”

第二章 柔术

引言

本篇——柔术的一种哲学研究——是从《东方之外》(*Out of the East*)选出来的，那本书是作者关于日本的第二本书，在熊本写成，那时他自一八九一年十一月至一八九四年十一月，在那里的第五高等学校当教员。

“我现在正在写着一篇论文——一篇关于‘柔术’的哲学的论文，是应许在十二月里就要为波士盾(Boston)人写好的。关于抵抗外国势力的反动，和这反动将来的可能性，你能给我一些你自己的思想否？当然我需要着(西方人以为)悲观的意见——就是说，那反动是属于这民族最深刻的本性而将永久不会消失的。我确信这个意见。我不是说我能断定我的话。除了上帝之外，谁能断定什么呢？不过我以为我所相信的，总是最可能的意见。我尤其喜欢的，是一种可惊的可作为榜样的事实——像一头狂蜂将在想象中飞啸的什么东西。只要我能够，所有的反动都应该归纳起来——道德的，教育的，宗教的，商业的。我不要请求你当你不大高兴时坐下来写些什么给我，不过希望你有工夫，而且高兴的时候，在纸上草草的为我写下一些观念。就是一句话，也许可以激动一个幻想的宇宙：至少我需要着一些指示。你是在神经的中枢里，我不过是在一个极小的神经梢上——如果可以这样说。”［录自一八九三年十月十三日小泉八云与张伯伦教授（Prof. Chamberlain）的一封信中］

> 人之生也柔弱，其死也坚强。草木之生也柔脆，其死也枯槁。故坚强者死之徒，柔弱者生之徒。是以兵强则不胜，木强则折。
>
> ——老子《道德经》

一

在那国立专门学校的广场上，有一座房子，建筑方面和别的房子很不相同。除了上面装着平滑的玻璃窗不用纸窗以外，可以说它是纯粹的日本式建筑。其形长而阔，只有一层；里面只有一个大房间，高高的地板，厚厚的铺着一百条席子。它有一个日本名字，称为“瑞邦馆”（Zui-ho-kwan）。在它的入门处，有这几个中国字写在那一个小小的匾额之上，是一个天潢贵胄北白川宫能久亲王的手笔。里面一无家具，除了挂在墙上的另外一个匾额和两张图画以外，什么东西都没有。一个图画画着那著名的十七名勇少年，在内战时自愿为国尽忠的“白虎队”。另一个图画，则为那年高而为人所爱戴的，中国文学教授秋日胤永翁的肖像，在他少年时，是一个著名的战士，那时一个人要成为一个军人和绅士，所需要的条件，比现在要难得多。匾额是胜海舟伯爵的手笔，写着“入神致用”四个中国字。

可是在这个空空洞洞的地方，教些什么呢？原来是所谓柔术的那事情。那么什么是柔术呢？

在此，我必须先说明，我对于柔术什么都不知道。学习它的人，必须从小就开始。必须继续研究得很长久，然后，才能学得好。要成为一个专家，就需要七年工夫的不断练习，甚至要能预料得出一种非常经过的自然趋势。我不能说柔术的详细情形，不过对于它的主旨要提出几个大概的特点。

柔术是古时打仗不用兵器的武士道。对于完全没有学过的人看来，就好像是角力。倘使当柔术正在瑞邦馆里实习的时候，你进去看看，你就可以看见一群学生，对付着十或十二个敏捷的青年同伴，赤着足，裸露着四肢，在席子上互相扑击。那种死沉沉的静默，也许要使你觉得很奇异。不说一句话，没有一些当作玩意儿的神气，谁也不轻易笑一笑。绝对的冷静无感觉，是柔术学校的规则严严的要求的。可是大约就只有这种冷静无感觉，这种多人的无声，才能给你一个非常的印象吧。

一个西方专门角力的人，也许就要见得多些。他也许看得见那些青年都很注意的在发出他们的气力，而他们的把握、抱持和投掷，都是特别而厉害的。他也许不管是怎样的留心，要断定这全部的施展是危险的游戏，或者他就要劝说他们采取西方的“科学的”规则。

然而实际方面——不是那游戏——比一个西方角力家看见了而能想到的，还要危险许多呢。在那里的教师，看起来似乎是瘦小的人，却能使一个平常的角力者，在两分钟之内一败涂地。柔术不是一种炫耀的技术；它也不是要将本事宣布于公众之前的练习；最正确的说来，它是一种自卫的技术，它是一种战争的技术。精于此道的人，一时之间，就能将一个未经训练的敌人，置之于完全无能之地。他用着若干可怖的手法，会突然的使人的肩胛脱骱，骨节分离，筋皮扭伤，或者骨头折断——使人看不出他一毫用力之所在来。他不单是一个运动家：他简直是一个精于解剖的学者。他也知道一触即杀死人的方法——就如用电。不过他立誓不将这种危险的知识轻易施用，除非是在差不多不能滥用的时候，依着传说，这样的本事，只传给那种有完全自知之明，而又道德纯洁无疵的人。

然而我要大家注意的事实，乃是柔术的专家，从来不倚赖自己的气力。他难得在最大的紧急中，才用他自己的气力。那么他用些什么呢？不过是他敌手的气力。敌人的气力就是得胜敌人的惟一方法。柔术的技艺，教你只须借着对手方面的气力，就能得胜；他的气力愈大，他就愈倒霉而你愈得法。我记得有一次，最著名的柔术教师中，有一个人（当时之五高校长嘉纳治五郎。数年之前，嘉纳曾将一篇讲到柔术历史的有趣文章。投给 *Fransactions of the Asiatic Society*）告诉我要教授一个真正强有力的学生，实在是极端困难的事情，我觉得非常奇怪，因为我想起来，那种学生当然是最好的了。我问他原故，他说："因为他倚仗他巨大的筋肉之力，而用着它。""柔术"这个名字实在是以"依顺而得胜"（to conquer by yielding）的意思。

我怕我不能完全解释得出；我只能设想。不论是谁，都知道"还击"（counter）这名词在拳术中的意义。我不能将它正确的比喻出来。因为那还击的拳术家，总是对于敌手的动力加以全力应付的；而柔术的专家，则很清楚的只从反面着手。在拳术的还击和柔术的依顺中，却仍归还有相像处——就是那吃苦的，两方面都是那不能自己管束，而一味向前蛮冲的人。那么我可以宽泛的说，在柔术中每一扭、挫、挽、推，或曲折，都有些还击的意味；只有柔术专家对于这些动作是完全不反抗的。不，他只依顺它们。可是他所做成的，却远超出依顺它们之上。他用一种恶毒的手法帮助它们，它们就使那敌人甩脱他自己的肩胛，折断他自己的臂膊，或者在厉害的情形中，甚至折断他自己的颈项或背脊。

二

虽然以上的解释，很是模糊不清，但是你已可以见出，柔术的真正奇妙之处，并不是那些专家的最高的技巧，而是那全部技术所表现出来的东方思想。永不以力抗力，只将攻击之力加以导引和利用；制服敌人，完全用他自己的气力——那就是用他自己的努力，打倒他自己——西方人的脑筋，对于奇怪的教训，有些什么作用呢？的确没有什么！西方人的心思，是在直线上活动的；而东方人的，却在奇妙的曲线和圆线上。可是这是何等美丽的理智象征，打倒暴厉势力的手段呀！柔术远超乎防御科学之上：它是一种哲学的定则；它是一种伦理的定则（的确，我忘记了没有说，柔术的训练，大部分都是属于纯粹的道德的）；而最重要的，它是一种种族天性的表现，为那些梦想在东方扩张势力的列强所没有清楚觉得的。

二十五年之前——甚至还要近些——外国人总要借着种种理由，预言日本不单要采取西方的衣着，还要采取西方的风尚；不单我们的交通方法，还有我们的建筑要旨；不单我们的工业和应用科学，还有我们的形而上学和我们的理论。有些人真的相信，日本国就要公开给外国人殖民了；西方的资本，就要享受特权，帮助他们发展种种天产了；甚至还相信总要用天皇的敕令，布告全国，信从我们所说的基督教。可是这些相信，实在太不了解那种族的性格——它的较深的能力，它的远大的目光，它的独立的旧有精神了。没有人对于日本人从事柔术训练，加以一刻的设想：的确在那时候，西方还没有人听见过柔术。

可是那完全是柔术。日本根本着法国和德国的最好经验，采行了一种军制，结果伊就能招集一个二十五万人的有训练的军队，有猛烈的炮队辅助着。他们创造了一个强有力的海军，有几条世上最好的巡洋舰——将伊的海军制度，依照着最好的英国式和法国式。在法国式的指导之下，伊给自己造了好些兵船厂，制造或购买许多船只，将伊的出产，运到高丽、中国、马尼剌、墨西哥、印度和太平洋的热带各地去。伊为着军事和商业的需要，建筑了近乎二千里的铁道。又借着美国和英国的帮助，伊建设了最便宜，或者也是最灵通的邮电两务。伊筑了不少卓越的灯塔，据说伊的海岸，在两半球比起来，是最光明的；伊使一种信号的服务，实行起来，不会比美国的有什么不及之处。伊又从美国得到了一种电话制度，和最好的电灯方法，伊将德国法国和美国的最好成果，加以详细研究，形成了伊的公立学校制度，不过另有规条，使它能和伊自己的创制完全调和。伊照着法国的模范，建设了警察制度，不过伊使它能和伊自己特殊的社会要求有绝对的一致。起先伊为了伊的矿，伊的工厂，伊的军械厂，伊的铁道，运入了许多机器，又雇佣了许多外国专家，现在伊却正在开除着伊所有的教师。不过伊所已经做的，和现在做的，盈纸累幅也提不尽许多。总而言之，我们可以说，我们的工业，我们的应用科学，我们的经济、财政，和法律的种种经验，所表现出来的最好之点，伊都选择了，采取了，伊只在各方面将最好的效益加以利用而将伊的所得，一例修正，使之适合着自己的需要。

现在在这种种事情中，伊的采取，完全不是为了什么仿效的缘故，在另一方面，伊却只证实了，取用着那些能够帮助伊发展势力的事情。伊已经使伊自己，能够实施所有的外国专门教育；而在伊自己的手握中，则用峻严的立法，将伊所有的天产，都牢牢的保守住了。可是伊“没有”采取西方的衣着，西方的生活习惯，西方的建筑，或西方的宗教；因为这些事物中不论那一种，尤其是宗教，传入了只能减少而不能加增伊的力量。不管伊的铁道线，和汽船线，伊的电报和电话，伊的邮务和伊的转运公司，伊的钢炮和火枪，伊的大学校和专门学校，伊今日还保留着一千年前的东方色彩。伊已经能够自己保留，也能够尽量的利用敌人的力量。伊已经是，现在还是，给那理智上自卫的最可敬崇而又难得的制度，所保卫着——就是一种令人惊愕的全国柔术。

三

我的前面，放着一本三十年前的手册。里面有许多照片，是日本试行外国衣着，和种种外国制度时所摄的。都是武士或诸侯的照片；有许多都有历史的价值，因为可以见出外国的吸引力，对于本国的习俗在最初的时候有些什么影响。

武人阶级，很自然的成了那新吸引力的随从者；他们似乎曾作过几次奇异的试验，想要将西方和东方的衣着，加以调和。有一打以上的照片，表示着仆从如云的诸侯——都穿着他们自己制定的特殊服式。他们有外国式和外国材料的外衣背心和裤子；可是在外衣之下，那长的绸带，依旧是束着的，不过是为了可以插刀剑。[因为武士们在文字意义上说来，并不是“悬挂刀剑者”（Traineurs de Sabre）；他们那些巨大而又精致的武器完全不是为了悬挂在身旁而造的——而且从好几方面看来，若要按西方人一般的方式带着，那就太长了。]缝衣的布是大呢；但是武士不肯放弃他的“纹饰”，他用尽方法，将它作为一种徽章，在他奇异的服装上采用它。有一个人穿着两襟用白绸做的衣服；他的家族徽章，在那绸衣上，或染或绣，有六处可以看得出来——每襟有两个纹饰。所有的男子，或者说差不多所有的男子，都挂着欧洲的表，上面有漂亮的饰物；其中有一个人很奇异的看着他的时针，也许他有这个东西还不久罢。大家都穿着西方的鞋子——两边有弹力的鞋子。不过似乎还没有人已采用那极端讨厌的欧洲帽子——可恼后来便利底风行一时了。他们仍旧戴着“阵笠”——一种坚木的头饰，涂着红色和金色。在他们奇怪的衣着之上，就只有这“阵笠”和绸带是可以满意的部分。裤子和外衣都着得很不好看；鞋子是在那里发作着慢慢的痛苦；种种的穿着，在在显出了形容不出的荒伧褴褛，瑟缩不自由来。他们非但觉得不舒服，他们也很知道不好看。不伦不类的样子，又好气又好笑；他们既难看而且也痛苦。那时的外国人，还能说日本人在那时的穿着方面是永远有兴味的么？

另外的照片，显出了外国吸引力格外奇异的结果来。有许多不愿意采取西方式的武士们，却都喜欢用最厚而且最贵的英国大呢，作成了“羽织”（外套）和裙子——那斤两既是很重，而又没有弹力，绝对的不合作这种用场。你也可以见得，所有的折痕，没有烫过，一会儿便容易平复了。

将这些相片一一翻过，看到了少数的守旧派，并不发着趋新的狂热，只始终维持着他们本有的武士装束，在审美方面，真正令人满意。这里骑士穿着的“长裙”——和锦绣灿烂的战袍“神衫”——和“袆”（旧式礼服之一种）——和罩甲衫——和全身的甲胄。这里也有各种各式的冠冕——奇怪而动人的头饰，古时高级的亲王和武士，遇着国家大典时才戴的——用轻而黑的材料做成，和蛛网一般的奇怪织品。在这里面，有着那尊严、美丽，或者战争的神威。

可是所有的东西，都为这手册中末了一张相片所掩没了——那是一个漂亮的少年，带着一头目光瞵瞵的苍鹰——是穿着封建战国时代的完全华服的“松平丰前守”。一手执着军中统将所用，上有缨穗的令箭，一手放在美妙的剑柄之上。他的头盔是一个发光的奇物；胸前和肩头的铜甲，是那在西方各博物院中著名的甲胄匠所制成的。甲上的绳索，都是金色，一件厚缎的战袍——遍绣着金色的波光和龙影——由他那穿着甲胄的腰间飘垂到足背，就好像一件火焰袍。这并非梦境——这是事实——我向这个中世纪生活中如火如荼的真正人物看得呆了！他在他的坚钢和柔丝和黄金中，怎样发着烨烨的神光，好似那五色缤纷的甲虫呀——不过是一头战争的甲虫，头角峥嵘，风云叱咤，并非卖弄着什么珠光宝气，错彩镂金！

四

自从“松平丰前守”所穿的封建服装，典丽矞皇，以至变法时代所穿的不伦不类，多么大的一个堕落呀！的确，本土衣服，和对于本土衣服的兴味，从此都似乎要消灭无余了。甚至朝廷之上，也暂时的采取了巴黎服式，致疑于日本全国就要换服的，只是少数的外国人。这也是事实，在重要的城市中那曾在欧州画报中显出过，令人都相信，美丽的日本都变成遍是毛毵毵的绒布，烟囱的帽子，和燕尾的服式所充满，对于西方风尚的狂热，于是乎开始了。可是在今日的京都里，一千个路人中，你才难得看见一个着西装的人，除了那穿制服的兵士，和警察之外。从前的狂热，确实代表着一种民族试验；那试验的结果并没有如西方人的期望。日本已采取了好几种的西方制服（日本的步兵采用皮鞋，似乎是伊在这方面最严重的错误。那些少年人完全的脚，穿惯草鞋，从来不知道我们所说的鸡眼等事的，都为这种不自然的桎梏所困苦着。不过在长途进行的时候，他们可以穿着草鞋；说不定这样的桎梏终有变更之一日罢。穿了草鞋，即使是一个日本的童子，也便能一天走上三十里，差不多不觉得倦乏），加以卓越的修正，以为伊的陆军、海军和警察之用，只因为这样的服式对于这些应用是再好没有的。外国的官服，也已为日本官家所采用，可是只有在里面用近代写字桌和坐椅的西方建筑的住屋里，当他们还在办公的时候，才穿着它们。（有一个受过高等教育的日本人，曾对我一个朋友说过："实在我们很不喜欢西方的衣着。我们暂时的采用它，不过像几种畜类在一定的时季变换一定的颜色——以为保护之用罢了。"）在家庭之间，那么甚至是陆军大将、海军大将、审判官、警视监，都着的本国服。最后只有初级小学里的教员和学生要穿着制服。因为那种教育的训练，一部分是军事的。然而这种曾经很严厉的拘束，也已相当的解放了；在许多学校里，只有在上操时和什么仪式的集会时，方有拘束之必要。所有九洲学校里，除了师范学校之外，学生们都可以自由穿着他们自己的衣服、草屦和大草帽，只要是不在整队游行时。可是下课之后，则不论教员学生，就都舒舒服服的穿着他们本来的衣服和白绉纱的带子。

总而言之，日本已经很好的恢复伊的本国服了；希望伊再不会丢弃它。并不单为它很适宜于家常的穿着；或者也为了它是最庄严，最舒服，而且世上最合卫生的。的确，本国的风尚，在明治时代已是比从前各时代变更了；这大概是因为武人阶级的革除。在形式方面，变更得还少；在颜色方面，那就大了。爱美的性格，仍然在他们穿着丝绸或羊毛织物的衣服，喜欢有美丽的颜色和新鲜的花样这事上显示出来。不过颜色比上一代所穿着的要黯淡些——全国种种不同的服式，连儿童和少女的漂亮衣裳也在内，都比封建时代要严肃得多。所有古时辉煌灿烂，炫人眼目的衣着，从此消灭了；现在你只能在戏馆里，或在印着日本古典戏剧的美丽的画中，它们是保着已往的，你还可以看见它们。

五

真的，要放弃本国服，也许就要改变本国的所有生活习惯。西服对于一个日本的内地，完全不适合；也许要使穿着的人，在蹲坐或跪坐时，感觉到极端的痛苦或困难。西服的采用，因此就必定要引起西方家庭的采用；家庭中就必定要有休息的椅子，饮食的桌子，取暖的手炉或壁炉（本国服的温暖，实在用不着这些西方的舒适器），地板上的毯子，窗子上的玻璃——总而言之，就必定要有他们素来没有而生活得很好的种种奢侈品。在日本人的家庭中，并没有什么家具（按着欧洲人所谓家具的意思）——没有床榻、桌子，或椅子。也许有一顶小的书橱，或者可说“书箱”，也许时常有两个大抽屉，藏在壁橱里，用帘子掩着；可是这些东西，完全不像什么西方的家具。通例，在一个日本人的房间里，你看不见什么别的，只有一个点火抽烟所用的青铜或白磁的小火钵；一个按着时季的跪的席或垫子；再加壁角里的一张画或一个花瓶。数千年来，日本人的生活，都是在地板上过的。软如蒲团，净无纤尘的地板，立刻之间可以作为卧榻餐桌，次数最多的是作为写字台；虽然也有着尺把高的，小小写字台。这种生活习惯，既如此经济，自然谁也不会相信他们，要有被人放弃之一日，尤其是人口增加，而生活竞争继续扩张的时候。这也应该记得的，一个程度很高的文明民族——就像日本人没有受到西方人侵略之前——尽量随从着祖先的习惯，而超出了仅仅仿效的精神，在从前是没有的。谁想象日本人不过是仿效的民族那就想象他们是野蛮的人了。事实上，他们完全是不仿效的；他们只是同化与适应，按着天性的程度而同化与适应。

仔细研究起来，防火建筑材料的西方经验，将来在日本城市建筑变化中，终必要得结果，那是可信的。东京有几处地方已经有了砖屋的街道了。不过这些砖屋里面都是古式的铺席的；住客们遵从着他们祖先的家庭习惯。将来用砖或石的建筑，不见得是西方建设的仿效；发展着新的而又别有风味的纯粹东方色彩，乃是差不多一定的事。

谁相信日本人对于西方的事物都是盲目的崇拜的，谁到了他们开放的口岸，就会觉得的确比了内地各种事物中，纯粹的日本式要较少些（除了古董以外）：较少的日本建筑；较少的本地衣服礼让和风俗，较少本地宗教和神庙。可是实际方面却完全相反了。外国式的住宅，通例只限于外国人的居留地，只为外国人所应用。出于例外的，不过是防火的邮务局、税关，和一些酿酒厂与棉纱厂。日本式的建筑非但在这些通商口岸都很精美的显示着：它甚至比在任何内地的城市里，还格外的显示得好。那些房屋当然是增高了，加阔了，扩大了；但它们甚至比别处还格外的保留着东方色彩。在神户，在大阪，在长崎，在横滨，所有完全日本式的事物（除了道德的性格）都好像在有意的看轻着外国的吸引力。谁曾在很高的屋顶或晒台上，看过神户的全景的，或者他就会看得见我所说的最好的例证——一个在十九世纪的日本海口的高度、古怪，与神妙，有那斜坡上矗峙着白色建筑物的蓝灰色的海，和各种形容不出，奇形怪状，建筑山墙和楼厢的杉木世界。在神圣之城西京的郊外，也没有地方能使你证明它比通商口岸格外有那本国的宗教仪节：那口岸地方，庙宇重重，神道教和佛教的景色和征象，多至不可能数，除了日光和古都奈良与嵯峨（Saikyo）以外。任何内地城市都是比不上的。不能你将通商口岸的种种特性加以研究，你便愈能觉得那民族的天性，将永远不会脱离了柔术的规条，自动的向西方吸引力顺服的。

六

以为日本不久就要向世人宣布采取基督教的说法，并不是何等没有理由的，正和从前别种预期的说法差不多。可是事情似乎还不止没有理由，因为给这样大希望作根据的前例，从没有发生过。东方民族已经信仰基督教的，一个也没有。甚至百列颠的统治之下，那天主教在印度的努力宣传，也终归于停滞。在中国，教会已有数世纪的根据，基督教这名字还是被人深恶痛绝——不是没有原故的，因为借着西方宗教的名义而作侵略之举的，并不是在少数。和我们近一些的东方民族，我们要使他们信从的努力，也没有什么大进展。对于土耳其人，阿拉伯人，摩尔人或任何回教民族，要他们信从，简直是绝望的；要使犹太人信从的布道会，结果只好令人一笑。不过就是将东方民族存而不论，我们实在也没有传教的成绩可以夸张。在近代历史中，基督教国家，对于能够有希望维持自己存在的民族，从来还没有力量能够勉强他们信从基督的教义过。在那少数野蛮民族，或已就消灭的毛里人（Maori）中，宣教事业得到了一些名义上［所谓名义上，便是因为要达到宣教事业的真正目的是不可能的。这事的全部问题，斯宾塞（Herbert Spencer）曾有简单的几句话说："的确，处处有那神学上的特殊偏见，和若干特殊的教义，埋没了许多社会学上的问题。谁将一种信条当为绝对真实，因此将其余许多和他自己不同的信条便认为绝对虚伪的，他决不会想到那信条的价值是相对的。每种宗教制度，在它普通的性格上，只是它所存身的社会中自然的一部分，这样的观念，在他则完全不懂，要当作大逆不道的话。他想他那经典的神学对于不论什么地方，不论什么时候，都是好的。他一些也不疑心，将他在一群野蛮人中传播起来，它便会为他们恰恰的懂得，便会为他们恰恰的宝贵，它将来一定能使他们得到他自己所经验过的结果。他这样的自以为是，一些也不注意一种民族的不能接受较高等的宗教，正和它不能接受较高等的政治一样；更不注意有了这种宗教，正和有了这种政治一样，就要发生一种堕落，立刻仍要将它降低到只在名义上和他的前辈不同的地位。换言之，他在神学上特殊的偏见，使他对于社会学上重要的真理都茫然无所知了］的成功，也不过证明上面的话；除非我们承认拿破仑罪恶的宣言，说宣教士是可以有极大的政治利用的，否则我们要想断定国外宣教事业的全部工作，不是枉费极大的气力，光阴，和金钱，而一无所得的，这简直不是容易的事。

在这十九世纪最后的十数年中，各方面看来，那理由格外的明白了。所谓宗教这事，决不是单指着那些讲说超自然的经典；它是一个民族全部的伦理经验的综合，在许多方面，也是那民族较好些的法律上最初的基础，更是那民族社会进化的纪录和结果。因此它完全是民族生命的一部分，不能在任何的自然情况中，由一个完全陌生民族的伦理和道德经验来自由替代的——那就是说，不能为一个完全陌生的宗教所替代。一个社会情况很健康的民族，决不肯自动舍弃那和它的伦理生活非常调和的信仰的。一个民族，也许要改变它教条的形式，它也许甚至要接受别种信仰；可是要它自动的放弃它所有的旧信仰，即使那旧信仰已失了它那伦理上，或社会上的用场，也是不可能的。中国接受佛教时，伊没有放弃伊那诸圣先贤所遗留下来的道德信条，和伊那最初的祖先崇拜；日本接受佛教时，伊也没有排斥“神道”。古欧洲的宗教历史上，同样的例证，不胜枚举。只有最宽大的宗教，才能为完全陌生的民族自动的所接受；而且这样的接受，也不过他们已有宗教的一种增添，决不是他们已有宗教的一个替代。因此就有了古时佛教宣传事业的大成功。佛教只是一种吸收而非排挤的力量；它将种种陌生的信仰并入了它的大组织中，然后给了它们新解释。可是回教和基督教——西方的基督教——便不如是，他们是完全不宽大的宗教，不肯并入什么而只排挤任何别的宗教。要介绍基督教，尤其是介绍到东方的国家里去，非但必须破坏本地的信仰，还要破坏本地的社会制度才成功。而历史的教训则说，这种完全的大破坏，只有用武力才得实现，而在高等复杂的社会中，更只有用那最残暴的武力。因此从前基督教宣传上重要的工具，武力，现在还仍旧是我们宣教事业背后的武力。我们只不过将金钱之力和恐吓，来代替了比较显明些的锋刃；有时为了商业上的理由，得了我们基督教职业的证明，竟至实践了恐吓。例如，我们借着用战争得来的条约，竭力将宣教士派到中国去；我们自己应许用炮船帮助他们，要是他们被杀了，就为他们的生命要求巨额的偿金。所以中国必须按时偿付着血染的金钱，每年渐渐的格外知道我们所说的基督教，有些什么价值。伊漠生（Emerson）曾说过，有些人总不会想到真理，总要等真理之光照到了事实，这句话，最近经若干对于基督教侵略中国的不道德；加以反对的抗议，明白的注明了——这些抗议，在发见纯粹的商业利益，将为宣教的扰乱所反击之前，是谁也没有人肯听从的。

不过虽然已有上述的种种情形，相信日本在名义上仍有改教之可能，有一时却也有过很好的理由的。谁都不会忘记，自从日本政府，不得不因政治的需要，用力将十六世纪和十七世纪的耶稣会教会，加以根本铲除以后，所谓基督教这个名称，早就变成一个深恶痛绝的名词了。[宣教事业的开山老祖是萨维尔（St. Francis Xeavier）他于一五四九年八月十五日到了九州的鹿儿岛。在若干地方中，仍旧有伴天连（Bateren）这一个名词遗留着，当作“凶恶术士”的代名词，它的来源，乃是葡萄牙语或西班牙语“神父”（Padre）这个名词变化而成的，这是奇事之一。还有一种特殊的竹帘——人在他后面看得见室外走过的人而自己却不致为别人所见的——仍旧称为 Kirishitan 是由“基督徒”（Christian）这名词变成，这是奇事之二，也值得我们提起的。格立非斯（Griffis）解释十六世纪耶稣会（Jesuit）教会较大的成功，一部分是因为这种天主教的外表，和佛教的外表，有些相同之处。这种精巧的判断已为萨滔（Ernest Satow）的研究所证实，（看 *Transactions of the Asiatic Society of Japan* 二卷第二部）他曾发表若干文件的真本证明山口之主所允许给外国宣教士的，乃是说他们可以“宣传佛的戒律，”——这新宗教，起初大家都当它为较高等的佛教的。可是谁读过耶稣会从日本写来的古信，或者甚至读过沙勒伐（Charlevoix）所汇集的材料的，就必定会承认那宣教事业的成功，还不能就完全这样的解释。这使我们看到了一种心理学上极奇妙的现象，或者竟是在宗教史中再不会发现的现象，和赫刻（Hecker）当为流行的奇异情绪相似（看赫刻所著之《中世纪的流行性》*Epidemics of the Middle Ages*）。古耶稣会中人，比现代任何宣教机关，格外能懂得日本人较深的情绪性格；他们用非常敏锐的眼光，来研究着那民族生活的各种根性，知道了怎样运用那些根性的方法。他们所以失败的地方，我们现在的布道者，再也不要希望能成功。可是就是在耶稣会传教事业最发达的时代，信教的人，也不过六十万人罢了。］可是自从那时以后，世界已改变了；预备在日本竞争着宣教的基督教宗派，总在三十以上。在这大宗的教派，代表着各种正和邪的教派之中，日本总可以选定一种合胃口的基督教了！而且国家的种种情形，对于传入什么西方宗教，的确已好不少。全部的社会组织已经彻底的崩溃；佛教也已经站立不定，还正在那打击之下宛转着，神道教显出了不能抵抗的形势；大军阀已经消灭；统治的制度已经变更，各省区都已为战争所摇动；数世纪来，堂帘甚高的天皇，已在惊奇的百姓面前出现；新思想的大潮流，恐吓着要扫灭一切风俗，破坏一切信仰；而基督教的宣传，也已经重新为法律所容许了。这样还不算。政府在重行改造社会的种种大努力中，已切实的考量过基督教这问题——正和研究外国的教育，军事，和海军各种制度的那样精细而公允。有一个委员会，专门报告着外国因基督教影响，而减少犯罪的事实。结果则证实了十七世纪开普耳（Kämpfer）对于日本伦理的公平判语："他们对于他们的诸神发着极大的尊敬，用种种方法崇拜着诸神。我想我可以确定说，在德性的实现上，在生活的纯洁上，和外表的虔诚上，他们远远超出了基督徒。”

简单说来，外国宗教，除了不适合东方社会的情形以外，就是在西方，也不能有什么显著的伦理影响，远不及佛教在东方所有的成绩，这是一般的公论。的确，在柔术的大精神中，为了是一个家长制度的社会，那社会是建于互助的宗旨之上，而又根据着男子必将离别父母与妻子同处的教训的，施舍要比给与来得多些。（最近有一个法国的批评家说，在日本的公共慈善机关，为数很少，可见这民族是欠缺人道主义的！现在须知事实却是不然，旧时日本互惠的教训，已足使那些机关归于不必需了。另外一个事实，乃是西方这样的机会这样许多，而在我们自己的文明上所显出来的，不人道要比慈善格外的彰明较著呢。）

用天皇的敕令，来使日本成为基督教化的希望，已是过去了；因着社会的改造不论要用什么方法，使基督教成为国教的机会逐渐少起来了。宣教士们，虽然他们也干涉他们职业以外的事情，也许还能存留下去若干时；可是他们再也做不成什么道德上的好事了，那时候，他们将为利用他们的人所利用着。一八九四年中，在日本的宣教士，属改正教的有八百人，罗马天主教的九十二人，希腊天主教的三人；所有外国宣教士在日本每年的费用，至少必定有一百万元——也许还要多些。这样大费用的结果，乃是信从改正教各宗派的大约有五万人，信从天主教的，人数也差不多；此外未信教的，则尚有三千九百九十万人。习俗上，和一般存心不良的人，是不许人对于宣教的报告加以攻讦的；但是我管不到这些，我必须说出我公平的意见，上面的数目，我看不是可靠的。关于罗马天主教会值得我们注意的，乃是他们自己说，比他们的竞争者，事半功倍；还有，连他们的敌人也承认，他们的工作非常稳固——那工作合理之至，是从儿童开始的。可是教会的报告，终不无可疑；在日本人的最下等阶级中，有不少人，为了能得到特别的帮助或工作，才都预备信教；贫苦的儿童为了要学习些外国言语，得些教育，才假意的作了基督徒；时常有许多少年人，信了若干时期的基督教，公然的又回到了他们古神之前；每次水旱饥馑，火灾地震，宣教士作了许多用外国捐来，赈济的慈善事情，便忽然有许多的人信从了基督教，凡此种种，谁要是看见了，听见了，知道了，谁就自然的不单要疑到那些信教者的忠实性，并且要疑到那些方法的道德性了。在日本一年一百万元的费用，已是经过一百年了，当然总有些极大的影响，虽然，那影响的性质不足尊重，总还是应该注意到的；而本国的宗教，在自卫的教育方面和经济方面，都有弱点，又引起了别人的侵略。幸而现在政府将在佛教的教育事业上，给以援助，已不是一种徒然的希望了。在另一方面，基督教教会不久就要决定将伊那最富有的事情，变成互益的大会社这也至少总有些可能的。

七

设想日本在明治维新之后，不久就能将伊的内地，公开给外国实业界的企业的这种念头，正和设想日本不久就要成为基督教国家的迷梦一样的不尽不实。国家的情形，从前是那样，现在还是那样，始终对于外国式的拓殖，深闭而固拒。政府自己，从来没有想采用过什么守旧政策，而且曾有好几次，要想改订条约，使日本成为西方资本大投资的新场所。然而事实却证明了，国家的进行，并不单是政府的策略所能管束的。乃是另外某种不大会错误的事情——民族的天性——所指导的。

世界上最伟大的哲学家，曾于一八六七年，发表了下列的判语："讲到一个社会，已达到它那种形式的最高点，平均之势不能再为维持，转瞬就要崩溃分散的最好的说明，可以看看日本。将他的百姓集合拢来的组织，好久已来，差不多保守着常态，没有受到外来的新鲜影响。可是等到和欧洲文明撞击了——一部分是武力的侵略，一部分是商业的冲动，一部分是思想的吸引力——这组织，就开始破裂了。现在正有一种政治的分裂在进行着。或者政治的改组就要接着来了；不过即使改组成功了，这种因外来的活动而产生的变化，也只是一种趋向分裂的变化——是一种由结合行动往破碎行动去的变化。"[《第一种原理》(*First Principles*) 第二版，一百七十八节。]

斯宾塞（Spencer）所说的政治改组，非但很快的接着就来，更似乎比了意想所能及的为尤甚，只要这种变换形体的进行不受着严重的和突然的干涉。然而它究竟要否被条约修改所干涉，却成了一个很可怀疑的问题。一方面，有些日本政治家很努力的活动着要将所有应许外国人内地杂居的阻碍都除去，一方面，另有许多人，却以为这种杂居，将使纷扰未定的社会组织，再产生新的分裂出来。前者辨护的话是说，将现存条约修改了，国家的收入便可以大大的增加，而外国要往来的人数也不见得会多的。可是守旧的思想家，都以为内地公开给外国人的真正危险，并不是数目增加的危险；就在这一点上，那民族的天性是对他们表同情的。他们只在不定的道上意想着那祸害，但这是在触及真理的道上的。

真理另一边，美国人是应该熟习的——西方的一边。西方人已经知道，在不论何种良好的状况之下，他总不能和东方人的生活竞争来较量；他完全承认，在澳洲和美国，用法律反对亚细亚移民而保护他自己的事实。他还用许多不合理的“道德的理由”虐待着中国或日本的移民。惟一的真正理由，可以归纳成这一句话：“东方人能收缩西方人的生活。”现在在日本，这问题的另一面，却归纳成了这一句话：“在某种适宜的情况之下，西方人能放纵东方人（那当然是日本人。我不相信在任何情况之下，西方人竟能放纵中国人的生活——并不是为了数目上的不相称。就是日本人也承认他们自己无力和中国人竞争；因此反对国内公开的最重要的言论中，有一句话就是中国移民的危险）的生活。”一种情况是温和的天气；另一种，而且是更重要的，就是西方人于竞争的全权之外，还有侵略的武力。究竟他要不要用这武力，不是一个普通的问题；真正的问题乃是他能不能用这武力。回答的话是在正面的，对于他将来扩张势力时也许要用的种种政策——不问是实业的、经济的、政治的，或者三种混而为一的——若然要加以讨论，不过是徒废光阴罢了。他终究总能找得操纵，如果不是排斥，本地民族的方法和手段；接连着用资本垄断天产，提倡本地人能力所不及的生活程度来压倒反对方面，打倒竞争者，这些事情，也够我们知道了。在别的地方，各个弱小民族，都在盎格罗撒克逊的统治之下已经消灭了，或者正在消灭着。在像日本这样贫苦的国家里，谁能决得定，一味允许外资的投入，不会发生国家的危险呢？当然日本不会畏惧任何西方的强国单独的来压伏伊：伊能在自己的土地之上，反抗着任何外来的民族，保全伊自己。伊也不会遇着列强联合侵略的危险；西方各国的互相嫉妒，以致谁也不敢作获得领土的单独侵略。可是伊却要很合理的恐惧着，为了过早的内地杂居，伊也说不定要使伊自己陷入夏威夷的恶运——就是伊的土地将为外国人所有，伊的政治将为外国人的势力所左右，伊的独立将成为仅仅的名义，而伊那老大帝国将终究要变成四通八达的实业共和国。

这些都是相反的两党，在和中国宣战之前热烈讨论的思想。同时，政府已遇着许多困难的交涉。在排外的反动运动中，将国家开放似乎是最危险的事情；可是要修改条约，而又不将国家开放，却也似乎是不可能。这很清楚，西方列强向日本的步步压逼，是仍旧要继续下去的，除非用了外交，或者武力，将它们恶意的联合破坏了。青木周藏老辣的手腕，和英国所订的新约，就遇到了这种双方须要兼顾的难关。按着这条约，国家是开放了；但是英国人，不能所有土地。他们甚至只能照着日本的法律，租得土地，期限则以出租者的死亡为止。不准他们沿海作买卖——连从前条约上的海口也不许；所有别种的买卖则抽税很重。外国人的租界都还给日本；英国侨民也遵从日本的司法，实际上，为了这个条约，英国什么权利都丧失了，而日本则都得到了。这些条约的宣布，竟使英国商人都目定口呆起来，他们都说，他们被母国所卖了——在法律上缚定了手足投入了东方人的禁锢中。有些人又说不要等到条约的实行，还是早些离开日本罢。的确，日本可以为伊的外交而庆祝。国家果然是开放了；可是情形却这样，不单防止了外国资本的投入，甚至还逐去了现存的外国资本。倘使日本能从别的列强得到同样的结果，伊的所得，将远超出从前不利于伊的条约所失的。青木周藏条约，的确在外交中，显出了柔术上最高的可能功绩。

可是在不论那个新约实行之前，谁也不能预言，究竟会发生些什么事情。究竟日本会借着柔术，得到各种最后的结果，这仍旧还不能确定，虽然在历史上能显出这样英勇和才智，来对付种种大问题的，还没有别的民族。在还没有年老的人的记忆中，日本已将伊的军力发展到欧洲强国的地步；在实业方面，伊正在很快的，成为欧洲在东方市场中的竞争者；教育方面，伊已走上了进步之途，所建设的学校制度，比了任何西方国家，总是消费少而成功的也不见得相差。每年因不平等条约所受的损失，大水地震所给的祸害，国内政局的不安定，外国教徒的尽力破坏国民精神，人民的非常贫苦，在伊都算不得什么，伊已得到了这样的成功。

八

倘使日本不能在荣耀的道上得到盼望，那么伊的不幸，决不是为了缺少民族精神的原故。伊的民族精神，在现世竟没有谁能比得上的，那程度的高深，使“爱国”这一个陈腐的名词完全再没有力量可以代表。虽然心理学家也许要说，在日本人中是没有各人的个性的，然而以全民族而论，日本人所有的个性，比了我们自己的，要坚强许多，那是决然无疑的。的确我们可以疑惑，西方文明究竟有没有培植个人的性质，已到国民感情破坏之途否。

在本分这个名称上，全民众不过是一条心。不论那一个学生，你问他这个，他便会对你说：“每一个日本人对于天皇的本分，乃是帮助着使我国强盛，帮助着防御和保全我国的独立。”大家都知道危险。大家都在道德上，体格上受训练，来应付这危险。每一个公立学校都使它的学生先经过一个军事教育的预备班；每一个镇市，都有它的青年集团（bataillons scoloires）。便是年龄太轻还不能受正式操练的儿童，也天天教他们合唱古时的忠义之歌和近代的战歌。新的爱国歌，时时有人编出来，由政府审定了发到各学校，和各军队里去。在我所教的学校里，听到四百个学生在唱这种歌，真是一个好经验。在这些时候，那些青年都穿了制服，列成了军队的行伍，指挥者喊到“踏足走”的口令，所有的脚都开始踏步，好似一阵阵的鼓声。然后那领袖者先唱一节歌，学生们都用奋发的精神复唱一遍，在每节的末一音上都用特殊的重音，使那喉舌激动的结果，就像一阵铳声的砰訇。这是一种最东方，而且也是最动人的唱法；你能够在每一个字眼里，听得出那老日本的雄心在打动着。不过更动人的，还是军人那样的唱。就在我写这数行文字的时候，我听见了熊本古堡中，八千个军人在那里唱着晚歌，好似一阵殷雷，混和着数百支悠长沉郁的号筒呼声。（这是在一八九二年写的。）

政府对于提倡忠君爱国的古道，从来没有放松过。为了这个原故，最近发起了好些节期；至于旧的节期仍每年庆祝着，热情则有加无减。时常在天皇的诞辰，全国不论那个学校或公共场所，都要向天皇的相片，行庄严的敬礼，并唱着相当的歌，举行着相当的仪式。（向天皇御容敬礼的仪式，不过是朝见仪式的重演一遍。一鞠躬；向前三步；一深鞠躬；再向前三步；再一深鞠躬。在离开御容时，退步行，照旧鞠躬三次。）

偶然有几个学生，受了宣教士的煽动，只因为他们是“基督徒”不肯作这种郑重感激的贡献，他们就要为同学们看不起——有时甚至要使他们觉得在学校里简直存身不住。这样一来，宣教士便给本国的教会报纸写着基督徒在日本受逼害的故事说：“为了不肯敬拜皇帝的偶像！”（这是实在的原文）这样的事情，固然不是常有的，而其结果，不过表示那些外国传道者所用的方法，无非在破坏他们宣教事业的真目的罢了。

他们狂妄的攻击，不单及于本土的精神，本土的宗教，本土的伦理、规条，还及于本土的衣着和风俗，所以最近日本基督徒自己为了民族的感情，有些非常的举动，大概也不可以说是无故了。有些人公然的说，他们希望不要什么外国的传道者，他们要创造一个新而特殊的基督教，完全是日本式的，完全是合着民族精神的。另有些人的主张更是激烈——要求现在所有（为了适合法律，或者避免法律）用日本名字保管着的教会学校，教堂，和其馀各种财产，都须名副其实的属于日本基督徒，作为他们动机纯正的证明。在若干情形中，教会学校，已有不得不听从本国人指导的趋势了。

我在另外一篇文章中（参看 *Glimpses of Unfami-liar Japan*），曾说到日本国民以全副热忱，作着教育的努力，以达到政府的目的。在国民的援助上所显出来的热心和自制，比起来也并没有缺少一些。天皇自己就作了一个榜样，将他私产的一大部分捐出来，作为购买战舰之用，因此下了一个敕令，所有政府的官吏的薪金，都须捐出十分之一来，作为同样的用场，大家依从，毫无怨言。每个陆军和海军军官，每一个教授或教员，和差不多所有的文官（邮差和普通警察都不在内。不过一个警察的月薪大约只有六元，邮差还要少许多），都每月因海军的防御事项而输将。部长、贵族或者议员，比了与最卑微的邮务生，一视同仁，没有什么额外的免除。这些由着敕令的捐输继续至六年之久，此外还有全国许多富足的地主、商人和银行家，又自动的作了盛大的贡献。因为日本要保全自己，伊就不能不迅速的发奋的图强；外来的压逼，使伊刻不及待起来了。伊的种种努力，似乎是不可信的，而努力的成功，却不是不可见的。不过反对伊的也不少，伊也许要——蹉跌。伊要蹉跌否？那就很难预言了。但是将来的不幸，总不能作为伊那民族精神衰退的结果。这样的发生，也只可算政治错误的结果——急于自信的结果。

九

问题还没有解决呢，在这些吸收同化，和反动中，旧道德的命运究将如何呢？我想到了一个答案，一部分是我最近和一个大学生谈话时所得到的暗示。现在我从记忆中将这话写出来，当然不是字字相同的，不过却有那代表新时代思想的兴趣——诸神消灭的佐证：

“先生，当你初到这国里来时，对于日本人有些什么意见？请你十分公开的和我谈。”

“是说目前的少年日本人吗？”

“不是。”

“那么你的意思是说那些仍旧跟随着古俗维持着礼教的人——像那从前的汉文教授，快乐的老人，仍旧代表着古时武士精神的人吗？”

“是的。A先生是一个理想的武士。我就是指着像他那样的人说的。”

“我想他们都是良善的，高贵的。我看起来，他们正好像他们自己的诸神。”

“你现在还对他们想得这样好么？”

“是的。我愈看见新时代的日本人，我便愈尊敬旧时代的日本人。”

“我们也尊敬他们的。但，你既是外国人，你也必须要看到他们的缺点。”

“什么缺点？”

“对于西方真实智识的缺点。”

“但是用另一种文明标准的要件，在组织方面完全不同的要件，来判断某种文明的人民，那是不公平的。照我看来，一个人愈加能够完善代表他自己的文明，我们便必须愈加当他是一个国民，一个绅士。用他们自己的标准，在道德上很高尚的标准，来判断他们，我看那些旧日本人，都是差不多完善的人。”

“在那种事上。”

“在仁爱上，在礼貌上，在侠义上，在自制上，在自己牺牲的力量上，在孝心上，在单纯的信仰上，和在那知足的力量上。”

“但是这些品质，在西方的生活奋斗中也足够得到切实的成功么？”

“不是恰正的，但是其中有些也是有用的。”

“要在西方生活中得到切实成功所真正需要的性质却就是旧日本人所缺少的性质——岂不是么？”

“我想是这样。”

“我们的旧社会，牺牲了个人，培植着你所尊敬的不自私，礼貌，和仁爱那些性质。可是西方社会却用无限制的竞争——在思想力和活动力上的竞争——来培植着个人。”

“我想那是对的。”

“但是日本要在列国之间站得牢脚，伊就必须要采取西方工业的和商业的方法。伊的将来，全仗着伊那实业的发展；可是倘使我们还跟随着我们的古道德古仪节，那就没有什么发展了。”

“为什么？”

“不能和西方竞争简直就是灭亡；可是要和西方竞争，我们就必须跟随着西方的方法；而这些方法却都是对旧道德绝对相反的。”

“或者如此。”

“我想这是决然无疑的。在一个极大的范围中，要作什么事业，总不可因为想到了妨害别人的事业，自己便情愿不得利，而有所迟疑。在另一方面，既然在竞争上，不论何处，都没有束缚的，那么谁为了一点妇人之仁而迟疑着不肯竞争的，就必定要失败。奋斗的定律，便是那强者和活动者得以战胜，弱者和笨者，和庸碌者便要失败。可是我们的旧道德，对于这种竞争是认为罪恶的。”

“那是对的。”

“因此，先生，不管旧道德是怎样的良善，我们跟随了它，就不能得到什么大的实业进步，甚至也不能保全我们民族的独立了。我们必须放弃我们的过去。我们必须用法律来替代道德。”

“但是这不是一个好的替代呢。”

“它在西方已是一个好的替代了，倘然我们能看看英国的物质伟大和伊的力量而加以判断。在日本，我们必须要学习理智的道德，来替代情绪的道德。对于法律上，在道德方面，有理智的智识，那就是有道德的智识。”

“对于你，对于那些研究宇宙定律的人，或者如此。可是对于那些普通人呢？”

“他们将要跟随着旧宗教；他们将要继续的信托他们的诸神。可是他们的生活也许就要格外困难起来罢。他们在古代是愉快的。”

前面的论文是在两年之前写的。为了政治的变化和新约的签订，使我不得不重新改写过；现在，一方面有许多证明，都在我的手中经过，一方面对中国战争的种种事情，也加添了另外若干材料。在一八九三年谁也不能预言的事情，在一八九五年世人都以惊奇和称羡的眼光承认它们了。日本在伊的柔术中得胜了。伊的自治力切实的恢复了，伊在许多文明国中间的地位似乎也确定了；伊永远脱离西方的乳哺怀抱了。凡是伊的艺术，伊的德性，所不能为伊得到的，伊已借着新式的科学的侵略力和破坏力第一次的施展，都一一的如愿以偿了。

说日本秘密的预备战事，已好久了，又说伊对于战事的种种设辞，都是靠不住的，这些话，并不在少数。我却相信伊那军事准备的目的，除了我前文中说的以外，并没有别的。日本要恢复伊的独立，伊努力的培植伊的武力已是二十五年了。不过在那个时期中，人民对于外国势力一阵一阵的反抗——每一阵总比前一阵激烈——都使政府知道，全国都在了解武力之必要，都在愈趋愈烈的反对着各条约。一八九三年至一八九四年的反抗力，在下议院中形成了严重的问题，以至解散议会乃为必不可免的需要。可是不论如何的解散议会，总不过将那问题拖延着，而不得解决。直等后来新约告成了，对中国宣战了，那问题才换了趋向。只有联合起来的西方，用那残酷的实业压逼和政治压逼来反对日本，才确实造成了这次的战争——这战争是最小抵抗力的扩大表示——那不是很清楚的么？可喜那种扩大表示居然有了效果。日本已证明伊自己，能够反抗着世界，自主起来。伊并没有和西方断绝实业上关系的念头，除非那关系太深了；可是伊既已借着武力立了国，所以伊受西方影响——不论直接的或间接的——的日子，已是确实的过去了，这是差不多可以断定的事。排外的反动，在种种事情的自然秩序中，格外还要发生——不必定是暴烈或无理的，只是民族个性的充分确定。看到千百年来习惯专制政体的人民，居然也能作立宪政体的试验，结果虽然还是可疑，可知国家要有些变更，甚至是政治的形式，也不是不可能的。不过派克斯爵士（Sir Harry Parkes）预言日本将变成“一个南美洲共和国”的话，对于这个神妙不测的民族的将来，却还不能算是定论。

这是真的，战争还没有过去——不过日本最后的胜利似乎是确然的——即使中国的革命终有令人惊恐的机会之一日。世人都已在那里急切的问着，将来究竟要怎样？或者这在列国中最和平而又最守旧的大国，处于日本人与西方的两重压逼之下，在自卫上，终于不得已会确实的学会了我们的战争技术。这样以后，或者中国在武力上顿然很靠得住的一鸣惊人起来，和造成新日本的情形差不多，将伊的腕力伸向南方和西方去。至于可能的最后结果，我们可看披亚生博士（Dr. Pearson）最近的一本书《国民性》(*National Character*)。

这是应该记得的，原来柔术这种技术是中国发明的。西方更因该看清中国——中国是日本的老师——伊那永不变动的数百兆人民，已若干次被屈于外族，结果只像一丛芦苇，掠着了几阵微风。的确，说不定总有一天和日本一般，逼不得已，也只好用柔术来保护伊自己的完全。可是那种巨大柔术的最后，也许便成了全世界最严重的结果。中国终要向那些侵略，勒索，剥削复仇罢，殖民政策的西方，对付弱小民族，实在太会用这些手段了。

有些思想家，总合了那两大殖民国家——法国与英国，思想家不会误会的——的经验，已经预料过地球上决不会给西方民族完全占据去。世界的将来，还是属于东方的。有许多久住东方的人，也都有这样的信念，他们已会看到那奇异人类的内心，在思想上，和我们绝对不同之处——已会了解它那生活潮流的最深处和力量之所在——已会明白它那不可思议的同化量，已会辨别它那对于南北极之间，不论何种环境都有自适的能力。据那些观察者的判断，若说一个民族，占全世界人口三分之一以上，竟有消灭之一日，则我们自己文明的将来，现在也就可想而知了。

或者，果然诚如披亚生博士最近的话，西方扩张和侵略的长期历史，现在正向它的终页接近着了。或者我们的文明，传遍了全地球，不过使许多民族，格外愿意研究我们的破坏技术和实业竞争，不来帮助我们，反来抗拒我们罢了。世界已是这样了，我们还不能不叫大半的世界屈服于我们之下——所需要的力量是那样的大。或者我们竟欲罢不能起来，因为我们所创造的社会机能，正和故事中的恶鬼一般，在我们不能维持他的时候，便恐吓着要吞灭我们。

我们这样的文明，真是一件奇怪的创造品——从痛苦逐渐加深的地狱中，逐渐的高大起来；看来它既奇妙，而又非常可怪。它在社会的地震中，立刻都要成为粉碎，这样的情形，早已是那些处于火山边的人的恶梦。为了它的道德基础，它不能始终作一种社会组织维持下去，这样的断定，乃是东方智慧的教训。

在人类还没有将他的活剧在这个行星上顽尽之前，它（我们的文明）的种种劳力，还不能就此湮没无闻，它已经复活了已往——它已经复兴了古人的语言——它已经从大自然那里劫取了许多无价的秘密——它已经解剖了各个日球，克复了空间与时间——它已经勉强看不见的成功了看得见的——它已经在“大无穷”的面幕以外，将所有的面幕都撕去了——它已经建设了千百种知识的系统——它已经将近代人的头脑扩张到中古人头脑的容量以外；它已经开发了人类个性的最高贵形式，虽然它也开发了最可恶的形式——它已经发展了人类所知道最精细的同情心和最高尚的情绪，虽然它也发展了别个时代所不能有的种种自私与痛苦。在理智上，它已经长大到各星球的高度以外去了。无论如何，它将来的关系，比了古时希腊文明的关系还要重大得多，那是不能不相信的。

可是它每年只将一种机体的组织愈复杂，则它的变化而入于覆亡便也愈快，这样的定律，加以显明就是。力量愈增加在里面时常会发出对于每一个震动或创伤——对于每一个变化的外力——愈深切，愈清楚，愈精细而又繁复的感觉。世上任何遥远处水旱或饥荒的结果，供给货物的极小中心地的破坏，一个矿区的消乏，任何交通脉络的暂时小小停止，对于不论那一个实业的神经，加以轻轻压逼，都能够产生分崩离解，将痛苦的打击，输入那巨大结构的各部分去。那结构借着里面相关的变化，来抗拒外面的压力，那样可惊的容量，也许就要有内部性格变化到完全不同的危险。的确的，我们的文明是在将个人逐渐的尽量发展着。可是这岂非现在将他发展着，就很像了人造的热和有色的光和化学的滋养料要在玻璃之下发展起一株植物么？这岂非要紧要将千万人，牵入那不能支持的特殊地位——使少数人享受着无限的奢移，使多数人遭遇着钢铁和蒸汽的残暴奴役么？对于这些疑点，已经有答案了，社会的改变将要供给着反抗灾祸，恢复损失的方法。至少总有一个时期，社会改造总会作些奇事出来的，这并不单是一种希望而已。不过关于我们将来的最后问题，似乎还没有什么可以想到的社会变化，能充分的解决它——便是一种绝对完全的共产主义成立了，也是不可能的——因为那些较高等民族的命运似乎都赖着他们在大自然掌握中的真正价值。对于“我们不是较高等的民族么？”这个问句，我们可以用力的回答说“是的”；可是非这样的肯定，却还不能回答那一个更为重要的问题：“我们是生存的最适者么？”

生存的条件在什么地方？是在对于不论什么环境或每一种环境，都能自适的容量中；是在对付意外之事的临时能力中，是在应付和战胜天然势力的固有强力中。的确不在使我们对于自己发明的人为环境，或对于自己制造的规则势力，所有的一些适应能力中——不过只在生活的简单强力中，现在，就在这简单的生活强力上，我们这些所谓较高等的民族，正是远大不及那些远东民族。虽然西方的体力和脑力超出了东方人，他们却只能浪费着这种完全不同的优点，以为支持。因为东方人已证明他吃一些米饭，便能研究而又学会我们的科学结果，并且就借着那简单的食物，便能学习了去制造去利用我们那最繁杂的种种发明。可是西方人呢，要是没有二十个东方人的生活费用给他，他就连活都活不下去。在我们的高等性质中，便有我们在命运上软弱的秘密潜伏着。我们体质的机器，在种族竞争，人口压逼，可以预料得到的，那个将来的时代中，为了要去运用的，所付的燃料代价，实在太贵了。

在人类出现之前，也许在以后，有许多巨大奇妙的动物种族，现在已是消灭了，也都住在这个行星上的。他们的消灭，并非由于种种天然仇敌的攻击；有许多似乎都不过为了他们身体上极大的消耗，那时地球的赠品，不得已的少了起来，他们就只好奄然以尽。情形是相同的，西方民族将要灭亡了——为了他们生活上的耗费。他们一朝达到了他们的顶点，或者就要不再存留在这个世界上了——为更适于生存的人民挤去了。

正如我们对于弱小民族仅仅的"放纵他们的生活"——将他们幸福所需的各种东西，差不多不必用什么自知的努力垄断了，吸收了——他们都消灭了，到了最后，我们也要被那些能够"收缩我们的生活"，将我们生活的必需品也垄断的民族，大自然援助的民族，所消灭了。这些民族，当然要接受我们智慧的衣钵，采用我们格外有用的发明，继续我们最好的实业——或者竟能使我们科学中和艺术中最有价值去维持的事物，垂之永久。可是他们对于我们的消亡，不见得会有什么懊恼罢，正和我们看了那凶猛兽（Dinotherium）或鱼龙（Ichthyosaurus）的不再留存，漠不关心一样。

第三章 远东的将来

引言

这篇文章，先读给第五高等学校的学生听，后来又登载在校刊《寮南会》(?)杂志(第二十八期，一八九四年六月)里。本文结论之处说，日本将来的伟大，全在“九州魂”的保存——简单善良的喜庆，和放僻邪侈的厌恶——凡我少年，都应该铭刻在心。

“因为他们请求，我在星期六作了一会‘远东的将来’的演讲，我想学生们就要将它刊印出来了。我从来没有从松江将我印就的演讲录寄给你过——它们里面并没有什么东西，你一定要觉得平淡无奇的。然而倘使印了出来。我总要寄一份给你，因为这也可以算是西洋人侵入的一些哲学的历史。”(录自一八九四年一月三日与张伯伦的一封信中)

为了现在而想到将来，对于文明是重要的。在一个文明的国里，最普通的工人便这样做。倘然他是一个有脑筋的人，他不论能赚多少钱，等到一赚到，他不会都去消耗完，却总要贮蓄着一大部分，以为将来的不时之需。这是最普通的一种先见。政治家的先见，就要较为高等些。当他反对或提议一种法律时，他就要想到——“这法律在我死后一百年，将要有些什么结果呢？”可是哲学家的先见，却还要遥远些。他要问：“现在的状况，在从此以后的一千年中，将要有些什么结果呢？”而且他所想到的，并不单是一个国家，却是全体人类。

要对你们讲说东方的将来，我愿意照着西方哲学家的立点来讲说——因此，不单是关乎日本，或者单是远东，却是关乎全人类的。

我必须开始就说，远东的将来一部分是借着远东的活动——虽然并不完全是。至少，有一件事是确定的——就是将来远东要发生的最大变动，将要为了西方的影响而造成。这影响是侵略的。不过它是不可免的。过几代它都不能停止。在我们想到将来的东方之前，我们可以看看现在的西方。

在这个世纪中，关于西方工业文明的进步，最显著的事实，便是西方各国的扩大。一八〇一年，英国，或者还是说大百列颠全部，所有的人口是 16 345 646。一八九一年，那人口是 37 888 153。倘使我们再追溯得远些，当然那数目更加还要可惊。伊利沙伯时代，英格兰和威尔斯的人口是 5 600 517；维多利亚时代则为 29 001 018（一八九一年）。不过一八九一年的数目，是不包括加拿大，合众国，南美洲，澳洲，纽西兰，和南非洲许多英国人在内的——不必再提另外五六十个地方了。吉本（Gibbon）著作他的历史时，德国的人口大约是 22 000 000。现在则为 49 500 000。法国的人口本来大约是 20 000 000：一八九一年则为 38 343 192。意大利的人口本来只有一千万：现在已超过 30 000 000 了。西班牙的人口大约是

8 000 000；现在是 17 500 000。俄罗斯（这里只指着欧洲的俄罗斯）的人口本来只有 1 200 万；现在是 8 100 万，波兰和芬兰还不算在内；若将俄罗斯的征服地一并算在内，人口就格外多了——10 300 万以上。简单的说来，七十年中——自一七一九年以后——欧洲的人口加增了一倍；而在我们自己这个世纪中，增加之数，尤为可惊，已不是倍数所能代表了。此外，读者更须记得欧洲各民族还给与北美洲差不多七千万人口呢——最近殖民于澳洲，纽西兰，南非洲和世界各处的还不算在内。单单在英国统治之下的——就是在现在的英国女皇之下的——差不多就有 344 000 000 百姓。

现在西方民族这样非常的扩大，究竟是什么意思呢？在古罗马帝国时代，人口的总数并没有超出 110 000 000；而休谟（Hume）和吉本还都想，古欧洲在奥古斯都（Augustus）时代的人口比了他们自己时代的欧洲人口，要超出些。可是现在的欧洲人口却三倍大了，而最大的增加还是在最近的时代中的——还没有超出一百年。什么原故呢？有些什么意义呢？

的确，一部分的原故是为了工业的和科学的进步，一部分是为了维护生命，保持健康的改良方法。可是不论是农业的改革，卫生的发见，科学或工业的发明，都不能单独的来完全解释它。罗马帝国时代，欧洲的人口大约比了地土所能供养的还要多些。现在的人口已是三倍大了，而地土上的产物却的确没有增加到三倍多。照事实说来，现在的西方已不能养活它自己了。它人口的增加，不过为了它已有向外界取得供养的方法，它的生命是人为的——不是严格的自然的。大约只有俄国［或者还有斯干的那维亚（Scandinavia），虽然我还有些怀疑］，能够产生够足伊自己人口的食物。欧洲的大部分，是由俄国和差不多世界各国所喂养着的。北美洲、印度、澳洲、爪哇、加拿大、南美洲、中国、日本、波斯——地球各处都送食物到欧洲去。伦敦人民，不论那一天没有别国的帮助，便都不能活命。英国觉得，因战争而失殖民地，或因竞争而失商业，极大的恐惧便是饿死的恐惧。甚至在那但尼逊（Lord Tennyson）的短歌《舰队》（*The Fleet*）中，也竟毫不迟疑的用了那“饿死”的清楚字眼：

当所有的人都饿着要死的时候，
野蛮的暴徒们千万只的脚，
要将你从你的地方踢出去。

的确，倘使欧洲从别的国里得食的工具都忽然夺去了，结果便是千万人的死亡。

这样的食物供给如何维持呢？借着商业，借着极快的汽船，借着迅速的交通。人口继续的增加着：更快的船只继续的建造着，新的商业开始了，新的殖民地获得了。为了伊的需要，伊，西方，不得不勉强着各国来帮助伊的生活。伊的工业文明早就达到全世界了；它的压力，现在中国和日本的海岸边正在感觉着。

西方的人口既是增加着，它就要用移民的方法来救济伊自己。可是移民的速度，总来不及逃出那结果的来到。那结果便是竞争的增加，意思就是生活上增加困难，因此可以知道真正的进步，同时是西方的力量和西方的软弱。人类的进步是为了他们不能不进步——不是因为他们喜欢斗争的和劳力的痛苦。在人类可以不用劳力便能生活的国里，是完全没有什么进步的。科学上，技术上，工业上所有那些奇妙的发明——环境世界的电报——数不清的铁道——对于机器的完成而需要的算学的应用——对于万千种新发见所需要的化学的应用——都不过是生活需要的结果——那就是要寻些吃的东西的结果。在各种进步的方式之下，主动的力量不过是饥饿。这便是永久的定律。这不过是为了生活的需要，所以西方民族都在用力将他们自己散布到全世界。他们很快的散布着，因为在这现在的世纪中，他们发见了散布很快的方法。要是在别个世纪中，他们只有在家中饿着等死。

他们在他们的道途上，遇到各种天然的阻碍。他们不能住到热带去，因为那气候要弄死他们。可是许多他们可以住的国家，都已经给他们消灭人口过。土著的民族都在他们面前失去了——美洲失去了印第安人，太平洋群岛中失去了毛里人（Maori）——塔斯马尼亚（Tasmania）失去了塔斯马尼亚人，澳洲失去了黑的澳洲人——甚至新墨西哥和得克萨斯（Texas）他失去了杂种的西班牙人。当然，印度还抗拒着：西方不能移民于印度；那气候总保护着伊的黑色民族。

可是当工业主义到了远东——中国——的时候，它要再向前去的进步，就只一些和天然阻碍不同的事情所反对着了。反对它的是一种西方本来没有疑惑过的觉悟。要制服中国，差不多是不可能的——即使能够，也须费下太大的代价。要逼中国适用着西方的仪节和风俗和信仰，将中国破碎开来，就格外的不可能。中国是一个实体，太大了，太坚固了。不能加以破裂或加以重行铸造。中国是抗拒着的。这很清楚，西方对于中国的希望，只有商业。商业是有了，或者说是强取到了；可是西方的商人却觉得他们是在和他们同等的敌手交易着。即使是中国人的商业，也不能从中国人的手里取过来。它还是依然如故在那里。它将永远常存在那里。过了不久，西方才发见中国人在商业上不是敌手，还是长辈——更是很危险的敌手——便是在财政合作的最高等事业上，也是如此。

倘使要问中国人为什么从前没有什么危险，那不过是为了他们常住家中的原故。可是自从西方逼迫中国开放了伊的口岸之后，中国人就开始往别国去了。他们开始移住在南北美洲的太平洋沿岸。他们流入了西印度群岛。他们移到了澳洲和爪哇。他们建设起了星加坡的殖民地——英国最宝贵的东方属地之一。他们恐吓着要充满东方。聪明人都开始说，要是由中国长是闭关自守着，事情恐怕要好得多呢。

美国是第一个发慌的国。在加利福尼亚（California），大家都知道谁也不能和中国人竞争。他们吸收了商业，他们垄断了买卖，他们将劳力的竞争者逐出了市场。有着革命，骚动，谋杀等事。

渐渐的，全部的西方诸州却怕起来了。两年之前，通过了一种停止中国移民的法律。美国人很明白，在商业和工业上，他们都不能和中国人竞争。

澳洲也做了同样的事。大家都知道，倘使不防止中国人的移居澳洲，英国人就不能住在那里。澳洲用着排斥中国移民的法律，保护了伊自己。

在爪哇，荷兰侨民的恐慌是另一途的。他们攻击中国人，杀死了五千多人。现在中国人是可以住在爪哇了；不过要遵守几种法律——至于爪哇民族，结果是在慢慢的消灭了。因为中国人能在任何的气候中活着，能在任何的工业竞争中占胜利。爪哇的气候是不适宜于欧洲人的；所以荷兰人肯应许中国人住在那里。

中国人怎样能和西方竞争呢；一部分是借着他们的悟性，可是大部分是借着他们非常的节俭。他们习惯的生活，比了西方人至少要便宜十倍，这种在经济方面的优点，不论什么雄厚的资本，都不能战胜它。就是以工人而论，他们非但能用了他们的手，做尽西方工人的任何工作，他们还能用一半以下的费用做成同样的事。

那么倘使中国人，在他们的竞争中，也用了西方的工业机器，和西方的科学智识，将要发生些什么事情呢？这也许要成为西方人一件极严重的大事。说不定西方人的商业就此被逐出了东方。说不定还有更重要的意义。西方的人口在那里两倍和三倍和四倍的增加着，西方的扩张在那里继续着，而东方差不多还是寸步未移。可是，当西方要想压逼到它门上的时候，一种不会倦乏，非常巨大的动力，就此发作了。原来东方也开始扩张了。倘使它采用了西方的机器，来帮助它的扩张——那么西方就要遇着它五十年以前从来没有梦想到的危险了。

西方还算是很幸运的，中国只慢慢的活动着。伊还没有充分采用西方各国的机器和工业方法。伊自己只在准备着战争。经了俄国的威吓，伊在英国得了一个朋友。英国应许帮助中国反抗俄国。中国应许帮助英国反抗俄国，防御印度，以为报酬。英国的军官都在将西方的军事技术教给中国。中国的兵工厂已是在制造着最佳的来复枪。中国已能集合一百二十万的兵了；这些兵有了西方军队那样的武装和训练，就没有那一个强国敢攻击中国了。不过这是十分一定的，中国迟早总要采用着西方的科学和工业。那就要成为最大的危险了。因为各民族的将来，不是用战争来决定的。而是用工业的和科学的竞争来决定的。

然而商业的悟性并不是那最高的。那最高的却是那科学的悟性。在这方面，中国还没有显出过什么能力的证明来。可是另一个东方民族却已显出过了——日本。日本已经证明伊自己，能够在理智进步的最高部分上和西方竞争。我不想日本人能成为和中国人一样的商人。可是他们在另外的方面，却是一种更高的民族。我不愿意别人想我，是在故意说几句好话以博好感；我说日本已证明伊自己，能够在最高的理智研究方面，和西方竞争，我的意思却不是说日本现在的理智程度，已和英国的或法国的理智程度一般高。这是不对的。不过是说日本科学家，在德国，在美洲，和海外各地所得到的成功，已足够证明那最高能力的存在。它也许还是大量的潜伏着——未发展的；不过它的发展，只是时间问题。而时间也不会长久的。因此，中国和日本——代表着远东，已同时显出他们自己，在商业上，和在民族的理智战争上，能够和西方竞争了。

不过能力问题，还不是我拘拘乎定要讨论的所在——需要问题也是一样的重要。中国和日本，都必须和西方竞争着，才可以防御伊们自己，将来的结果是什么呢？

工业的扩张，两方面都必须继续着；而东西两方面的人口，也都必须增加着。世界所能维持的人口只不过几万万——大约在二三十万万之间；斗争必须一直继续着。人口的密度愈增加，将来的斗争就必是想要占有全世界的斗争。那时较弱的民族就必须让步了。怎样让步呢？就是在地球上消灭了。谁让步——远西还是远东呢？

这是一个经济的问题。经济可以来作答复。

当两个民族间发生了斗争，所有的悟性是偏在一方面的时候；当然，悟性占了胜利——破坏了或者排斥了那无知的民族。当两个势均力敌的民族间发生了斗争，结果也许是一种联合。可是当两个民族，在悟性上是相等的，在忍耐力上和经济量上却有极大差别的时候，那么那更能忍耐更经济的民族就必得胜。例如当中国工人能够作了英国工人相同的工作，而又能过着五倍以上便宜生活，那时候，英国工人就要失业了。因此，任何民族，不论怎样的有天才，在生活的竞争上，终必为那有同等悟性而又能过极简单生活的民族所赶出——直捷地说，赶出这世界。

设想你要买一部机器——一部蒸汽机器。给你看的是两部蒸汽机器——每部却有相等的马力。不过这一部所烧的煤，要比了那一部多两倍。要去运用它，就要费上两倍的钱。你将买那一部机器呢？不消说，是那烧煤较少的一部了。

人身毕竟也是一部机器——燃烧它的材料是食物。我们已经知道，所有的进步都是被食物问题引起的。生活的困难——找寻食物的困难——是种种努力的原动力。这样，西方人的身体可以比作一部有一定力量的机器；东方人的身体比作另一部。倘使你设想它们能作同量的工作——它们相关的价值，就必用它们所费的燃料来判定。现在，一个英国人至少要有七个或八个东方人的食物，才能维持生活。推论的结果是什么呢？

但是这不过是一种随便的形容。较高等的西方民族中，任何人的生活费用至少比了远东民族的任何人，要多四五倍——只以绝对需要品而论。倘使我们不单指着需要品，而兼指着事实的论起来——西方的生活费用就要大上二十倍，三十倍，甚至五十倍——我们按着这样的生活程度，来想想西方国家看。没有一个西方民族，能在千万个远东人民所能生活的条件之下生活的。他们也许要饿死了。他们的需要并非单是现代习惯的结果。它们是种族的需要。正和你不能将米来喂鹰鹯，将草来喂豺狼一样，你不能用东方的食物来养活西方人。

食物是主重的条件。不过它远不是唯一的条件。不同的民族要求不同的舒适——不同的地位。西方民族于贵重的滋养料以外，还要求贵重的舒适。他们时常要求它们；他们要求着所说的“大生活”。历史家告诉我们，自从中世纪以来，欧洲贫民的地位已是改递了多少。这是真实的。可是即使是在中世纪，欧洲人总还不能过东方的生活。理由也并非单是体质方面；这也是心理方面。将西方人心理的幸福上所需要的若干事情取消了，他们就要憔悴可怜起来。人口要减少，而努力也差不多要停止了。

在自然的历史中，你已经研究过消灭了的兽类。曾经有好些奇妙的兽类，在这个星球上生活过，强得来不怕任何敌人——也不怕什么冷热，或干旱来消灭它们。这是的确的，其中有些就不过为了它们生活的耗费，就此消灭了。地球不能支持它们的时候，终于来到了。因此单以人身而论，人就免不掉畜类的命运。只因为生活费用太高了，民族就要消灭了。

因此在将来西方和东方的竞争中，在他们习惯上最忍耐，最经济，最简单的民族就必得胜。费用大的民族，结果就要完全消灭。大自然是一个大经济家。伊是不会作错事的。生存的最适者，就是最能和伊相处，最能满足于微小的人物。这也就是宇宙的定律。

现在在英国，每一个少年人的教育费，大约是在一万六千至两万元之间——以日本金钱来计算。我不必多告诉你，在日本还不必费到一半的钱，就可以得到同样的教育。就在这教育一个问题上，东方便是西方的一个严重竞争者。

最后，我敢发表我确实的信心，日本的贫乏，便是伊的力量。在将来，富足就是软弱的根源。倘使你不喜欢“贫乏”这个名词，你总记得欧洲最贫乏的国家是俄国；也总记得俄国的强盛，竟会使德国和奥国和意大利联合了来防御它，以保护伊们自己，也总记得全世界都怕着伊罢。伊的贫乏，并不会在伊愿意时，阻止伊召集六百万的骑兵。因此，在将来，为什么日本的贫乏会使伊不能召集至少三百万的精兵来防卫伊自己，那当然也是绝无理由的了。

我也相信，将来的事情是偏于远东的——并不偏于远西。至少我相信这样，如果以中国而论。至于日本的情形，我想却有些危险——就是放弃那古旧的、简单的、健康的、自然的、节俭的、诚实的生活方法的危险。我想日本能保全伊的简单多少长久，便能强盛多少长久。我想倘使伊采用了外来的奢侈思想，伊就要软弱。远东的圣贤——孔子与孟子与佛教的创造者。——对于舍弃奢侈，和满足普通的舒适和心理的快乐，以求真力量真快乐的这种种重要，都曾教训过。他们的思想，也就是今日西方思想家的思想。

好了，为了告诉你这些事情——不单代表着我自己的思想，并且代表着那些比我更聪明更好的人的思想——我就想到了所说的“九州精神”。我听说，仪节的简单和生活的朴实，都是古时熊本的美德。倘使这是真正如此的，那么我要结论的说，日本将来的伟大，要倚赖着九州或熊本精神的保存——对于简单善良的喜爱，和放僻邪侈的厌恶。

第四章 一个守旧者

引　言

本文是以当时一个特出的少年人，来证明由封建变成新日本时，在民族的心智进化上的研究。在文中所写的少年人的生活里，读者大概可以觉得他和那些新日本的先锋，例如吉田松荫，福泽谕吉，新岛襄，和马场辰猪这许多人的生活有些关系的地方。

日本古精神，随地得显现，
即至日落处，依然不更变。

一

他是生在内地一个城市里的，那地方是一个食禄三十万石的“大名”（诸侯）坐镇之地，从来没有外国人到过。他父亲是一个高等的武士，他父亲的“屋敷”（邸舍）就在那环绕堡城的外郭里面。

那是一个广大的邸舍；在它的后面和左右，都是美丽的花园，其中有一个设立着那军神的小小神龛。四十年之前，这样的家庭很是不少。以美术家的眼光看来，那些少数遗留的家庭，就好像是仙宫，他们的花园，就好像佛教极乐国的梦影。

可是在那些日子，武士的子孙是都须受严刻的训练的；我现在要描写的那一位，所以也没有工夫可以闲荡。受抚爱的时代，对于他正是短得可怜。甚至在他着长裤——那时代的大仪节——之前，他已经尽量脱离了温柔的影响，学习着克制童心的自然冲动。虽然他在家里，和伊母亲在一处的时候，他可以照着自己的愿意尽量的爱他的母亲，倘使他一朝和他母亲一同走出去了，他的小朋友们也许就要取笑的问他："你还吃奶么？"这样的事情是不大会有的。所有懒怠的娱乐，都为他所受的教训严刻的约束着；除了在生病的时候，是不准他有什么舒服的。差不多从他能够开口说话的时候起，就有人教训他，本分是人生的先导，自制是行为的要务，痛苦和死亡则在自私的意义上是无结果的事情。

这种斯巴达（Spartan）教训还有更为严肃的一方面呢，它叫人在少年时，除了家庭里面为人看不见的亲密以外，务必保持着冷酷的态度，永不可放松。教儿童们看惯流血之事。带他们去看杀人：叫他们不要动什么情感；回来之后，为了要驱除他们秘密的恐怖，又给他们吃许多用酸梅汁和着的血色的米饭。还有许多格外困难的事情，也要叫一个极年轻的儿童干——例如半夜里独自到杀人场去将人头带回来，作为勇敢的证明。因为在一个武士看来，对于死人的恐怖，和对于活人的恐怖是一样可鄙的。武士的儿童必须无所畏惧。在这些试验中，所要求的行为都是完全的不动情；任何骄傲行动都看作任何卑怯表示，一样的十分可鄙。

他和别的儿童一样，长起来的时候，他只好在那些预备作攻战杀伐的武士生活中，以身体的操练，作为他的消遣——射箭和骑马，角斗和比剑。同伴都很喜欢他；不过这些人都比他要年长些，是侍从们的儿子，选来帮他作军事的练习的。他们的责任是教他怎样的游泳，怎样的划船，怎样的发达少年的筋肉。他每天大部分的光阴，都消磨在训练身体和诵读中国经书这两件事上。他的食物，虽然很丰富，却很甘美；他的衣服，除了大仪节的时候，都很轻而粗；他不能用火来单只取暖自己。冬天早晨读书的时候，倘使他的手冷得不能握笔写字了，就有人命令他将手放入冰水中，以恢复血液循环，倘使他的脚被霜冻得麻木了，就有人叫他到雪中去奔跑取暖。更残酷的，是他在军人阶级的什么特别礼节时所受的训练；早早就有人使他知道，在他腰带里的小剑，既不是装饰品，也不是玩物。有人指导他，怎样用这剑，怎样在按着军人规条时，毅然决然的舍弃自己的性命。（曾有一次，一个亲王向一个只有七岁的武士之子问说："那个的确是你父亲的首级么？"那孩子立刻便明白了所处的地位。那刚刚斩下来的首级，并不是他父亲的：那位藩王是受欺了，可是还须欺他到底。所以那孩子，先向那首级行了郑重的悲哀的敬礼，然后突地就切腹而死。在这血淋淋的孝心表现之前，亲王所有的疑团，都涣然冰释了；那位亡命的父亲就此得以从容的逃去；这孩子的纪念，到现在还在日本的戏剧和诗歌中，承受着尊敬。）

在宗教的事情上，武士儿童的训练也是特殊的。有人教他敬拜古时诸神和祖宗们的灵魂；他承受着完善的中国伦理教训；他也学习着若干佛教的哲学和信仰。不过也有人教他，天堂的希望，和地狱的恐怖，都是为无知识的人说法的；又教他，高等的人应该受自己行为的影响，为正义而爱正义，并以本分的承认为宇宙的定律。

渐渐的，儿童时代成熟入于少年时代了，他的行为也少受着监督了。他已可以渐渐按着自己的判断，格外的自由起来——不过要完全知道，错误是不可以忘记的；严重的冒犯是永不可以完全宽恕的；应受的谴责比死还要可怕。在另一方面，也有因保护他而须反对的少数道德上的危险。那时许多省份的堡城里，职业的罪恶事情是严格的不准的；因此甚至在著名的浪漫故事和戏剧中，显出些不道德的人生，一个少年武士也不能多知道什么。有人教他对于缠绵宛转，或者热情如火的普通文学作品，都当作儿女的读物，不足一顾；至于公共的戏院，对于他们这一阶级，也是受禁止的。（武士的侄女，至少在几个省份中，是可以到公共戏院去的。男子便不能够——去了便失仪了。不过在武士的家庭中，或者在他邸舍的范围之内，若干特别的私家表演也是有的。演员都是江湖班。我认得好几个很漂亮的老绅士，在他们的毕生中，从来没有到过公共戏院，谁也请不动他们去看一回戏。他们还遵守着他们武士教育的旧规律。）因此，就在那老日本的乡村干净生活中，一个少年武士，就可以长成得非常纯洁，非常诚挚了。

那少年武士遵行着这些条件，就此长成了——不畏惧，有礼节，自制，藐视娱乐，准备在不论何时，为了爱，为了忠义，或为了尊严，舍弃他的性命。可是当他虽然已是一个赫赫有名的大战士了，当全国为黑舰队震惊的时候，他数年中还不过是个儿童的样儿。

二

家光禁止日本人私自出国，犯者处死的政策，使全国人民二百年来不知一些外间的世界。四海之外，还有多少大国，他们绝对不明白。荷兰人在长崎早就有殖民区域了，也不能使日本略为知晓一些伊的真正地位——为十九世纪西方世界所威吓着的十六世纪东方封建时代。另一世界的种种奇情异事，在日本人的耳朵里听起来，竟好似骗孩子的童话，又好似古代神话中的空中楼阁。美国舰队，那时他们称之为“黑舰队”，第一次警醒了日本政府，才知道自己的软弱，外来的危险。

全国民为黑舰队第二次来到的消息而奋兴着，接着便又听说，幕府将军自己认无能和外国交涉了，更是惊恐着。从前北条时宗时代，鞑靼人打来，百姓都向诸神求救，便是天皇自己也在伊势向他的祖宗求救，现在的灾祸，比了那时却还要大些。那时他们的祈祷，果然有了效验，天色立刻黑起来，海中起了暴雷，那仍旧称之为“神风”的飓风忽然的发作了，忽必烈的舰队就此堕入了无底深壑。为什么现在便不能作祈祷呢？他们果然又在所有的家庭中和千万的庙宇中，作祈祷了。可是冥冥中的诸神这时却都默默无闻；“神风”也不来。这位武士的儿童，在他父亲的园里的小小神庙八幡之前，作尽了祈祷，都归徒然，使他不能不惊奇，到底诸神已否无能为力，还是“黑舰队”上的人物都是有那法力，更大的诸神保护的。

三

没有多久，就知道这些外国“蛮子”不是容易逐走的。已经来了数百人，东方来的西方来的都有；他们自卫的方法，很是周到；他们在日本的土地之上，建筑了他们自己的奇怪城市。甚至政府也只好命令各校都须学习西方智识；以英语的研习为公共教育的重要课目；公共教育的本身也改成了西方的形式。政府并且公布说，国家的将来，将倚赖着对于外国科学和语言的研究和占胜。在这时期中，日本一方面研究，一方面得到成功的结果，的确不能脱离外国势力的笼罩了。事实上当然不能就用这几句话拿来公然的说明；不过那政策的意义是不错的。自从国内明白了地位，经过了一阵暴烈的情绪之后——自从百姓大惊惶，武士极为郁怒之后——对于这些用着高妙的力量，轻轻一动，便可以为所欲为的傲慢的外国人，发生了一种非常浓厚的好奇心，来传说他们的形容和性格。这种普通的好奇心，一部分便有许多便宜的花纸来满足它，将蛮子们的风俗习惯，和他们住处的奇怪街道，都画着印了出来。那些发光的木刻，在外国人眼里看来，似乎只是讽刺画。可是那些大画家的心目中，并没有什么讽刺画的存见。他想将他的确所看见的外国人描摹出来；他只看见他们是碧眼的怪物，有着像猩猩（神话中，红头发喜欢醉酒，似猿的怪物）的红头发，和像天狗（神话中，大概住在山中，种类有若干的怪物。有些是有长鼻子的）的鼻子，穿着奇形怪状，五颜六色的衣服；住着像仓库或监牢一般的建筑物。这些刊物成千成百的传遍了内地，当然会发生许多奇怪的思想的。可是这只怪他们的不会画，不能说他们有什么恶意。这些古画，现在还可以看得见，借此也可以知道那时的日本人，看我们是怎样的；怎样的丑陋，怎样的古怪，怎样的可笑。

这位乡镇里的少年武士，不久也就看见了一个真正的西方外国人，那是亲王为他们请来的教师。他是一个英国人。他来时，有武装的卫队护送着；并且上头有命令，要待他如上宾。他并不如那些花纸中的外国人那样丑陋；固然他的头发是红的，他的眼睛是奇怪的颜色，但是他的面孔并不讨人厌。他立刻就成了万目睽睽的注意点，一直至好久。谁不知道明治以前他们对于我们的奇怪迷信的，谁总想不到他们对于他的举动是何等的注意。虽然也承认西方人是有理性的，令人可怖的动物，却总不当他们是真正有人性的；他们想他们更近于兽类而不近于人类。他们遍体生毛，样子奇怪；他们的牙齿也和人类的两样；他们的内脏当然也是特殊的；他们的道德思想，一定和妖怪的差不多。那时外国人对于平民，不是对于武士们，所感受着的畏缩，并不是体力上的恐惧，乃是迷信上的恐惧。即使是日本的农夫，也从来没有做过卑怯之人。不过谁要知道那时候他对于外国人的感情，谁就对于中国和日本所共同相信的事情总要知晓一些，那些事情是讲到有些畜类，有着那超自然的能力，能够变成人形；讲到一半是人一半是超人的种族；讲到古时画本中的神奇东西——长腿长臂而有胡须的妖怪（足长 arhinaga 与手长 tenaga）的，或者是讲《山海经》的造了出来，或者是北斋的滑稽之笔描了出来。的确那些新来的外国人，在状态方面似乎令人不能不相信那中国大史家所说的寓言；他们所穿的衣服，也似乎特为要掩藏他们不是人的证据，所以那样制作的。所以这位幸而不知道这些事情的英国教师，暗底下给人研究透了，正像一条怪兽的给人研究一般。不过从他的学生方面，他所经验到的却只有彬彬的礼貌；他们照着中国的礼法，“莫践师长之影”那样的恭待他。究竟他们的教师是完全的人类与否，在武士的学生们看来是没有什么重大关系的，只要他能够教授就好了。从前义经的剑术是一条天狗所教的。非人类的动物为学者，为诗人的也不是没有。［有一个故事说，（现已称为“天神”的）菅原道真的教师，大诗人 Toryko 有一次经过西京皇宫的罗城门（Ra-jō-mon，平安京之正南门），他口占了两句诗：“天气清且鲜——风摇嫩柳线。”门口便有一个声音学着续下去说：“冰雪尽消融，微波梳石藓。”他看了一看，却不见有什么人。回来之后，便将这事告诉他的学生，并将四句诗都念给他听，他的学生却称赞那末了两句。他说："起首两句的确是诗人的吐属；但是末后两句却更是鬼仙的格调。"］不过他们在彬彬礼貌的假面具之后，对于这位外国人的习惯是仔细的注意着的；经过了许多考察之后，最后的判断竟有些不客气的地方。那位教师自己，再也没有想到他那些带着两剑的学生们，会那样的批评他；当他在教室里看作文的时候，懂得了他们的说话，心里也就有些不自在起来：

"看他的皮色，何等的柔软！一下子将他的脑袋取去，大概是很容易的。"

有一次他们请他试试他们的角斗方法，他想不过是玩笑而已，所以便答应了。可是他们却要试试他的体力如何。结果他到底算不到一个很好的运动家。

"他的确有坚强的臂膊，"一个说，"不过他用他的臂膊时，他不知道怎样用他的身体；他的腰肢也很软弱。折断他的背脊大概是没有什么难事的。"

"我想，"另一个人说，"和外国人相打是容易的。"

"用刀剑相打是很容易的，"第三个人说，"不过他们比我们格外会用枪炮。"

"我们能够学到那些事情的，"第一个开口的人说，"我们学了西方的军事，我们就不必担心西方的兵丁了。"

"外国人，"另外一个人在一旁说，"都不及我们结实。他们乏力得很快，而且他们也怕冷。一冬天，我们的教师一定要在他房间里生大火。在那里立五分钟，我真要头痛了。"

不过这些大孩子，虽然有这许多话，对他们的教师的确是客气的，使他很爱他们。

四

变动的来到，真像大地震的来到，没有警告的：藩王制度一变而为地方官吏制度，军人阶级禁止了，全社会的组织改造了。这些事情，都叫我们这位少年人郁郁不乐，虽然他觉得将对于亲王的忠心改向天皇，并无难事，虽然他家的财产，并不受这次大变动的损失。所有这些改造，都使他明白了民族危险的重大，古来那些高尚的理想和许多可爱的事物，都要消灭了。不过他也知道懊恼是个徒然。只有自己变法，国家才有保全独立的希望；爱国者的责任，乃在认清需要之所在，将他自己准备着，在将来的舞台中，作一个好好的脚色。

在武士的学校中，他已学得许多英语，他知道他自己已能和英国人谈话了。他剪了他的头发，丢了他的长剑，跑到横滨去，想在较为适宜的地位，继续作英语的研究。在横滨，他起初看见不论什么东西，都好似陌生而讨厌的。即使是这港口的日本人，也因为外国的接触而变化了；他们都很粗暴；他们的言动都是平常百姓在本地城市里所不敢做的。至于外国人，使他更讨厌了：那时正是新来的侨民，挟着征服者对被征服者的态度的时代，也正是那“开放的口岸”在生活上比了现在大不适合的时代。用砖石或者灰漆的木料建筑起来的房屋，使他又很不开心的想到了描摹外国风俗习惯的日本花纸；他不能将他儿时对于东方色彩的恶念，轻易的放弃了。以较为阔大的智识和经验作根据的理性，完全使他能确定它们的真谛：可是在他的情绪生活这方面，他和他们始终发生不出什么亲切来。民族感情比了理性发达要老大些；关于民族感情的迷信，是不容易取消的。他的军人精神也时时为所见所闻的丑事刺激着——使他充满着祖宗给与的热血，要抑强扶弱，去邪存正的种种丑事。不过他知道将这些嫌恶之心，可以为智识的阻碍的，加以克制：爱国者的本分乃是平心静气的研究着他国家公敌的本性。最后，他教自己考察四周的新生活，不用什么偏见——它那不较少于劣点的优点；它那不较次于软弱的刚强。他找到了仁爱；他找到了对于理想的虔诚——那些理想不是他自己的，不过他知道怎样的尊敬它们，因为他们正像他祖宗的宗教，不承认着许多事物。

他这样的重视着，渐渐的就喜欢了并且信托了一个以全副精神从事于教育和传教事业的老年宣教师。这位老人非常要想使这个少年武士信从他的宗教，在这少年武士身上显见得是大有用处的；他没有费多少力，果然赢得了这个孩子的信仰。他在许多事上帮助他，教他读法文和德文，希腊文和拉丁文的各种书籍，又将一个收藏丰富的私人图书室完全给他随意阅览。一个外国人的图书室，里面有历史、哲学、游记、小说，这些书籍，可以自由使用的，不是那时的日本学生容易得到的权利。这是可以带着感谢而尊重着的；而那位图书室的主人翁，不久就很容易的鼓励着他的爱徒读了一部分的《新约》。这位少年在那“恶教”的教训中，居然找到了和孔子一样的伦理规条，他不觉惊奇了起来。他对那位老教士说：“这种教训在我们并不是新的；不过它的确是很好的。我将诵习这书，并且加以思考。”

五

诵习和思考，竟使这位青年达到了出乎意外的境地。承认基督教为一种大宗教之后，更承认了另外一件事，对于信从基督教各民族的文明，也发生了许多想象。那时许多有思想的日本人，甚至是柄着国家大政的清楚头脑，似乎都认为日本一定总要完全经过外国的支配。果然希望是有的；而即使希望的精神存留着，对于众人的本分还是清楚的。不过那种可以用来反对帝国的力量是不可抗的。这位少年的东方人，研究着那力量的巨大，便不能不惊奇而又恐怖地自问起来，那力量究竟是从那里和怎样得来的。是否诚如他的老教师所说，它的确和一种较高的宗教有些看不见的关系呢？中国的古哲学曾说过，百姓的兴盛和他们遵守天道，听从圣贤的教训是有关系的，这样的话，的确助成了这样的一个理论。因此倘使西方文明的较高力量，的确是指示着西方伦理的较高性格的，那末每一个爱国者的清楚本分不就是随从着那较高的信仰，而努力于全国的信从么？在那时代的一个青年，受过中国智慧的教育，对于西方社会进化的历史又不大知道，当然再也没有想到那物质进步的最高方式，却大半是从不合基督教理想的残酷竞争，和与任何伦理无关系的变化中发展起来的。即使是现在，在西方还有千万没有头脑的人，以为武力和基督教的信仰之间，有着什么神圣的关系；讲经台上，还在将政治的掠夺作为神圣的公道，剧烈爆裂物的发明，作为天之启示。我们中间，仍旧有人迷信着，以为信仰基督教的民族是很应该掠夺或消灭那些有别种信仰的民族的。有些人有时发表他们的意见，以为我们还仍旧在敬拜着叨尔（Thor）和乌定（Odin），唯一的分别，就是乌定已成为一个算学家，那米欧尼（Mjölnir）椎子现在是用汽力来运动了。不过这些人被那些教士先生们都当作无神派和无耻的人了。

事情果然这样，那少年武士不管家属的反对，决意自己作基督徒的时候到了。那是一种勇敢的行动；不过他早年的训练，给了他坚固的定力；他甚至竟不被他父母的忧伤来移动他的决心。他对于祖宗信仰的摈斥，可以见得对于他并非暂时的痛苦；那意思便是不能袭产，老朋友的藐视，身份的失丧，以及所有困苦的结果。不过他那武士的训练已教会他将自己置之度外了。他知道他所信仰的，便是以一个爱国者，和一个寻求真理者，来当为他的本分；他随从着这个意思，无所畏惧，无所懊悔。

六

有些人要想在他们用现代科学知识来打破的地位上，代入他们自己的西方信条，真正没有想到，那可以用来反对旧信仰的言论，是也可以一样有力的用来反对那新信仰的。平常的宣教士，自己既不能达到现代思想的较高度，也竟不知他那一些些的科学知识，在一个东方人的心思上，自然比了在他自己的心思上更为有力。因此他一朝发见他的学生愈有理性，作基督徒的时期便也愈短，他不免就要大惊小怪起来。要将一个善良的心思，本来因为不知科学，对于佛教宇宙观满意的个人信仰，加以破坏，并非十分的难事。可是就在这一个心思上，要将西方的宗教情绪来代替东方的，将“长老会”或“浸礼会”的独断来替代中国的和佛教的伦理，那是不可能的。我们现代的布道者，在事实方面从来没有承认过心理学上的困难。从前，耶稣会和其他罗马教徒的信仰，比了他们所要排斥的信仰，差不多没有什么不迷信的时候，同样的艰难阻挡早就有了；西班牙的僧侣，虽然用着他们非常的忠诚，火般的热忱，成功了许多奇迹，还是觉得，如果要完全实现他们的梦想，他们只有借着西班牙军队的武力。现在的情形，比了十六世纪中，格外不适宜于任何种传教事业了。教育已经在科学的基础上世俗化而改换形式了；我们的宗教，也正在变成不过是伦理的需要方面所有的社会的承认；我们许多牧师们的功用，也正在渐渐变成道德警察的功用了；成群的礼拜堂塔尖，并不能作为我们信仰的证明，不过是我们对于习俗的尊敬加以扩大罢了。西方的习俗，永不能变为远东的习俗；外国的教士，永不能作日本的道德警察。我们教会中有若干最自由，在文化上最广大的，已在承认宣教事业的无谓。但是要将本来的自以为是放弃了来认知真理，也是不必的；完全的教育，便能将那真面目显示出来；世上教育最好的国家，德国，就没有差什么宣教师往日本的内地去。宣教的努力，远在他们每年报告新教徒的内容以上，而结果却成了本地宗教的改组，最近政府有令，本地的僧侣，必须受过高等教育。在这敕令之前，有许多比较富有的宗派，早就照着西方的计划，设立佛教学校了；净修宗已造就出若干学者，虽在巴黎或牛津受过教育，足以夸傲一时——他们的名字，世界上不论何处的佛教徒都是知道的。日本的确需要着比伊中世纪时所有的宗教较为高等的信仰方式；可是这些新方式必须是从古方式中出发的——从里面而不是从外面出发的。由西方科学保护得很结实的佛教，将来定能适应着民族的需要。

这位在横滨的少年教徒，果然证明了宣教事业的失败，立下了一个极可注意的榜样。自从他牺牲了财富，作了基督徒——或者还是说作了外国教派的教徒——之后，不到几年，他就公然宣布脱离他那以绝大代价换来的信仰。他已经格外比了他的宗教教师，研究和思考过当时代的大思想，他的教师对于他所发的问语已经回答不出，只好对他说他们给他读的书，只有几部分，对于信仰的全体是危险的。但是他们也不能证明这些书中究竟有什么不对之处，所以他们的警告，终于无用。他起先是由着不健全的理解，而皈依这个不二法门的；现在他由着更为博大精深的理解，在不二法门之外到底找到另外的法门了，他脱离教会了，公然的宣言说，所有的教旨，都和真正的理论或事实不合；说他觉得他不能不接受他的教师们称之为基督教敌人的这些人的意见。对于他的“反教”，当然有许多的辱骂。

真正的“反教”却还远着呢。他不和其他反教的人一般，他知道宗教问题对于他不过是一时的退后，更知道他所已经学习到的，不过是等他继续学习的一个开端。他在信条的相对价值上——在宗教是保守力和约束力的价值上——并没有失去信仰。一种附会曲解的真理——存在文明与宗教之间的真理——起初还能领他走入信教之途呢。中国哲学已教过他，社会没有僧侣就不能发达的定律，是近代的社会学所承认的；佛教也已教过他，就是种种谬误——为下等人说法的寓言、形式，和象征——在帮助人类美德的发展上，都有它们的价值和它们的理由。从这一个观点说来，基督教对于他并没有失去什么兴趣；虽然他看见了通商口岸的生活中，并没有什么基督教国家的高尚道德，如他的教师们所告诉他的，那样，免不了怀疑，他还是有意思要去看看西方道德上的宗教影响；去游历欧洲各国，研究他们发达的原因和他们强大的理由。

他这样的决定，竟出乎意外的得到了如愿以偿。使他在宗教事务上成为一个怀疑者的理智，也使他在政治上成了一个自由思想者。他公然发表意见，反对那时的政策，激怒了当时的政府；后来他也和外人一样，受了新思想的刺激，不很慎重，只好被逼着离开了故国。他注定要周游世界各国的命运，于是乎开始了。他先避到高丽去；然后到了中国，在中国过了一会教授生活；最后他就上了往马赛去的大轮船。他带的钱很少；但是他一些也不管自己将来在欧洲怎样的生活。他觉得自己年青力壮，刻苦耐劳，颇为可靠；他带着若干介绍信，那些海外的收信人，也许能给他一些帮助。

可是在他能够重新踏到他的故土之前，已经好几年过去了。

七

在那些年代中，他所看见的西方文明，乃是少数日本人所能看见的；因为他漫游遍了欧洲与美洲，在许多城市中住过，在许多事情上工作过——有时用他的脑力，更有时用他的腕力——因此他便能仔细考察那生活中最高等的与最下等的，最优美的与最恶劣的。不过他是用远东的眼光来看着的；所以他那判断的方法并不和我们一样。西方人怎样的注意远东，所以远东人也怎样的注意西方——所有的分别只有这个：这一方面以为最重要的，大概恰恰是那一方面以为最微小的。两方面都是有所得，也有所失；从来没有，也永远不会有，彼此完全的理会过。

在他的眼里，西方要比他的预想大得多——简直是一个巨人的世界；使一个最勇敢的西方人，孤零零在一个大城市里，无依无靠，而觉得沮丧的，当然也时常会使这个东方的流浪人，觉得沮丧；神经惶惑，寝食不安，为了那无形中千万人在奔忙的感觉；为了那车辆轰轰，一刻不停的闹声；为了那奇形怪状，无一是处的建筑；为了那富有的人，将人类的心思和腕力，当作便宜的机器，压逼得不能再压逼。或者他看见的这些城市，如多雷（Doré）看见的伦敦：昏惨惨黑沉沉的苍穹，和一层层，一行行，看不到尽头的花刚石的深沉，和以劳力的海洋为根基，惨淡经营起来的石工的山岭，和数世纪来渐渐积成带着威严的纪念场所。在那无穷无尽的层峦叠嶂之间，既看不见旭日与晚霞，也看不见风云与气色，在美丽方面，一点也不能动他的心。所以使我们急于赶向大城市去的，都是使他去之惟恐不速的；甚至光华灿烂的巴黎不久也就使他索然无味起来。那是他住得长久些的第一个外国城市。法国艺术，反映着欧洲最优秀民族的美术思想的，固然很能使他惊奇，可是一些也受不到他的眷恋。特别使他惊奇的，乃是他们对于裸体的研究，他承认这不过是人类弱点的公开表示，和不忠实或卑怯差不多，他那淡泊无情的训练，最看不起这件事。现代的法国文学，给了他可以惊奇的别种理由。他对于那说故事者可惊的技术，也不能充分的了解；在他里面，细琢细磨的价值，他也看不出什么；倘使他能和一个欧洲人那样的了解它，他也许就不会确信这样是误用才能，粗制滥造，不过表示社会的邪恶了。渐渐的，在这首都的奢侈生活中，找得了那时代的艺术和文学使他发生一种坚信的确据。他历遍了娱乐之处，任何剧场与戏馆；他用一个避世之人和一个军人的眼睛看着，觉得西方对于人生价值的观念，为什么就和远东对于痴愚妖冶的观念差不多，真有些令人诧异。他见过若干时髦的跳舞会，和种种使远东人的庄重心所不能容忍的轩豁呈露——奇淫极巧，足可使一个日本妇女，直直羞死；他听见他们对于日本人在夏日之下工作时，那样自然庄重，而又极合卫生的半裸体，加以批评，他也诧异得说不出。他见过数不清的礼拜寺和教堂，而相近它们的地方，却便是些罪恶的渊薮，和出卖各种荒淫极亵的秘密场所。他听过大讲道家的讲道；他又听过一班叛道离经之徒攻击任何信仰与爱心的亵渎话。他见过富足的区域，和贫乏的区域，和这两种区域到死的。究竟他却没有见过什么宗教的“约束力”。那个世界是没有信仰的。那是一个充满着耻笑，虚伪，穷奢极欲，自私自利，不为宗教所管理，而为警察所管理的世界；一个为人所不应该托生的世界。

英国比较的要阴沉些，威严些，可怕些，给了他一些另外问题，使他思考着。他研究过，伊的富足是常在增加着，而伊那污秽的梦魔也是常在黑影中添多着。他见过堆满着各地财富，大都是掳掠品的大港口；他知道英国还是和他们的祖宗一般，是肉食的民族；他想过，倘使伊仅仅只有一个月，不能再强逼别的民族来养活伊的兆民，伊将何以自堪。他见过在这世界最大城市里，使夜间成为丑恶的卖淫与酗酒；他对于已成习惯，假装看不见的假冒为善，对于在那里为现在情形而声声感谢上帝的宗教，对于差遣宣教士徒往不需要之处去的蒙昧无知，对于以怜恤疾苦与罪恶，借以繁殖自己的慈善机关，他都不能不拍案叫绝起来。他也见过一个走遍许多国的英国名人［“虽然我们在理智的成就上，已经进步到野蛮地位以上，我们在道德上，却还没有同样的进步。……我们民众的全体，一些也没有能超得出野蛮人的道德律，甚至在许多情形中，比了他们还要堕落。不完全的道德性，乃是现代文明的大污点。……我们社会的和道德的全部文明，还没有脱离野蛮的地位。……我们是世上最富足的国家；可是差不多我们全人口的二十分之一，是依教区周济为生的穷人，三十分之一是罪犯。对于这些没有发觉的罪犯，和全部或一部依私人慈善事业（据哈克斯来博士 Dr. Hawkesley 说，在伦敦一处，每年须费七百万 sterling）为穷人，我们就可以决定说，我们的人口中，的确的倚人为生者和罪犯，总在十分之一以上。”——华勒斯（Alfred Russel Wallace）。］宣布的话，说英国人口的十分之一都是以犯罪为职业的，或是借慈善救济为生活的。无数的教堂，周密的法律，济得甚事！英国的文明，的确不比别国，曾有人教过他相信那宗教的假力是进步的原动力，在英国这种假力都要少显些出来。英国的街道则告诉他另外一个故事：在佛教的城市中所能看见的景象，在这里是没有的。没有的：这种文明所表示的，乃是简朴的人和狡黠的人，弱者和强者，他们中间永久的不良斗争；唬吓撞骗，无所不用其极，将优柔无能者，推入了万丈深渊。在日本，连这些情形的恶梦也不会有的。可是他对于那些情形所发生出来的物质的和思想的结果，他只有瞠目结舌的称奇着；他虽然看见了意想不到的罪恶，他也在贫人中和富人中看见了许多好处。全部的哑谜，数不清的矛盾，都超出了他的解释能力之外。

他对于英国人，比了他所游历过的别国人，要格外喜欢些；而英国缙绅先生间的礼节也使他感觉得和日本武士间的有些两样。在他们形式的冷淡之后，他能够辨出他们大量的友谊和耐久的客气来——他经验过不止一次的客气；辨别出他们难得浪费的情绪力之深刻来；辨别出那赢得属地半世界的高尚勇敢来。不过在他离开英国，再去研究较为范围广大的人类的成就以前，他对于国民性的差别，已经没有什么兴味了；他的心目中，只觉得西方文明是一个惊人的整体，其中并没有什么大差别——不论何处——不问是借着帝国的，君主的或共和的方式——都显示着同样为无情的需要而工作，得到了同样可惊的结果，不论何处却以和远东思想绝对不同的思想为根据。这样的文明，他只能当作没有一些情感和它和谐的东西——当作有它时绝无可爱，没有它时绝无可惜的东西。它和他的灵魂，相隔得很远，好像是另一个太阳之下另一个行星之上的生命。不过他能明白它在人类痛苦上的详细代价，能感觉它那重量的可怕，能预知它那理智力的范围广大。他恨它——恨它那可怕而又计划完善的机械性；恨它那实利的稳定；恨它的习惯，它的贪婪，它那盲目的残暴，它那伟大的假冒为善，它那需要的卑污和它那富足的傲慢。在道德上，它是怪物；在习惯上，它是野兽。它给他看的堕落的深度，已经是不可测量，不过不是什么相等于他少年理想的理想。它完全是一幕豺狼的大斗争——在它的里面，他居然还能找出一些差别来，他看来似乎不能不算为奇事了。西方的真正得意之处，就不过是理智方面；是纯粹理智的峻远高寒，在它那永久的白雪之下，情感的理想是死亡了。日本仁慈克己的古文明，在那幸福的想像上，在它那道德的雄心，它那伟大的信仰，它那快乐的勇敢，它那质朴不自私，它那淡泊与知足，这种种上，的确都要好得许多。西方的高贵，不是属于伦理的。它全仗着历尽艰难困苦而发展，为强者用来破坏弱者的理智力。

不过他知道西方科学的逻辑是不可抗的，那样文明的势力，只有逐渐的扩大起来，而不可御，不可免，不可计算的痛苦，也将泛滥于全世界。日本应该要学习新式的活动，得着新式的思想，否则只好完全的消灭。此外决没有别的替代。于是怀疑中之怀疑，所有圣贤大哲都要遇到的难问题向他发生了："宇宙是否合乎道德的？"佛教对于这个问题，给予了最深刻的答复。

不过以极细微的人类情绪来测量，不问宇宙的进行是合乎道德或不合乎道德，他始终有一个信仰，便是逻辑也不能损坏它，那便是：人类确实应该用他全副的力量，向无尽的将来，追求那最高尚的道德理想，虽然天上诸恒星，都在它们的道上反对他。日本的需要，将要勉强日本去学会外国的科学，从伊敌人的物质文明上，采取许多东西；可是这同样的需要，却总不能逼迫伊完全放弃伊那对于是非曲直，对于本分尊严的种种观念。在他的心目中，有一个目的慢慢的形成了——这目的，使他在后来的年份中，成了一个领袖和教师；就是要用他的全力，保存着古时生活中所有最善的东西，又大无畏的反对着，凡是对于国民的自保并不重要，对于国民的自展并无帮助的，一概都不用再行介绍进来。他也许要大大的失败，没有羞耻的失败；不过他至少总能从那破碎的沉船上，希望捞起一些有价值的东西来。西方生活的消耗无度，所给他的印象，比它的追欢取乐，不知苦在眼前，还要深刻：在他自己静萧萧的穷地上，他看见了力量；在伊不自私的节俭上，他看见了可以和西方竞争的唯一机会。外国文明已经教他明白了他自己文明的价值和美丽，本来他是不明白的；他切望着就能得到可以回归到故乡的准许。

八

在一个四月的早晨，天净无云，太阳还没有起来，微光黯淡之中，他重新看见了他故乡的群山——远远高耸着的重山峻岭，在墨黑的海面上带着紫黑色，尖矗着。在他所乘的轮船背后，水平线上慢慢的发着玫瑰色的红焰。甲板之上，早已有几个外国人在那里了，都急切要从太平洋上得到最美丽的富士山初景——为了黎明时富士山的初景是为人毕生所不能忘记的。他们注视着一条条的山岭，看它们像锯齿一般，渐渐的没入了深深的夜色里，疏落的晨星还是软弱无力的闪耀着——而他们却看不见富士山在何处。“啊！”他们所询问的一个船员笑着说，“你们看得太低了！看高些——大大的看高些！”他们就看高些，看高些，看高到天心里，才看见那伟大的峰顶，在旭日的淡红中，发着妃色的艳光，就好似幻莲的嫩苞，这样的景色，竟使他们看得哑口无言。永远的雪，轻轻的转成金色了，不久太阳的光线已经达到地球的弧线上，达到暗影的群岭上，达到最后的疏星上，雪才变成了白色；底下的大地，这时还是看不见。黑夜终于完全的逃去了；温柔的蓝光浴着那空洞的长天；五光十色都已从睡眼中苏醒过来；——在这些注视者之前，那横滨的光明海湾展开了，岸上永远不见其麓的高峰，在那无尽白昼的穹门中，高高的悬着，好像一个雪凝的精魂。

在这位流浪者的耳鼓中，仍旧响着那几个字："啊！你们看得太低了！看高些——大大的看高些！"——成了不定的音节，带着浓厚而不可抗的情感，在他的心胸间激荡着。然后什么东西都黯然无颜色了：他既看不见上面的富士山，也看不见下面相近的群山，在将它们如烟雾的蓝色变成青色；也看不见海湾中成群结队的船只；也看不见现代日本的任何东西；他只看见了古代。陆上的微风，挟着香馥馥的春气，涌到了他的跟前，激动了他的热血，将他曾经舍弃，曾经努力忘却的暗影，从长久关锁着的记忆的仓库中，震动了出来。他看见了先人的面目：他认识了他们多年以来的声音。他又重新在他父亲的邸舍中，成功了一个极幼小的儿童，在光明的房间中往来着，在照着日光，筛着树影的席子上游玩着，或者向那沉沉如梦，轻青嫩绿的花园中注视着。他重新觉得了他母亲的手轻轻搀着他，领着他的小脚步，走到了家堂之前，祖宗牌位之前，每天早晨礼拜的地方；成人的嘴唇边，带着忽然重新找得的意义，再低低的发出了小孩子简单的祝祷。

第五章 困难

引言

这是《日本》的第一章："一个说明的企图。""然后忽然的，"威德摩夫人写着说，"他面前豁然开朗起来，他写了《日本》，是这个大民族的生活和灵性方面最可惊的评论之一。"本文的稿子本来是预备在美国康乃耳大学（Cornell University）作演讲用的；后来康乃耳当局取消了关约，就印成了单行本。作者写这些文章时，身体已很衰弱，因此颇为费力；等到书印成，他已不及见了。

讲到日本的书籍总有一千本了；可是在这些书籍里面——纯粹具有特性的美术出版品不算——真正有价值的重要著作，恐怕还不到二十本罢。这种事实的原故，乃是为了要在日本生活的表面之下，去辨别，去理会出一些究竟来，却非常的困难。能够充分解释那种生活的著作——将日本从内心的和外表的，历史的和社会的，心理学的和伦理学的各方面，描摹出来的著作——至少再经过另外的五十年还不能写成。千万头绪，从何说起，数十年来学者们联合的劳力终不能解决它，而阻难丛生，愿意用他们的全力来从事于此的学者，又时常为数很少。就在日本人自己，对于他们自己的历史，也还没有找到什么科学的知识；因为要得到那种知识的方法还没有准备好——虽然采集的材料已经是和山那样的堆积着。在现代的计划上，任何良好历史的需要，不过是许多令人气馁的需要之一。可以作为社会学研究的论据，对于西方的研究者，还仍旧是可望而不可即。家庭与种族的早期状况；阶级分化的历史；政治律和宗教律分化的历史；种种禁例，和它们在风俗上发生影响的历史；在工业的发达中，整理和合作情形的历史；伦理学和美学的历史——所有这些和许多别的事情，都还是糊涂的隐藏着。

我这篇论文，只能在某种方向上，给西方的日本知识，作一些贡献。不过这个方向并不是最不重要的一个。现在日本宗教这个题目，大概是这个宗教的死敌所写的：别人差不多还是完全没有知道。可是一方面既然始终为人所不知，为人所误解，一方面自然也得不着真正的日本知识了。社会状况的真正理会，对于宗教状况所要求的，决不是一些浅薄的熟习。甚至一个民族的工业历史，不注意那些在它早期的发达中，约束着工业生活的宗教传说和风俗，也是不会令人明白的。……或者讲艺术这个题目。日本的艺术，和宗教是有极亲密的联络的，要想去研究它，而对于它所反映的信仰，没有广博的知识，只是浪费光阴罢了。我说的艺术，并不单指绘画和雕刻，各种妆饰，和许多有画意的表示都在内——男童纸鸢上或女童拍毽板上的形象，并不亚于漆器或花瓶上的图案——工人毛巾上面的人像，并不亚于公主腰带上的花样——买给小孩子顽耍的纸狗或木叫子的形状，并不亚于佛寺门首巨大仁王（门神名）的式样。……的确，要将日本文学作一会适可的估计，也总是不能够的，必须要有什么学者出来，将这个文学仔细的研究一下，不但要能够懂得日本的信仰，而且也要至少能够和我们伟大的人文学家那样，会和幼里披底（Euripides）的，品得（Pindar）的，提奥克立塔（Theocritus）的宗教表同情，而和那些信仰表同情。我们自己问问看，如果对于西方的古今宗教，不加一些注意，究竟我们能够懂得多少英国的，或法国的，或德国的，或意大利的文学。我并不指着那些显然的宗教创作者——指着像密尔敦（Milton）或但丁（Dante）这样的诗人——只指着那样的事实，就是即使一个莎士比亚的剧本，谁不知道基督教信仰或基督教信仰以前的信仰的，谁就不会了解。要彻底懂得任何欧洲文字，而没有欧洲宗教的知识，那是不可能的。即使是不识字的人的言语，也是充满着宗教的意义：穷人的谚语和家庭成语，街头巷尾的俚歌，店家的生意经——所有这些，都混些宗教意味在内，不晓得民众的信仰的人，是想象不到的。没有人能比那一个在日本，向着那些信仰绝对和我们不同，伦理为完全两样的社会经验所形成的学生，教授过许多年英文的人格外的能够知道这事。

第六章 奇异与魔力

引　言

旅行家对于日本所记录的最初印象，大半都是快乐的印象。果然，在日本不能感情用事而作辨诉的天性中，必定也有些缺少的事情，或者极其粗暴的事情。那辨作的本身，却就是解决一个问题的秘钥；那个问题则便是一个民族及其文明的性格。

我自己对于日本的最初印象——在春光明媚中所看见的日本——不消说也是和一般人的经验大概相同的。我特别记得的是目睹之后的惊奇与喜乐。惊奇与喜乐是永不会消灭的：就是现在，我已经在此作客十四年了，一遇着什么机会，他们还将常要重新的活动起来。可是这些感情的理由是难于捉摸的——或者至少是难于猜测的；因为我还不能说我已很熟知日本。……好久以前我那最相知最亲爱的日本朋友，在他死前不久之时告诉我："再过四五年，当你觉得你完全不能了解日本人的时候，那末你将开始知道他们一些了。”等到我那位朋友的预言实现之后——等到发觉我完全不能了解日本人之后——我觉得我格外有资格来尝试写这篇论文了。

最初令人觉着的，就是日本事物表面上的奇异，会（至少在某种人的心目中）发生一种描摹不出的古怪的震惊——一种只有看到了完全陌生的事物，才会领略得到的荒谬的感觉。你觉得你自己是在古怪的小街道上走，遍是古怪的小百姓，穿着式样非常别致的衣服和木屐；你看了竟辨不出男女来。房屋的建筑和布置都是和你所有的经验不熟的；你在店中看到了陈列着的许多东西，你竟一些也猜想不出它们的用途和意义来，你定要发呆。来源想象不出的食料；形式和谜语一般的器具；什么神秘信仰的莫名其妙的记号；牵涉着神仙或鬼怪故事的奇异面具和玩物：还有垂着大耳，发着笑容，许多古怪的佛像——所有这些东西，你信步所之的走着，你便可以见识到；虽然你也必须注意电杆和打字机，电灯和缝衣机，不论何处，在字号和悬物上面，在走过的人的背脊上面，你将注意到奇妙的中国字；这些文字的离奇如巫术，却成了景物的适宜点缀品。

和这个奇幻的世界相处得稍久些，你最初见面时所引起的奇异感觉，是决不会减少什么的。你还是要注意到他们体力动作的离奇——他们的工作，竟是用西方相反的方法做成的。工具的形状都很古怪，施用的方法也很特别：铁匠蹲在铁砧边，执了铁锥敲打着，西方的铁匠，如果没有长时期的练习，是不会这样工作的；木匠施用他那奇形的刨子和锯子，则拉而不推。时常以左作右，以右作左；开锁和关锁的方向，总必向着我们以为是错误的那一边旋转着。洛威尔君（Mr. Percival Lowell）仔细的注意过，日本人的说话，写字，读书，方向都是向后的——这些“不过是他们所有相反之处的起码事情”。对于向后写字的习惯，是有沿革清楚的理由的；极好的日本书法，能将日本画家为什么只用推笔而不用拖笔的所以然，很明白的解释出来。不过为什么日本女子只将针眼套线头，而不将线头穿针眼呢？或者在数百件相反的动作者中，这件最特别的事情，是受了日本剑术的影响。剑士用两手攻击敌人的时候，不是将剑刃抽向自己来，而是挫向前面去的。他用它的用意，和别的亚洲人一样，的确不是劈，而是锉；不过有了推的动作，我们也就可以看到抽的动作以为攻击。……这些和另外许多陌生的动作，不能不使人想，他们在体力上，和我们没有什么大关系，他们简直是另外一个行星上的人类——想他们在解剖学上和我们有些不同。然而这些不同之处，并不怎样看得出；为什么会有这些相反之处，大概不是为了他们的经验完全和我们的无关，却是他们的经验，在进化方面，要比我们的幼稚些。

可是他们的经验并不是可以小看的。它的扩大非但能惊人，而且还能悦人。工艺上的仔细琢磨，意想的轻灵美妙，用最少物质，而得到最好结果的能力，用最简工具而达到机械目的的成就，以错综为美的理会，不论何物的美式佳趣，调铅敷粉，颜色和谐的感觉——所有这种种事情必能立刻使你相信，我们西方还有许多东西，不但在美术的和趣味的这些事上，并且在经济的和利用的这些事上，必须要向这个古文明学习一下。你看到了那些可惊的磁器，那些可羡的刺绣，那些漆器和象牙器和铜器的奇妙，使你在陌生的道途上发生想象的，决不是野蛮的幻想。决不是：这些都是一种文明的产物，这文明，在它自己的限度中，已达到非常精美的地步，只有一个美术家才能判断它的制作——这文明，谁要说它是不完善的，谁只好将三千年前的希腊文明也当作不完善。

不过这世界里面的奇异——心理学上的奇异——比了看得见的和表面上的，还要十分可惊呢。等你知道没有一个西方的成人能够完全学会日本话之后，你就可以猜疑到种种奇异之事了。东方与西方，人类天性的根本部分——人类天性情感上的根据——是很相同的：日本孩子和欧洲孩子，在心智上的差别大都潜伏着看不出来。可是在他们长大时，差别也随着快快的发展着，扩张着，等到他们成了人，那差别就数说不尽了。日本人心智组织的全部开放，和西方人心理的发展完全不同：思想的表现是有规则的，而情绪的表现则流入了迷幻莫测的道途上。这些人民的观念并不是我们的观念；他们的情感也不是我们的情感；他们的伦理生活，在我们看来，只是还没有思索过或早已忘却了的。思想和情绪所结合成的宗教。将他们平常的辞句中不论那一句翻成西方言语，就毫无意义；而将最简单的英文句法用入了日本文字中，则没有读过欧洲文字的人，便难于懂得。即使你能将一部日本字典中的字都学会，你仍旧一些也不能懂得他们的说话，除非你也已经学会和日本人一般的思想方法——那就是说，向后想，倒过来想，翻过来想，向亚利安（Aryan）人种习惯完全不同的方向上想。学会欧洲言语的经验，所能帮助你学会日本言语的地方，正如它能帮助你学会火星居民的言语一样。谁要想像一个日本人那样的应用日本话，就除非重新投胎过，除非彻头彻尾，将他的心思完全改造过。只有这样是可能的，就是要一个父母是欧洲人，自己出生在日本，从小就学会日本话的人，长大来才会保留牢，那种使他的心智关系，得以和任何日本环境的关系互相适合的天然知识。确实有一个名叫勃拉克（Black）的英国人，是出生在日本的；他便能精通两方面的语言，他以说故事为业，赚得了许多钱。不过这是例外的事情。……至于文学的文字，要想能够精通，那末并不是认识几个中国字便可算数的。我们很可以说，不论那一个西方人，总不能将他面前的文学书翻译出来——当然本地的学者能作这样的工作的，也是为数甚少——虽然有若干欧洲人，在这种翻译事业上可以值得我们的崇敬，可是他们的工作，如果没有日本人的帮助，是决不能出以问世的。

正像日本表面上的奇异已证明是充满美丽的一样，它里面的奇异却也自有它的魔力——是在民众普通生活中反映出的伦理的魔力。那种生活的动人之处，照一个平常人看来，因并不包含什么心理学上的变化，需要几千年的时间来观察：只要有洛威尔君那样科学的心思，便立刻可以理会到这问题的究竟。天资稍差的外国人，而有自然的同情心的，只会觉得高兴与惶惑，对于那些动心的社会状况，就要想用他自己，在世界另一面的快乐生活的经验，来加以解释。我们可以设想他，居然有幸运，可以在内地旧式的镇市中，住上六七个月或者一年。从他的旅居开始，他一定便能感觉到他四周的和爱与喜乐。在他们众人的往来间，和他们众人与他自己的往来间，他将要找得不断的安适，熟习和善性，这些情形，除了此地以外，除非是在特别范围的友谊中，才会遇得到。每一个人都用快乐的面孔和高兴的言语，向每一个人问候着；面上时常带着微笑；每天最平凡的生活，为了这样的客气，立刻就变得诚朴而纯洁；觉得这竟是直接从心底里流露出来，而不是任何教训所能造成的。在任何状态之下，表面上的高兴总不会停止：不管发生了什么困难——暴风或火灾，大水或地震——笑容和问候声，柔和的询问和使人快乐的志愿，都不断的在使事实美丽起来。在这样的光明中，宗教也不会带什么暗影来：他们在诸佛和诸神之前祈祷时，总是微笑着；庙中的空地，便是儿童的游戏场；公众的大庙宇——是宴乐之场而非庄严之地——里面，设立着跳舞的平台。家庭方面，似乎不论那一处都带着温柔；决没有看得见的吵闹，决没有大声的粗暴，决没有眼泪与责骂。残暴之事，即使是对于畜类，也是不会有的：上街去的农人，时常傍着他们的牛或马走着，为他们这些不开口的伴侣分任重担，既不用鞭策，也不用刺击。推车或挽车的人，遇到了一条懒狗或者一头笨鸡，即使是在最困难的地位，也总是绕道避开，而不直撞上去。……你可以在这样的事情中，住得很久，决不会有什么事情使你的经验发生不快。

我所说的这些情形，当然现在正在消灭着；不过在最冷僻的地方，却还可以找得出来。我曾经住过几处地方，在那里几百年来从没有发生过窃案——在那里明治时代所新建的牢狱，一直空着无用处——在那里百姓将他们的大门，夜间和日间一般的开着。这些事实，每一个日本人都是很习惯的。在这样一个地方，你也许要说他们对你这位外国人的客气，不过是官厅命令的结果；但是他们自己相互的和好，你将何以解释呢？当你觉得他们没有暴厉，没有粗卤，没有奸诈，没有犯法，而知道他们这种社会状况数百年来如一日的时候，你就免不掉要相信，你已经进入一个在道德上较高的人类住着的领土了。所有这些彬彬有礼，坦白诚实，言动和爱可亲，你当然会明白，乃是由完全的善心所指使出来的行为。至于使你满意的简朴，也决不是野蛮的简朴。在这里，每一个人都受过教育的；每一个人都知道怎样写得好，说得好，怎样作诗，怎样为人客气；不论何处都是干净而趣味盎然，室内也都是光明而纯洁；每天热浴的习惯，更是普遍。每一种往来都有博爱心统治着，每一种动作都有本分指使着，每一种事物都有艺术调度着，在这样的一个文明中，你如何会不着迷呢？你不能不被这些情形所鼓舞而高兴，或者也不能不当你听见他们被人斥为“异教徒”时，而勃然大怒起来。按着你自己里面博爱心的程度，这些良善的子民，就能毫不费力的使你快乐。对于这个环境所有的感觉，就只是恬静的幸福：这很像一个梦的感觉，在这个梦里，他们给我们的问候，恰正是我们所喜欢的问候，和我们说的话，恰正是我们所喜欢听的话，为我们作的事，恰正是我们所喜欢的事——他们在完全安适的空间中，静默的移动着，在蒸汽一般的光明中沐浴着。是的——这些神仙中人所能给你如睡眠一般的温柔福气，决不是小小的时间。不论何时，只要你和他们相处得长久些，你的知足心就会和那梦境的幸福，融洽无间。你将永不忘却这个梦——永不；可它到后来将要升起来，好像春天的烟雾，在灿烂的上午，笼成了非常可爱的日本景色。你一定是快乐的，因为你已完全进入了仙境——进入了一个不是，而且永不能是你自己的世界。你已经脱离了你自己的世纪——经过了无穷的已经没有的时间——进入了一个已为人所忘却的时代，进入了一个已经消灭的年光——回到了和伊及或尼尼微（Nineveh）差不多邃古的国家。那就是事物上美丽与奇异的秘密——给人震惊的秘密——他们和他们的事物，所有小巧玲珑，富有魔力的秘密。幸运的凡夫！时间的潮流已为你倒流过来了！不过你要记得，凡此种种，都是妖术——你已经落在死人的迷幻中——所有的光明和颜色和声音，最后都将褪谢到空洞和寂寞之中去。

至少，我们中总有若干人，时常要想在希腊文化的美丽世界中，住上几个月。这种心愿，只为了和希腊艺术与思想的动人之处，初有了接触，在能够想象这古文明的真情况之前，便果然的来了。不过倘然这个心愿是能够实现的，我们却又要觉得我们自己和那些情况不适合了——并不是全为了和环境熟习的困难，乃是为了要和这三千年以前的人民有一样的感觉，那就格外的为难。虽然自从文艺复兴以来，已有了不少的希腊研究，我们还是不能了解希腊古生活的许多事情；例如厄狄帕斯（Edipus）的大悲剧中，所有的情感和情绪，现代人的心思是不能确实的感觉得到的。现在我们对于希腊文明的知识，的确要比我们十八世纪的祖宗进步得多。在法国革命的时代，曾有人想，在法国恢复希腊共和国的种种事情，并且照着斯巴达制度来教育儿童，都是可能的。现在我们都已知道了，在罗马人征服之前，古代许多城市中，都有专制政体统治着，由现代文明发展出来的人心，到底是不能在它们里面找得到什么幸福的。倘然古代希腊生活果然能复活的，我们也决不能和它相处——也决不能成为它的一部分——除非我们能够改变了我们心理的同意性。不过为了那看得见它而发生的愉快——或者为了那在哥林多（Corinth）参观一个祭礼，或参观全希腊人游戏运动，而发生的喜乐，我们还有多少不赞成呢？……

可是，能够看见希腊已死文明的复兴——能够在毕达哥拉斯（Pythagoras）的克洛托那（Crotona）城里闲步一会——能够在提奥克立塔（Theocritus）的叙拉古（Syracuse）地方漫游几时——比了能够确实研究日本生活的机会，并不可以算为什么特权。的确的，从进化的观点看来，这不能算是一个特权——因为日本现在所给予我们的种种活景，比了那艺术和文学为我们所熟习的任何希腊时代，都要古远些，在心理学上也格外要和我们不同些。

一个没有我们那样发展，而在理智上和我们绝对不同的文明，在不论何种情形中，我们总不能就当它是卑劣的，读者大概总能懂得这个道理，而不用特别提起罢。达到顶点的希腊文明，是代表着一种早期的社会进化的；可是从它里面发展出来的艺术，仍旧在将至高无上的美的理想，供给我们。所以现在这个更古老的日本老文明，也是保守着一种美的与道德的文化总数，值得我们的惊奇与称美。只有浅薄的心思——极浅薄的心思——才会将这种文化的最佳处，当作卑劣的。须知日本文明是很特别的，或者竟不是西方所能望其项背的，因为它在它那简单的本土基础之上，铺上了许多层外国文化的景色，造成了一种极尽错综变化的奇象。这种外国文化中，大部分是中国的，对于这些研究的真相，只有间接的关系。特殊而又可惊的事实，乃是它虽然有这许多涂抹在它的上面，而民族的和他们社会的原来性格，却仍旧是能令人认得出来的。日本的奇妙，并不在乎伊所穿着的许多借贷衣服中——正像古代的公主，要穿上十二件颜色和性质都是不同的衣服，一件一件的套着，在颈项间，衣袖边，裙边，将五光十色的衣缘显示出来——不错的，真正的奇妙，乃是穿衣服者。因为衣服的趣味，在形式和颜色的美丽中，比了在可以作为观念的用意中，要少得许多——可以作为观念的用意，是代表着爱憎的心思的。至于日本古文明的最高趣味，则藏在它所表现的民族性格中——那性格，经过了明治时代的种种变更，还是依然无恙着。

“提示”这个动词，或者要比“表现”好些，因为这种民族性格是只可以预先知道，而不可以加以承认的。我们对于它的理会，也许得了种族由来的一定知识，可以有一些帮助； 可是这样的知识，我们现在还是得不到。人种学家都说，日本民族是由许多民族的混合而形成的，而主要的分子便是蒙古利亚种； 可是这种主要分子的式样，却又有极不相同的两种——一种是瘦长而带些女性的； 另一种则是肥短而强有力的。有人知道，中国分子和高丽分子，在若干区域中，也是有的； 一大部分虾夷血统的混入，也是免不了的事实。

究竟有没有马来（Malay）或波利尼西亚（Polynesia）的分子在里面，现在也还不能确定。因此我们现在可以放胆确定的，乃是——这个民族，也和其他良好民族一样，是一个混合的民族； 原来联合拢来组成它的各民族，已经搀和在一起，在长久的社会教训之下，发展成一个性格一致的式样了。这个性格，虽然在它若干的状态中，可以立刻的认识出来，却给了我们许多极其难以解释的哑谜。

可是，要格外的了解它，已经成为一件要事了。日本已经进入了竞争的奋斗中；任何民族在那斗争中的价值，有赖于性格，正和有赖于武力一般。我们可以知道若干日本性格，倘使我们能够确定了那造成它的种种情形的性质——民族道德经验的一般重大事实。我们应该在国民许多信仰的历史中，和由宗教而来，为宗教所发展，许多社会创制的历史中，找得这些事实的表现或提示。

第七章 忠义的宗教

引　言

“争战的各社会，”《社会学要旨》（*Principles of Sociology*）的著者［斯宾塞（Herbert Spencer，1820—1903）］说，“必须要有一种爱国心，将他们社会的得胜，当作最高行为的结果；他们必须要有忠义，由那里流出向上的服从来——而且他们要服从，他们必须要有丰富的信仰。”日本民族的历史，将这些真理扩张得非常的有力。从来没有别的民族，他们的忠义会有那样更含刺激，更为非常的形式的；从来没有别的民族，他们的服从会有那格外丰富的信仰来鼓舞着的——那是发源于祖先敬拜的信仰。

读者可以明白，孝心——家庭中服从的宗教——在社会的进化中，扩张得何等大，究竟则分成了两枝，一枝成了社会所需要的政治服从，一种则成了军阀所逼成的军事服从——服从的意义，不单是依顺，更是热烈的依顺，不单是强迫的感觉，更是本分的热情。这种本分的服从，它的来源大概是属于宗教的；就像在忠义中所表现出来的，它保持着宗教的性格——成功了一种自己牺牲的宗教时常的显明。在一个好战的民族中，忠义早就有了；因此我们可以在日本的早期史记中，找得若干动人的例证。我们可以找得若干可怖的例证——自己牺牲的故事。

侍臣对于天潢贵胄的主人，每一样东西都不能作为他自己的——事实上理论上都是如此：货物，家当，自由，和生命。他所有的一样或全部，只要是必要的，为了他的主人，他就可以不发一声的尽量贡献出来。而这种对于主人的本分，正像对于祖先的本分一样，不以死亡而停止。既然父母的灵魂，必须要由活着的子女供给祭享，所以主人的灵魂，也必须由那些应该直接服从他的人，终身敬拜奉祀着。主人的灵魂而且不能在黄泉之下没有侍从：伏侍他的诸人中，至少总有几个人，必须要随着他同死。因此在早期的社会中，就发生了殉葬的风俗——起先是强逼的，后来便成为自愿的。在日本，曾在前一章中说过，大出丧的事情现在还盛行一时，有许多烘干的泥像（埴轮）替代了应有的殉葬活人。强逼的殉死取消之后，自愿的殉死继续到了十六世纪，成了军界的习尚，这些情形，我已经提起过了。那时如有一个侯王死了，十五个或二十个的侍臣，自愿切腹以殉，那是很普通的。家康决意将这种自杀的风俗取消，在他著名的遗嘱第七十六条中，有这样的话：

“虽然殉葬之事，自古已然，然而绝无理由，人所共知。孔子诽及作俑之人，尤为明显。此类事实，均须严禁，无论直接之侍臣，侍臣之侍臣，以及最低级诸侍臣，一应在内。违者即非忠信之士。财产入官，子孙听其贫乏，以为犯法者戒。”

家康的命令，果然将殉死之风，在他自己的陪臣中取消了；可是在他死后，此风依然继续着，复兴着。一六六四年，幕府将军发布了一个法令，凡是殉死的人的家属，必须严办；幕府对于此事，非常热心。那时有一个右卫门兵卫，自己切腹，殉了他主人奥平忠政的死，违背了法令，政府立刻就没收了那自杀者全家的土地，将他的两个儿子处了死刑，又将全家其余诸人都发往边远充了军。虽然殉死的事情，就在明治时代还是有得发见，而德川政府的坚决态度，的确得了很好的成绩，因此后来即使是最热烈的忠义之心，大概也只好在宗教上作他的牺牲。侍臣当他的主人死时，不切腹而只削发为僧了。

殉死的风俗，只能够代表日本忠义的一方面；此外还有若干同等显著的风俗——例如军人自杀的风俗，不是殉死，乃是历来武士训练所传下来的自惩方法。对于这种自惩的切腹，为了显然的理由，还没有什么禁止的法令制定出来。这种自毁的方法，早期的日本人似乎是不知道的；它也许和别的军人风俗一同是由中国传进来的。古日本人的自杀，照《日本记》中所有的证明，大概只有缢死。以切腹为风俗，为特权的，只有军界最通行。从前的败军之将，或者破城的守将，为了免得落入敌人的手里去，就往往这样的结果自己——是一个直传到现在的风俗。大约在十五世纪之末，允许一个武士切腹自尽，免得他受着正法的羞辱，这样的军界习俗，早已是风行一时了。后来一个武士的受命自杀，竟成了他公认的本分。所有的武士，都服从这个教训式的法律的，甚至各省区的长官也如此；在武士的家庭中，男女儿童，都受过教训，知道不论何时，为了自己的尊严，或者家主的志愿，有所要求，应该怎样的自杀。……妇女，我也应该注意到，伊们则不切腹而抹颈——那就是说，将刀子刺入喉间，轻轻的一拨，割断了大动脉。关于切腹仪节的种种情形，看了密福（Mitford）译自日本书籍的记载，大家都已知道，所以我也不必再多说什么了。应该记得的要点，乃是尊严和忠义要求那武士的男妇，准备在任何时间，以兵刃自毁，至于战士，任何不信任（自动的或非自动的），任何困难使命的失败，一件愚笨的错误，和甚至是主人一些不快意的眼色，都是切腹的充分理由。在最高等的侍臣中，因为主人失德，无法使之向善，以切腹来死谏，也是一种本分——有好几出剧本的事实，就是以这种英雄的风俗来作为题材的。至于武士阶级中已结婚的妇女——直接向伊们丈夫，而不向主人负责——抹颈的事，时常当作战时保持尊严的手段，虽然有些时候，为了丈夫的猝死，也作为向丈夫的灵魂表示忠义的一种牺牲。（日本道德家益轩写着说："妇女是没有封建之主的；伊必须尊敬服从伊的丈夫。"）至于未结婚的少女，为别种理由而死的，也不是少见的——武士的少女，时常算作全家荣辱有关的重要分子，因此有什么阴谋诡计，很容易弄得一个少女自杀，或者为了对于女主人的忠义所激发，也会有舍弃性命之事。因为武士的少女，在服务上必须忠于伊的女主人，正和战士对于他的男主人一样；日本封建时代的女英雄，为数甚多。

在古代，定了死罪的官太太，可以自杀，早就相习成风了；古代的史记中，充满着许多的例证。不过这种风俗，或者一半也是为了古代法律和现在两样的原故，那时一个人犯了罪，全家都要受罚的，不管事实的究竟如何。然而一个丈夫已死的妻子，不因为失望，而因为希望随着伊的丈夫往另一世界去，在那里和生前一般的侍奉他，因之而自杀的，的确也是极其普通的事情。女子自杀，代表着古时对于已死的丈夫的旧观念的，在最近代也还有得发生。这些自杀平常总是照着封建时代的规例而实行的——妇人死时，身上都穿了白衣服。最近和中国战争的时候，在东京就发生了这样一件无名的自杀；死者是战死的浅田中尉的妻子。伊那时不过二十一岁。伊一听见伊丈夫的死信，伊便立刻准备伊自己的死路——写信和伊的亲族辞别，整理伊的一切事务；仔细的收拾清楚了伊的家室，都照着古时的规例。然后伊穿上了伊的死服；在客室中，壁龛的对面，铺下了席；将伊丈夫的画像放入了壁龛，在它的面上摆好了祭物。等到各样事情都已安排好了，伊就坐在画像之前，取起了短剑，轻轻的很熟练的一刺，就将伊喉间的大动脉分了开来。

武士妇女自杀的本分，除了保持尊严以外，还可以当作道德的诤议。我已经说过，在最高等的侍臣中，往往因为主人有了过失，苦谏不从，不惜切腹而死以为尸谏，也是一种道德的本分。在武士的妇女中——以封建的意义说来，伊们是认伊们的丈夫为伊们的主人的——丈夫有了不端的行为，妻子苦劝不听，也就只好以抹颈为道德的诤议。按着妻道，逼得只好走上这条道儿的理想，到现在还仍旧存在着：这样好好的生命，为了要改正错误的道德，就此弃之如鸿毛的事实，要引证起来，在眼前便不止一件。或者最动人的一件例证，就要算一八九二年长野地方选举县长时那一会事了。有一个名叫石岛的富选举人，起先曾对人家说，他将帮助某候补者得到被选的地位，不久却就改变了宗旨，反去帮助了那个竞争的候补者。他的妻子一听见了这个消息，就穿上了白衣服，按着古时武士的仪节，自己抹颈而死。这位勇敢妇人的坟墓，现在还为本县人民用鲜花装饰着；在伊的墓前焚着馨香。

奉了命令自杀——任何忠义的武士所不敢梦想发生怀疑的本分——在我们看来，比了别种也是完全听从的本分，觉得要少困难些：所谓别种本分，便是为主人之故，而发生的儿童、妻子，以及全家的牺牲。有许多日本著名的悲剧都是讲的这样牺牲之事，为侯王的侍臣或倚赖者所造成的——男子者或妇女，将他们的子女，来替代他们主人的子女的死。（极好的例证，可以参看东京长谷川出版，上有精妙画图的剧本《寺子屋》的译文。）我们不能说，在这些剧本中的事实，未免言过其实，其中大都是以封建史为根据的。当然所有的情节都已重新安排过，扩大过以便适合剧场之用；可是用这种方法将古社会的一般影像反映出来的，大概比了真正的事实却还要近情些呢。人民还是爱着这些悲剧；外国的戏剧批评家，往往所注意的，只是那些流血之事，以为大众别有喜欢看着流血的嗜好的——作了民族天性残忍的见证。我想起来却不然，我则以为对于旧式悲剧的爱好，恰正是外国批评家常常不明白的证据——那是极深刻的民族的宗教性格。这些剧本继续着给人以愉快——不是为了它们的凶暴可怖，只是为了它们道德的教训，为了他们将牺牲和勇敢，忠义的宗教，有所表扬之故。它们代表着封建社会的种种杀身成仁，作为它最高尚的理想。

由那个社会一直下来，在种种不同的形式中，同样的忠义精神，都已有了它的显明。就像武士对于他的爵主一样，学徒对于师父，伙计对于老板，也都是那样的。不论何处都是诚实可靠，因为不论何处，在主仆之间，都有那样互守本分的情感存在着。每种实业和职业，都有它自己的忠义的宗教——在这一方面，当必要之时，要求着绝对的服从与牺牲；在那一方面，要求着和爱与援助。死人的统治竟是弥漫了一切。

报杀父母或主人之仇的责任，和为父母或主人而死的本分，一样的早就有了。甚至在稳定的社会开始以前，这种本分就已存在了。

日本最古的历史中，有好些地方，记载这样复仇的故事。孔子的伦理，将这种责任还要格外确定些——主张杀父兄杀主人的仇人，“不共戴天”；又规定了亲族的等级，在这些亲族之内，复仇的本分是非常重大的。我们应该记得，孔子的伦理，在早时期就是日本统治阶级的伦理，所以一直流传到现在，就像我在别处已经提起过的，孔子的全部伦理，都是建筑在祖先崇拜之上的，正好代表了孝心的扩大与成功：因此这就和日本人的道德经验完全谐合了。既然日本的军人势力，渐渐发达了，所以复仇惯例，就普及了各处；它在后来更受到了法律和风俗的保护。家康自己也赞成这个——不过说，在要想复仇之前，应该呈文给地方刑事法庭，说明自己的意志。他对于这事的言论是有趣的：

“君父之仇，不共戴天，圣贤（孔子）亦以为非报不可。有此欲报之仇者，应先呈文刑事法庭；虽然于所许之一定时期内，可以报仇而无阻，但不能以扰乱治安之手段行之。未经呈文擅自报仇者，乃系欺诈之豺狼［或称“伪善之豺狼”——那就是说凶暴谋杀之徒，借口复仇，以冀免罪。（由日译英者洛特尔 Lowder）］，或惩或宥，视其举动之情形，以为定夺。”

亲属等于父母；师长等于主人，有仇都必为之报复。妇女复仇的著名小说和戏剧，为数很是不少；因为有时那被害的宗族，竟已没有一个男子，可以尽此责任，事实上就只可以由妇女或儿童为复仇者了。学徒为师父复仇；甚至拜把子的弟兄，也必须互为复仇。

为什么复仇的本分，并不限制在自然的亲属方面，看了那特殊的社会组织，当然就可以明白了。我们已经知道，家长制度的家庭，就是一个宗教的团体；家庭的结合，不是自然情感的结合，乃是拜神仪式的结合。我们也已经知道，家庭对于社团的关系，社团对于部落的关系，部落对于民族的关系，都一样是个宗教的关系。最初复仇的风俗，为家庭的，社团的，或民族的拜神仪式那样的结合所约束，正和为血统那样的结合所约束一样，乃是一个必然的结果；此外则中国的伦理传进来了，军界的情形发展了，复仇为本分的观念就达到了更为广博的范围。承继的子弟，在责任上是和血统的子弟一样的；师长对于学生的关系，就是父亲对于儿子。殴辱自己的父母，须处死刑：殴辱师长，在法律之前，也是一样的罪名。这种对于师长也须孝敬的道理，是中国传来的：孝心的本分，扩大到了"心思之父"的身上。此处还有别种这样的扩大；探其源流，中国的或日本的，都一般的可以追溯到祖先崇拜去。

现在，在任何讲说日本古风俗的书中，所没有好好的提到过的，乃是活祭这事上原来的宗教意义。古社会中，以复仇的风俗作为宗教的起源的，当然是人所共知的；不过日本的复仇，内中有宗教性，一直到现在还是这样的事实，却是很有趣味的。活祭大部分是一种赎罪的举动，看了它所举行的仪式便可知道——就是将仇人的首级，放在要报仇的人的墓前，当作赎罪的祭物。这种仪式中，从前举行时，最动人的特点，便是向那要报仇的人的灵前，所作的一番祝告。有时这祝告不过用口说有时也要用笔写，就将这所写的祭文放在墓上。

读我书的人，或者没有一个不知道密特福的杰作《古日本的故事》（*Tales of Old Japan*）和他的译作《四十七个浪人》的——不过我不知道，你们有否注意到洗濯吉良上野介殿的首级的意义，或者注意到那些勇士伺候好久，方得复仇，而向他们已死的主人，作一会祝告的意义。这篇祭文是放在浅野爵主的墓上的，密特福（Mitford）也曾译过。现在还在泉岳寺（Sengakuji）庙宇里保存着：

“元禄十五年壬午（一七三〇年）十二月十五日，臣大石内藏助以迄寺坂吉右卫门等四十七人，冒死奉告于吾故君之灵曰：呜呼，去年三月十四日，吾故君攻伐吉良上野介殿一役，臣等草昧，未悉究竟。不意吾故君无幸，竟以遭害，奸人上野介殿，乃稽显戮。虽政府文告，不许复仇，臣等此举，或非吾故君所愿，然而食君之禄，尽君之事，君父之仇，不共戴天，不共履地，他日泉下相逢，神天随侍，未报君仇，将何以自堪！用是此心乃快，夙夜侦伺，耿耿一日，无殊三秋。冒风雪，绝饮食，老衰疾痛，踵趾相接，濒死者数。螳臂当辕，弥为人笑，然此仇未复，此志未敢懈。昨夜集合，幸告成功，兹将上野介殿，押送吾故君之墓前。匕首一柄，去年曾亲手泽，付与臣等保藏，今以奉献。惟吾故君之灵，大昭显赫，锋刃再亲，割彼奸人之首，义愤永息；尚飨。臣等四十七人谨启。”

这时间浅野爵主的祝告，就好像他在那里被人看得见的一般。仇人的首级，正是按着向活着的君主献馘的老例，仔细的洗濯过。在那坟墓之前，放着那柄匕首，这本来是浅野听命于政府，而自为切腹之用的，然后由大石内藏助动手，仍用它将吉良上野介殿的首级割了下来——这就算浅野爵主的灵魂，正是用那兵刃割下那个首级了，冥冥中的鬼怒气，也就算发泄完了。他们这四十七个侍臣，本来早已奉判切腹自尽的，现在才各各自杀，追寻故主于地下，埋在他们故主的案前。在他们的墓前，二百年来，有那些尊敬他们的游客，时时来将馨香凭吊着。（游客们将名片放在这“四十七个浪人”的墓上，好久以来，已经相习成风了。我最近到泉岳寺去游览的时候，坟墓四周的地上，一片雪白，遍是凭吊的名片。）

人必须要住过日本，能够感觉到日本古生活的真正精神，才能理会得这个故事中全部的忠义；但是我想谁将密特福君对于这事的叙述，和相关诸文件的翻译，加以仔细阅读了，就一定会受感动。那篇祝告，尤为动人心魄——为了它所显出的热情和诚信，和对于另一世界尽本分的感情。不论我们现代的伦理，怎样的看不起复仇，可是许多复仇的日本故事，却自有它们高贵之处；它们的感动我们并不是为了什么卑鄙的复仇的表现——乃是为了它们的感恩，自制，不怕死的勇敢，对于看不见世界的信仰，所显出来的揭示。这事的意义，当然就是我们无论自知或不自知，都为它们的宗教性所感动了。不过个人复仇——为个人损伤的延期报复——那是不合我们道德的感情的：我们已经熟习的知道，引起这种复仇的情绪只不过是残暴的情绪——是和畜生差不多的人所做的事情。可是为了本分所在或者对于已死的主人尽忠，所以不得不复仇，在这样的故事中，那就可以得到我们在道德上较高的同情——使我们感觉到不自私，忠心耿耿，鞠躬尽瘁，所发生出来的力量和美丽来。《四十七个浪人》的故事，就是这类故事中的一分子。……

不过我们还须记得，古来日本的忠义宗教，在殉死、切腹、活祭这三种可怕的风俗中得到了最高的表彰，而它的范围却是狭窄的。它有社会的习惯法限制着。虽然全国中这样的事不胜枚举，不论何处都可以找出性质相同的本分观念来，而那种本分的范围，以各个人而论，是决不会越出他所属的团体以外去的。侍臣不论何时都可以为他的主人去死；可是他若不是属于幕府将军的军旅中的，他就觉得他不必为了那幕府政府有所牺牲了。他的故乡，他的祖国，他的世界，都在他主人的领土之内。在那领土之外，他不过是一个流落者——一个浪人，意思便是无主人的武士。在这些情形之下，向国族发生爱心的较大的忠义——不照古代狭义而照近代广义而说的爱国心——就不会充分的发展了。什么共同的祸患，什么全民族的危险——依各韃靼人的来侵——也许暂时可以激发真正爱国的情感；但是在另一方面，那种情感是不会进步的。伊势的礼拜的确和部落的或宗族的礼拜不同，可以算得国族的宗教；但是每一个人却都受过教的，都须相信，他第一个本分乃是对于他的主人。一个人不能周到的侍奉两个主人：封建制度将别方面的趋向都取消了。主人完全占有着侍臣的身体与灵魂，在对于主人的本分以外，对于国族的任何本分观念，于侍臣的心目中是没有一些影踪的。例如一个平常的武士，就不会将皇命当作法律：他只知道于他的侯王的法律以外，便没有什么别的法律。至于大名呢他就可以按照情形依从或不依从皇命了：他直接的高级长官乃是幕府将军；他不能不为他自己，在天皇为神，和天皇为人这两项事情上，作一个政治的分别。在军力得到最后集中之前，为皇帝而舍命的诸侯，固然不少；但是公然反叛皇帝的侯王，为数尤其多。在德川柄政的时代，依从或违抗皇命的问题，完全要看幕府将军的态度；从来没有一个侯王，会冒险依从西京的朝廷，而不依从江户的朝廷的。在幕府制度取消之前，从来没有过。当家光的时代，大名们到江户来时，是绝对不许走近皇宫的——甚至是应皇命的宣召也不能；他们也不许向御门（天皇）有所直接的请求。幕府的政策，乃是要防止西京和大名间的种种直接往来。这种政策，二百年来，遏灭了不轨的奸谋；不过它却也阻挡了爱国心的发展。

就是为了那个原故，当日本意外的遇到了西方侵略的时候，侯王制度的取消，就觉得是最重大的事情。那绝大的危险，使社会的种种结合不能不熔合成一个坚体，以作一致的行动——部落或宗族的团体，就须永远的解散——所有的主权，应该立刻集中于民族宗教的代表者——服从天皇的本分，从此以后，就须替代了服从各地诸侯的封建本分。忠义的宗教，是千年来因着战争而发展出来的，并不就此丢弃了：正当的利用着，简直就是价值无量的国族遗物——倘使有聪明的意志向聪明的目的指导着，就是能成种种奇迹的道德力量。它不能因改造而受破坏；它只能受转换与变更。因此转换到了更高贵的目的上——扩充到了更大的需要上——它就成了信托和尽本分的全国新情感；现代的爱国心。在三十年中，它究竟作成了多少奇事，现在的世人，不能不加以承认：它将来能够作成多少，将来自然可以知道。至少有一件事是可以确定的——就是日本的将来，必须倚赖着这好久以来，由古人遗传下来的忠义的新宗教，有所维系而不丧失。

第八章 关于永久的女性的

引 言

下列的引文，是从给张伯伦教授的信中集起来的，说明了写这篇文章时内心的历史——至少是在它的第一期。

“……现在有一些只有你我可知的事情。我现在不管自己的怀疑，要想写一篇关于‘永久的女性’（L’éternel féminin）的哲学的文章——在西方而为东方所说明的。‘那繁华的东方！’（Ex Oriente Lux）这个观念鼓起了我从事尝试的勇气；因此我对于这个观念非常的审慎——好似一个有所发见的人。我默想的时候，觉得两半球艺术的特性，有几种只可以用那两性观念的有无来解释。非但日本人对于我们那些由那个观念所创造出来的文学，艺术等类，必定是一无所知，我们自己也必定为了我们自己的艺术——或审美学的发展——需要着另一面的性格，而在审美学上受苦。倘使可能的话，我当在八月之前写成这篇文章。”

——1893 年 6 月 19 日

“在我，一切又是死沉沉的空无所有了。为了缺少确定性，我竟瘫痪起来了。我写《永久的女性》草稿大约有一百纸的时候，我忽然觉得我被一些非常严重的怀疑所阻挡了。今天我又读了你的‘古典诗’；我在那些诗里，找到了许多美丽的思想，我怕我说日本传奇中没有恋爱分子的一句话（除了对跳舞艺妓的恋爱之外），竟是不对的。但是倘使我竟是不对的，那末为什么日本人要恨我们的英文社会小说，以为不堪呢？为什么他们对于我们接吻和拥抱的狂热，要极端的厌恶呢？你看我的主张竟要成为一个光荣的主张了。我已经想出来了，我们看自然只是男性或女性（大概是女性）的，而日本人却看自然是中性的，那就是我们所完全办不到的事情。这样的影响，遍及了艺术和思想。但是我不能将我的观念写得如我所希望的一半快。同时和必须顾到一些别的事情。”

——1895 年 6 月 25 日

“我又在试写我那‘永久的女性’在西方审美学思想上的影响的理论了；但是我不想现在就写好。我将等候着一个快乐的反动，格外的来发展那些观念。”

——1893 年 7 月 16 日

为了人类的隐喻，我们探索着诸天，就在所有的太空中，找得了我们的寓意：

我们用那息萨斯（Narcissus）的眼光注视看自然，不论何处，都为我们的影子所迷眩了。

——瓦特孙（Watson）

一

任何有理智的住在日本的外国人，不久就要觉得的，便是日本人愈加学习了我们的美学和我们的情绪性格，他们似乎就愈加不会受到什么印象。欧洲人或美洲人，要想和他们谈谈西方的美术，或者文学，或者形而上学，就要觉得不能得到他们的同情。他将被人客气的倾听着；可是他的滔滔雄辩，也只能引起他们一些惊奇的谈论，和他所希望，所期待的，完全不对。像这样的失望，经过了许多次，他对于他的东方听众，就不得不用他对于同样态度的西方听众，加以判断的话来判断他们。他们既然对于我们看作艺术和思想的最高表现，而只一味的唯唯否否，我们自己的西方经验，就使我们证明了他们心智的无能力。因此我们可以找到有一种外国人，称呼日本人为儿童的民族；同时另有一种人，连住在日本已经多年的大多数人在内，便判断他们为完全物质主义的民族，不管它的宗教，它的文学，和它那无比的美术，有什么证据。我不能不说，这些判断，正和哥德斯密（Goldsmith）对约翰生（Johnson）讲到文学会（Literary Club）的一样靠不住：“在我们中间，没有什么新事情了；我们彼此的心思，都已熟透了。”一个有教化的日本人将要用约翰生著名的反辩来回答说：“先生，你还没有熟悉我的心思呢，我想你！”所有这些评论，照我看来，似乎都没有认识清楚日本的思想和情绪，是发源于他们祖先的习惯、风俗、伦理、信仰，在若干事情上，在不论何种极其不同的事情上，正和我们所有的情形相反的。现代的科学教育，在这些心理学的材料上有所活动，不过是叫种族的差别愈加显著罢了。只有一半的教育，能诱引日本人来仿效西方的方法。他们真正的心智力和道德力，他们最高的理智，都很坚决的反抗着西方势力；看了那些比我观察还要清楚的人，谈论这些事情的话，使我可以确定的说，那些曾在欧洲旅行过，或受过教育的日本人，是应该作为高等的人类，而加以特别注意的。的确，新文化的结果，在那被莱因（Rein）轻易当作儿童民族的民族里，比了任何别的，更能显出极强固的保守能力来。日本人对于西方观念的某一类，所以有这种态度的种种原因，虽然很难使人完全了解，而在我们却就不能不将我们对于那些观念的估价，重加考虑，便不能说东方人的心智是没有能力的。现在，讲到那许多成为问题的种种原因，其中有些只能空空洞洞的加以设想着。不过其中至少有一个——极其重要的一个——我们可以充分的研究着，因为不论是谁，在远东住上几年，就不能不承认这原因的存在。

二

“先生，请你告诉我们，为什么在英文小说中，讲到恋爱和结婚的事情会这样多——我们看来似乎是大大的希奇的。”

这个问题，是我正在向我的文学班——十九至二十三岁的少年人——解释为什么他们虽然能明白泽丰兹（Jevons）和詹姆士（James）的逻辑，而不能了解一篇合格小说中的若干章，这个时候发生的。在种种情形之下，这不是一个容易回答的问题；在实际上，倘使我没有在日本已经住过若干年，我是不能回答使人满意的。结果是那样，虽然我的解释要竭力说得简短些，却还费了两小时以上的光阴。

我们的社会小说，能使日本学生的确理会得的，为数并不多；这事的原故，不过是为了他们对于英国社会，不能得到一个准确的观念。在他们眼里，的确的，非但在特殊的意义上，英国社会是一种神秘，便是在一般的意义上，所有的西方生活，都是如此。任何社会制度，不以孝敬为道德的结晶的；任何社会制度，儿童离开了父母另外去成家的；任何社会制度，居然以爱妻子和儿女，比了爱生身的父母，不但是自然的，而且是正当的；任何社会制度，婚姻之事可以完全不用父母顾问，而由子女自己互相的愿意的；任何社会制度，媳妇不必虔诚侍奉婆婆的，在他们看来，这些生活状况，简直和空中的飞鸟，旷野的走兽差不多，或者至多也只能说是道德上的浑沌。所有这些事情，都在我们的小说中反映出来了，真正给了他们许多闷葫芦。我们对于恋爱的观念，和我们对于婚姻的用心，就是这些闷葫芦中的几个分子。在年轻的日本人看来，婚姻之事不过是一种简单而自然的本分，到了一定的时间，是有他们的父母，为他们作主，安排一切的。至于外国人为了要结婚，就有许多困难发生，在他们真是十足的哑谜儿；可是著名的作家，一定要写这样事情的小说和诗歌，而那些小说和诗歌又极为人所崇敬，这就格外的使他们大惑不解了——在他们看来，似乎是“大大的希奇的”。

我那位年轻的问询者，为了客气的原故，所以说“希奇”。他实在的意思，或者格外准确的说来，乃是“不堪”。不过我说著名的小说，在日本人的心思上，是不堪的，大大的不堪的，我那英国的读者们，也许要误会我的意思。日本人到底不是病态的过于正经。我们的社会小说并非为了题旨是恋爱而使他们当作不堪。日本人讲到恋爱的文学，也有许多。不错的，我们的小说，在他们看来似乎是不堪的，正有些像是为了这个理由，那便是为了《圣经》说的，“因此一个人要离开他的父亲和母亲，要和他的妻子密切着”，在他们看来，这竟是从古以来，最不道德的说话之一。换言之，他们的批评，需要着一个社会学上的解释。要将我们的小说，为什么他们想来便是不坏的理由，详细解释起来，我就应该将日本家庭的全部组织、风俗，和伦理，和西方生活中任何事情都完全不同的种种事事，加以叙述；而要达到这一步目的，即使是随便敷衍一下，也就非写成一巨册不可。我不能尝试一种完全的解释，我只能将一种可以参考的性格，所发生出来的若干事实，引证一回。

因此，我开始便可以明白的说，我们的文学，于小说之外，一大部分都是反对着日本人的道德意义的，不单为了它讲到了恋爱的热情，乃是为了它讲到了和贞淑闺女有关系，因此也就和家庭团体有关系的热情。现在，通常的大例，在最好的日本文学中，以热烈的恋爱为题旨的，却不是那种成为眷属关系的恋爱。那竟是另外一种恋爱，东方人并不过于正经的一种恋爱——不过是为了体貌上的吸引力而发生的迷恋；书中的主要女人，并不是清高家庭的闺女，却大半是以舞蹈为业的艺妓。这种东方式的文学，描写的内容，也是不和西方的文学风气相同的——假如和法国文学：它的艺术的立场不同，描写情绪的知觉也是另外的方法。

一种民族的文学是必定有反射性的；我们可以断定，凡是它所描摹不出的，那末在民族生活上一定也是少有或竟没有表现的。现在，日本文学，对于我们的大小说家和诗人当作大题旨的恋爱，所有的保留，正和日本社会，对于同样的题材，所有的保留，一样的意见。在日本的罗曼史中，那特出的妇女时常总写成一个女英雄；一个完美的母亲；一个孝顺的女儿，愿为自己的本分牺牲一切的；一个忠实的妻子，跟着伊的丈夫出战，帮他打仗，舍了伊自己的性命来救他的性命；从来不写成一个感情浓烈的闺女，为了恋爱以至于死，或致人于死。我们也可以看出，伊在文学的表现中，也不是一个危险的美人，一个男子的诱惑者；在日本的真正生活中，伊是从来不会做这种人的。社会是男女混杂，以女子的魔力为最高尚最纯洁的魔力的，这样的社会，在东方却从来没有见过。甚至在日本，以社会这个名称的特殊意义说来，他们的社会是属于男性的。因此，在首都里面若干限定的团体内，采取了欧洲的习尚和风俗，表示着社会的变化就在开始，最后总要照着西方的社会观念来改造那民族生活的，也不是轻易便可相信的事情。因为这样的一个改造，就要关连到家庭的分散，全部社会组织的崩溃，全部伦理制度的摧毁——简单说来，民族生活的破碎。

将“女子”这一个名词作为最精粹的解释，并且设想有一个社会，里面是难得有女子出现的，有一个社会，伊在里面是从来不见“世面”的，有一个社会，里面求爱之事是完全谈不到，而对于妻子或女儿最微弱的礼貌便是粗暴的不耐烦的，读者便立刻可以达到某种奇异的结论，而能知道我们这里最受欢迎的小说，所给与那个社会里面的人的，是些什么印象了。不过他的结论，虽然一部分是对的，却在若干一定的事情上，总还达不到真正的究竟，除非他对于那个社会的禁例，和禁例背后的伦理观念，也是知道一些的。例如，一个高雅的日本人，永不会向你谈到他的妻子（我是以一般而论），也很难得讲到他的儿女，虽然他也许很以他们为光荣。也很难得会听见他讲到他家庭中的任何人，讲到他的家居生活，讲到他任何样的私事。不过倘然他有时竟会讲到他的家中人，那末他所提起的人，大概准是他的父母。他讲到他们的时候，要带着一种近乎宗教感情的尊敬，可是态度方面，却又和一个西方人所以为自然的，又很不相同，而且从来不会在他自己的父母和别人的父母，所作的种种事业之间，作什么心理的比较。不过即使对于被请去参预他的婚礼的客人，他也总不会谈一些他妻子的事情。而且我想我可以安然的说，那最贫苦和最蠢笨的日本人，不论他是何等的为难，他从来不会提起他的妻子——或者甚至也不提起他的妻子和儿女——梦想要得到一些帮助，或者要向人乞怜一下。但是他为了他的父母或祖父母的原故，他就毫不迟疑的要请人帮忙了。妻子和儿童的爱，西方人是当作所有的情思中最强烈的情思的，而在东方人看来，不过是一种自私的爱感。他承认，所统率着他的，是一种较高尚的情思——本分：第一，对于他的天皇的本分，次之，对于他的父母的本分。既然爱只能当作一种自爱的感情，那末日本的思想家，不问爱是何等的纯洁或神化，不肯当它是种种动机中的最高尚的，却并没有错误。

在日本较为贫苦的阶级里面，并没有什么秘密；可是在较为高等的阶级中间，他们的家庭生活，就比任何西方的国家，连西班牙在内，格外的不肯开放给人注意。那是一种外国人看见得很少，差不多完全不知道的生活，所有讲到日本女子而写的文字，都是背道而驰的。（然而我不是指着那些特别的人说的，他们在茶坊酒肆，或者还要坏的地方住过了短短的时间，就此回到本国，写那些讲到日本女子的书籍去了。）你被请到一个日本朋友的家里去，对于他的家人，你也许看得见，也许看不见。那完全要看当时的情形。倘使你能看见他们中任何一人的，那大概也不过是一霎时的工夫，而那时你大概可以看见那妻子。进了门，你将你的名片给了仆役，他不久就回来。接引你进入了客室，进客室，时常总是一个日本人的住宅中最大最美丽的部分，在那里给你跪的垫子已经预备好，在它的前面放了一个烟盒。那仆役又将茶和点心送给了你。片刻之间，主人自己进来了，在缺不了的施礼以后，就开始谈起天来。倘使你被请吃饭，你也答应了，那末那位妻子，因你是伊丈夫的朋友，便要在顷刻之间来侍候你，给你面子。你是否将被正式的介绍给伊，那是没有一定的；但是你一眼瞥见了伊的衣着和头饰，你就立刻可以知道伊是谁，那你便须用最郑重的敬意向伊道候。伊也许要使你觉得，（尤其是在一个武士的家庭里）伊是一个非常娴雅而又极其严肃的人，决不是一种多笑多鞠躬的女子。伊将非常的少说话，不过是尊敬你的，也将用自然的优美，侍候你一会，那自然优美的状态是一种启示，然后伊将款款的离你而去，在你告辞的时候才再得看见，那时伊将在门口重新出现，向你道别。在另外继续着的若干拜会中，你可以得到伊若干相同的动人的瞥见；或者，也能得到那高年父母的若干较为稀少的瞥见；倘使你是一个很受欢迎的客人，到底孩子们也会来向你道候，用着那奇妙的客气和温柔。可是那个家庭里最内在的密切生活，无论如何是不会向你宣露的。你所看见的，只是纯洁、温和、优雅，可是对于他们彼此自已的关系，你将一些也不知道。在那隔断内室，美丽的垂帘背后，一切都是静默而又和平的神秘。照日本人的心理看来，为什么要换个样儿，简直是毫无理由。这样的家庭生活是神圣的；家室乃是圣所，如若要将幕子拉开些，那便是大不敬。这种以家室和眷属关系为神圣的观念，无论如何，我总想不出它们比了我们西方对于家室和眷属的最高概念，究竟有什么不及之处来。

然而倘使这个家庭里是有成人的女儿的，那末来的客人大概就看不见那妻子了。那些格外娇怯，而同样静默和畏缩的少女便出来欢迎客人。伊们甚至可以听着吩咐，弄弄什么乐器，将伊们的针线或图画取出来看看，或者另将家传的宝物或古物取出来陈设一下，以娱来宾。不过所有的温柔和爱，都和那本国文化的极端自持是分不开的。来宾自己，亦不可稍于自持有亏。除非他的年龄已高才可以和父执一般的自由说话，否则决不可以有一些个人的郑重致意，或任意说一些轻轻的奉承话。在西方可以取悦妇女的言行，在东方是要当作愚蠢的粗暴的。来宾绝对不可以讲到那少女的面貌、姿态、妆饰，来恭维伊，更加不可以将这些话来恭维一个妻子。可是读者也许要反对说，的确有若干时候，这样的恭维是省不来的。这是真的，因此逢着了这样的时机，在没有恭维之先，就要极谦卑的道歉，然后才说要说的话，这样，说的话才能得到欢迎，并且有一句比我们“请勿介意”更客气的话回答着——那是说，勿以恭维的粗暴而介意。

不过在此我们就讲到了关于日本礼节的大问题了，我必须承认，我自己对于这事还是很不明了。我上面所说的话，不过是要使人知道，我们西方的社会小说，对于东方人的心理，在纯洁方面有多少缺少。

一个人讲说自己对于妻子和儿女的爱感，讲说任何与家庭生活极其有关的话，那是完全和上等日本人的观念不相合的。我们时常将家庭关系的公开承认，或说展览，在有教育的日本人看来，即使不当作绝对的野蛮，至少也将当作狎昵难堪。外国人对于日本女子的地位，所以有完全不正确的观念的，就大概是为了日本人有这个意见。在日本，甚至丈夫要和妻子在街上并行着，也不是风俗所许可的；若说将他的臂膊给伊，或者在上下楼梯的时候来帮助伊，那就更加不可以了。不过这并不是他没有爱感的证明。这不过是他们的社会意见完全和我们的不同的结果；这不过是在公众前显示夫妇关系是不正当的观念，成为了一种礼节，不能不服从罢了。为什么不正当？因为这样的显示，在东方人判断起来，似乎是一种个人情思的告白，因此也是自私情思的告白。东方人的人生定律乃是本分。不论何时何地，爱感必须附属于本分之下。任何个人爱感的公然显示，就等于道德上有缺点的公然告白。那末这样说来，是否爱妻子也是道德上的缺点呢？那又不然；一个男子爱他的妻子，乃是当然的本分；不过爱伊胜过爱他的父母，或者在公众之前注意伊，比注意他的父母还要加甚，那就是道德上的缺点了。不错的，就是对于伊表示同等的注意，也可以成为道德上缺点的证据。父母在世之时，伊在家庭中的地位，不过是一个义女，最有爱感的丈夫，甚至片刻之间，也都决不可以让他自己忘却了家庭的礼节。

在此我必须讲到西方文学中，一个永不能和日本观念和风俗调和的特性来。读者可以想一想，在我们的诗歌和散文小说中，接吻、抚爱、拥抱之事，要占据多大的地位；然后再想一想，在日本文学中，这些事情是绝对没有的。因为在日本，接吻和拥抱是爱感的表现，简直是没有人知道的，倘然我们将日本的母亲们，和全世界的母亲们一般，在适当的时间也会亲吻着和怀抱着伊们的小孩子，这样惟一的事实除了不算。一脱离小孩子的时候，那就不会再有亲吻或怀抱了。这些动作，除了是婴儿之外，都是当作很不规矩的。从来没有少女们会互相接吻的；也从来没有为父母的，会接吻或拥抱他们那些已能走路的子女的。这种规律通行在社会上各种阶级里面，从最高的贵族到最卑的乡民都是如此。在这民族的历史中，任何时代的文学里面，也决定找不出有什么地方，爱感的表示是比了现代较为显然的。一件文学作品里面，从头至尾，没有提起一些接吻、拥抱，甚至握手的，在西方读者看来，或者总要觉得有些难于想象罢；握手之事，对于日本式的冲动，也正和接吻一般，完全是陌生的。还不至这样，即使是乡下人的俚歌，民间对于不幸的恋爱者所通行的古谣曲，这些事上，也是和那些廊庙诗人的风雅诗歌一样，从来是不提起的。我们可以取古时 Shuntokumaru（春德丸？）的民歌，来作一个例证，那民歌便是后来西部日本许多俗谚和家常话的发源地。在这故事中，讲到有两个订婚的情人，被一种凶暴的不幸，长久的拆散着，彼此走遍了全国在找寻着，末了借着神道的保佑，居然在清水庙之前遇着了。任何亚利安人种的诗人，写描这两个情人的相会，哪有不是各自投到彼此的臂间，而作着爱的接吻和呼唤呢？可是这日本的古民歌，却又怎样形容这个相会呢？简单的说来，这两位情人，不过在一处坐了下来，互相微微的抚慰了一下。现在，就是这种自持的抚慰形式，也是情绪上极端很少的放肆了。你常常可以看见父亲们和儿子们，丈夫们和妻子们，母亲们和女儿们，多年的阔别，而又遇见了，可是你总看不见他们中间有一些抚慰的接近。他们将跪下来互相致敬，笑笑，或者为了快乐而稍稍落泪；可是他们永不会急急的投入彼此的臂间，也不会说出非常热情的话来。的确，所有热情的称呼，如"我的亲爱""我的挚爱""我的美爱""我的恋爱"，这一类话，在日本人中是没有的，此外和我们热情的惯语相仿佛的称呼，也是找不出来的。日本人的爱感并不以言语来发表：大概只以非常温柔而和爱的举动来表示。我也可以加上一句说，相反的情绪，也是处于同样的完全克制之下的；不过要详说这件特殊的事实，那就非另外再写一篇文章不可。

三

谁在公平的研究东方的生活和思想的，也必须从东方人的观点上，来研究西方的生活和思想。而这种比较研究的结果，他将觉得大大的出于意料之外。按着他的性格，和他能理会的才能，他将受一些东方势力的影响，而将他自己顺从了这些势力。西方生活的种种条件，他将渐渐的觉得意义新鲜而别致，他素来所熟习的情形，便丧失了许多。他曾以为正确而真实的，他也许开始觉得是荒谬而虚伪了。他也许开始要怀疑，究竟西方的道德理想的确是最高的否。他也许对于那由西方风俗，放在西方文明之上的评价，于倾向以外，竟至辩驳起来。究竟他的怀疑是最后的否，那是另一件事；这些怀疑至少总是有理由的，有力量的，足够永久的修正他若干从前的信心——在许多信心中，首一个便是西方崇拜女子为“不可及的人”“不可思议的人”“神圣的人”的道德价值，便是“你不能认识的女子”[la femme que tu ne connaitras pas，波特莱尔（Bandelaire）的用语]的理想——“永久的女性”的理想。因为在这古旧的东方，“永久的女性”是完全的不存在的。谁已惯于没有它而能生活了，就要自然而然的断定说，它对于理智的健全，并不是绝对的主要的，甚至就要发生疑问，世界的那一边，对于它那永久的存在果然必要否。

四

说“永久的女性”在远东是没有的，还不过讲了真理的一部分。在极远的将来，可以将它介绍过来，那也不是能够想象的事。关于它的种种观念，能够放入这一国的言语中去的，为数也很少；那言语里面的名词是没有男女性的，形容词是没有比较的等级的，动词是没有第几身的；那言语里面，张伯伦（Chamberlain）教授说，拟人法的缺少，是“一种根深蒂固，流行各处的特性。甚至要和中性名词与及物动词联合的作用相冲突”。（参阅 *Sacred Books of the East*, Vol. XXI. Chafter XI. Kern 所译的全文。）他又说：“实际上，大多数的隐喻和寓言都是不能向远东人的心思作解释的。”他就引证了威至威士（Wordsworth）的诗句来说明他的意见。可是即使比了威至威士还要透澈的诗人，在日本人看来也是一样的模糊的不清的。我记得我有一次，将腾尼逊（Tennyson）一首著名的短歌中，下列的一句简单话，向一班高级学生解释的时候，就遇到了困难——

伊比了白昼还要美丽。

我的学生们，都能明白形容词“美丽”区别“白昼”的作用，和同一个形容词，分开来区别那“少女”这名词的作用。但是在任何人的心思中，于白昼的美丽和少女的美丽之间，居然会有类似的观念，那简直是他们所不能了解的。为了要将那诗人的思想灌输给他们，那就不得不用心理学的方法来分析它——证明白，在那被两种不同的印象所激起来的两种快感之间，是有一种可能的得神的类似的。

因此，那言语的本质，使我们知道，在种族的性格中，早就有许多趋向，种下了深深的根蒂了，由着这些趋向，我们是必须要当作——倘使有当作的必要——远东没有和我们的重大理想相关的理想的。这些趋向，是种种的原动力，比了现在的社会组织要古老得多，比了家庭观念也古老，比了祖先崇拜也古老，比了孔子的训谕更是要古老，孔子的训谕是东方生活中许多各个事实的说明，而非它们的反映。不过既然信仰和实际，反抗着性格，而性格也必须重新反抗着实际和信仰，因此要在孔子之道里面找寻种种的原动力和种种解释，那已经是不合理的了。至于性急的批评家反对着神道教和佛教，只为了它们是不赞同女子的天然的权利的，那尤其是不合理。神道教的古信仰，对于女子，至少总和希伯来的古信仰一样的温柔。在神道教里，女神的数目并不比了男神少，敬拜伊们的人，想象中也不会比了希腊神话的幻梦减少魔力。其中有几个，例如So—tohori—no—Iratsune，据说，伊们美丽的身体上，会从衣裳里发出光亮来的；而一切生命和光明之本源，永久的日球，也是一个女神，名称是日照大神。处女们都有成为古神，在所有信仰的赛会中特出的；国内千百处的庙宇里，对于作妻子和母亲的那些女子的纪念，正和对于作英雄和父亲的男子的纪念，一般的敬拜着。便是较后由外国传进来的佛教，也不能说它，在精神的世界里，将女子的地位，比了西方的基督教压得更低，而对它便有所不满。佛和基督一样，也是童女所生的；佛教中最可爱的诸神，除了地藏之外，都是女性，在日本的美术中和日本的普通玩偶中，都是如此；而且佛教徒中，也和在天主教的圣徒中一样，圣洁的女子是能有受人尊敬的地位的。至于佛教和早期的基督教一样，对于女性的可爱，加以竭力的排斥，那是真的；而在它的创造者的教训里，和在保罗（Paul）的教训里一样，社会方面和精神方面的优越地位，都归给了男子，那也是真的。可是，在我们对于这事找求材料的时候，我们决不可以忽略佛向着各种阶级的女子所表示的好意，亦不可忽略较近的一个材料里面，有那非凡的故事，说教中不给女子以精神界最高的机会，那是完全错误的。

在《妙法莲华经》第十一章里写着说，有一个少女，在菩萨之前，已经于一刻之间，得到了最高的智慧；于片时之间已经得到了千百次参禅的美德，又阐明了各种大法的根源。这少女走来站到了菩萨之前。

可是智积菩萨却怀疑着，说："我曾见过释迦牟尼教主，努力以求大发光明，无数年来，曾力行诸善。世界各处，即一芥子所在之地，彼亦鞠躬尽瘁，为一切有生效力。如是之后，彼方大发光明。今此少女，片刻之间，即已得大智慧，其谁信之？"

圣僧舍利弗也是怀疑着，说："姊妹，女子而能完成六德，事或有之；惟成菩萨，则尚无前例，因女子固不能修至智积菩萨之地位者。"

但是这个少女，却叫菩萨作伊的见证。立刻之间，在诸神之前，伊的凡身不见了；伊已将伊变成一个智积菩萨，在十方诸天之内，充满着三十二式的光辉。世界在二种不同的方法震动着。舍利弗就此不作声了。（参阅 *Sacred Books of the East*，Vol. XXI. Chafter XI. Kern 所译的全文。）

五

不过要在西方与远东之间，感觉到一种在理智的同情上，的确成为极大的阻力的真实性，我们就必须珍重着，这种东方所没有的理想，对于西方生活所发生的大影响。我们必须记得，那理想对于西方文明已经成了什么东西——对于它所有的娱乐和繁华和奢侈；对于它的雕刻、图画、装饰、建筑、文学、戏剧、音乐；对于许多工业的发达，已经成了什么东西。我们必须想到它对于种种仪节，风俗，和趣味的言语，对于行为和伦理，对于差不多不论那一种公和私的生活——总而言之，对于民族的性格，有些什么影响。我们也不可忘记，形成这理想的种种吸引力——条顿的（Teutonic）、色勒特的（Celtic）、斯干第那维亚的（Scandinavian）、古典的，或中世纪的，希腊对于身体美的颂赞，基督教对于圣母的敬拜，武侠的提倡，使所有旧的理想主义加上粉色，并得到新意义的文艺复兴——必定在和那亚利安（Aryan）言语一般古，为大多数远东民族所不知道的种族感情里，倘使没有它们的产生地，是有它们的营养品的。

这种种吸引力，联合起来造成了我们的理想，而古典的份子都是最占势力。这是真的，希腊对于身体美的观念，已经接近着古时和文艺复兴所不知的灵魂美了。这也是真的，进化论的新哲学，强迫人承认“现在”是在为“已往”付着极大的代价的，对于“将来”的本分，创造完全的新理解的，将我们性格价值的观念非常的提高的，它比了从前所有的吸引力，在女子理想的最高精神化这件事上，已有过更多的助力。又是，不问它在将来的理智扩张中，成为怎样更深远的精神化，而这个理想总必依着它的本性自始还是艺术的，而有意义的。

我们所看见的“自然”，并不像一个东方人看见的“自然”，也不能像他的艺术所证明的他所看见的。我们所看见的它，要不大实际些，我们所知道的它，要不大亲切些，因为除了经过专门家的镜头以外，我们就想它是天人一贯没有分别的。在某种方向上，的确，我们的美感，已经发展到一个为东方人所比不上的精美的程度了；可是那个方向是属于情热的。我们从古以来，便崇拜着女子的美丽，因此我们习知了若干“自然”的美丽。身体美丽的知觉，是各种美感的主源，那大概也是早就这样的。我们归功于它，正像我们归功于我们的比例观念；我们对于秩序的过份嗜好；我们对于并行线、曲线，和许多几何学上的等形的喜欢一样。在我们审美进化的长长过程中，对于女子的理想，至少已成了我们一种审美的抽象性了。

在那抽象性的幻景中，我们只觉得我们世界的美妙动人，不管种种的事物，也许只像在热带的大气，发着五颜六色的云雾里面所看见的一样。

这样还不算。不论何种东西，曾由艺术或思想，使之和女子一样的，已都由那个暂时的象征关照着和改变着了：因此，数百年来，西方人的幻象，只是在将“自然”渐渐的格外和女性化。所有使我们愉快的东西，想像都将它们女性化了——天色无限柔和——水的易动——黎明的玫瑰色——白昼的大抚慰——夜，和天上的诸光——甚至永远起伏着的岗峦，也在其内。种种的鲜花，和果子的嫣红，和种种香美可爱的东西；快乐的时令和它们的声息；溪流的嬉笑，和树叶的微语，和暗中抑扬呜咽的歌声——所有种种的景象，或声音，或能触及我们对于可爱的、精致的、美妙的、温柔的各种感觉，都给我们做成了女子的迷梦。我们的幻想肯将男性给予“自然”的地方，只有是在严肃中和在强力中——似乎是以这些粗暴而巨大的对照，来故意衬出“永久的女性”的魔力的。不错，甚至是可怖之事的本身，只要充满着可怖的美丽——甚至是破坏，只要是有破坏者的风光在上面的——在我们看来，便都可以成为女性。也不单是美丽而已，景色与声音，只要是有一些神秘、高尚，或圣洁的，在那错综繁复，如网一般的热情感觉中，都对于我们有同样的效力。甚至宇宙间一切最细微曲折的天然力量，都向我们讲说着女子；对于伊那态度上的可惊，对于初恋时幽灵般的震动，对于伊那永久迷人的谜语，新科学已经教了我们许多新名词。因此，从人类的简单热情，经过了许多影响和变化，我们终于得到了一个万有的情绪，一个女性的万有论。

六

讲到这里，也许有人要问，在我们西方人的审美进化中，这种情热影响的种种结果，究竟大半是有益的否？在我们夸耀着当作艺术胜利，所有那些看得见的结果下面，难道就没有潜伏着而看不见的结果，将来宣示出来使我们的夜郎自大受一下震惊么？我们审美的才能，果然可靠，不使我们误入歧途，只凭着一种简单的情绪观念，以致眼前错过许多“自然”的奇妙状态么？在我们审美感觉的进化中，这一个特殊情绪所有卓越无伦的确实效果，便果然是这个么？最后，人还可以问，倘使这卓越的影响果然是最美的了，而在东方人的心灵中，谁又保得住没有一个更高的呢。

我不过贡献一些问题罢了，并不想满意的回答它们。可是我在东方住得愈久，我便愈相信，在东方正有许多精微的艺术才能和知觉，程度之高，为我们所难于了解，正是我们难于了解那些我们想像不出，为肉眼所看不见的颜色，而居然能为分光器证实的一般。我想，看了日本艺术的某几种状态，便可以明白这样的可能性了。

在此，要一一详述起来，那是既困难而亦危险的。我只好作若干通常的观察。我想这种奇妙的艺术所告诉我们的，就是在“自然”的形形色色里面，那些我们不分男女性格的，那些不能以天人一贯来看待的，那些既非男性也非女性，而只是中性或无名的，都是为日本人所最爱而最能理会得到的。不错，他在“自然”里面所看见的，恰正是我们数千年来所看不见的；现在我们正向他学习着许多生活的状态，和方式的美丽，为我们从来所不知道的东西。我们到底发见了，他的艺术——不管西方人的偏见在相反的方向独断的确定，亦不管它最初给人的那种不确实的妖异印象——到底不是什么怪想的创作，只是已有的和现有的种种事物的一种实在反映：因此我们已经承认，只要一看他对于鸟类生活，虫类生活，花卉生活，树木生活的种种研究，比了艺术上较高的教育决不会有所不及。例如将我们最佳的虫豸画，和日本的虫豸画相比较。将那琪阿康末里（Giacometti）给米细勒（Michelet）"昆虫"一书的图画，和日本皮烟袋或金属烟管上印着作装饰的最普通的图像作比较。欧洲的工笔描绘，在实际方面只是不足轻重，而日本的画家，只须寥寥几笔，便具着无上的表现力，非但将那东西的形像上每一种的特点都画了出来，并且将它那动作上每一种的特性都表达了出来。从东方人的画笔上脱胎出来的不论何种形线，对于不为偏见所蒙蔽的知觉，是一种教训，一种启示，也是那些能看见东西的眼睛的一种开放，不管那形像只是风中网上的一头蜘蛛，逐着晴光的一只蜻蜓，横行在野草中的一只螃蟹，清流中鱼鳍的波动，黄蜂飞翔的健态，野鸭的翩然而下，奋臂的一头螳螂，爬上松枝上高唱的一头秋蝉。所有这些艺术都是活的，强有力的活的，而我们相同的艺术，在它的旁边简直是死的。

可以再讲讲花卉这件的。一幅英国或德国的花卉画，由那有训练的画家画上几个月，价值须几百镑，而在较高的意义上，以自然的研究而论，却还比不上一幅日本花卉画，只须一二十笔便成，价值或者也只有五毛钱。前者至多只是艰苦的，徒然的，涂抹着许多颜色。后者则立刻之间，不用什么模型相助，在纸上证明了某种花卉形象的完全记忆，而且所显出来的，并非任何一朵花的回想，只是有全副情调，时间，和变化，精进独绝，于形式表现上合乎一般定律的实际化。在许多欧洲的艺术批评家里面，只有法国人似乎是能完全了解这些日本艺术的特点的；而在所有西方的艺术家中，也只有巴黎人能接近着东方人的方法。法国的艺术家有时也可以不得他的笔从纸上提起来，只用一条简单的波纹线，创造出一个呼之欲出的男像或女像来。不过这种才能的高等发展，大概只是一些顽顽的速写；它仍旧是可以男性，也可以女性的。读者要明白我所说的日本艺术家的能力，就必须想象和若干法国画所特具的创造力量，日本艺术家具了这种力量，因之可以适用于特殊以外的每样事物，于几乎所有已为人所认识的一般式样，于所有日本自然界的各种状态，于所有本地风光的形形色色，于行云流水和迷雾，于所有林中田间的生活，于所有时季的情态和地平线的色调和朝晖夕阴的五光十色。的确的，这种含有魔术的艺术，不习惯的人初看时，总找不出它的深意来，因为在西方的审美经验中，本来是难得遇到它的。可是渐渐的它将进入一个有欣赏能力而无偏见的心里去，将他从前对于审美的情感，要大大的修正起来。它全部的意义固然需要许多年才能了解，但是它那修正的力量，在一个很短的时期内，当一个美国插画的杂志，或一个欧洲插画的定期刊物，已经使人看得讨厌时，便能为人觉得了。

在心理学上意义更为重大的分别，看了别种事实便都可以知道，也可以用文学来宣达出来，但是照着西方的审美标准或者西方的任何感情，那就一世也解说不明白了。例如有一次，我注意着两个老人，在邻近一个庙宇的园里，栽种小树。他们有时为了栽种一株树苗，差不多要费上一小时。他们将它栽了下去，便走得远远的来审查它在各方面所处的地位，并且互相讨论着它。结果则那株树苗又取了起来，重行在稍稍不同的地位上栽下去。这样的取起栽下，总有七八次，才将那株小树完全确定了它在园中所处的地位。那两个老人，简直是在和他们的小树组织着一种神秘思想，变换着它们，移转着它们，搬迁着或改置着它们，正像一个诗人变换和替代他的文字，将那最精美或最有力的表现，给予了他的诗句。

在每一座大的日本草舍里，总有好几个壁龛，每一个大房间里有一个。家中的艺术品都陈列在这些壁龛里。[据说壁龛初次传进日本来，大约还在四百五十年之前，是由在中国研究的佛教和尚（Eisai）（霭斋？）传进来的。也许壁龛的原来用场，是陈设怪物的；可是现在，在有教育的人家，将神像或怪画放在客室的壁龛里，是算作不好的风气了。不过在某种意义中，壁龛还是一个圣所。不论谁都不可踏上去，也不可以蹲在里面，甚至也不可以将什么不纯洁的东西，或乏味的东西放在里面。关于它，另有一种仪节上的精细规例。来宾中最尊贵的，往往坐得最近它；其余的来宾都须照着等级，离它或远或近的取定他们的坐所。]每一个壁龛里都挂着画轴（kakemono）；在它那稍为高起一些的（平法用磨光木料制成的）地板上，放着若干花瓶，或一二件艺术品。那些花瓶中的花，都是照着古例安排的，康特（Conder）君的美丽书籍可以将这事详细告诉你；而陈设在那里的画轴和艺术品，也要按着机会和时令，而作一定的更换。在某处一个壁龛里，我虽有好几次看见过许多不同的美物；一个中国的象牙像，一个铜香炉——画着乘云的两条龙——木雕的烧香客，坐在路旁搔着他的秃头，若干贵重的漆器和可爱的西京磁器，还有一块大石，放在一个坚实宝贵的木座上。我不知道你们究竟能在那块石头里看出什么美丽来否；它既不是凿成的，也不是磨成的，更令人想不出有什么些微的真实价值。它不过是溪底里拣起来的一块灰色水磨石。可是它的价值，却比了有时替代它陈设的一个西京花瓶还要贵，也许你竟会出了很高的代价来购买它。

在我现在在熊本所住的小屋子的园里，那里大约有十五块形态不同的岩石。它们也是没有什么真实价值的，甚至也不能当作建筑的材料。可是那园主人却就费了七百五十余块日本钱，方才买到它们，比了那座精舍所费的钱还要加增许多。当然你想那是将它们从白川河床转运到这里，所以费用如此大，那就完全错了。不是的；他们之所以值到七百五十块钱，只因为大家看它们是美丽到某种程度的，又因为本地非常的需要着美丽的大石。它们甚至还不算最好的东西，否则它们的代价总还要大得多。现在，等你能够了解，一块粗大的石头，居然会比了一件贵重的钢雕更有美意，而永远是一件美丽之物和快乐之物的，那你就可以开始懂得日本所看见的“自然”是怎样的了。你也许要问：“究竟在一块普通的大石里有些什么美丽呢？”有许多呢；不过我将提起一件——参错。

在我那小小的日本住宅里，隔开各室的都是暗纸的滑屏，上面有好些图案，我一直的很喜欢看着它们。这些图案都按着室中的地位而有所分别；我现在要讲的，便是那一个隔开我的书室和一个小室的滑屏。它的赤色是一种精美的乳黄；而那金色的花样是很简单的——佛教秘宝的图像，一对一对的散遍在上面。可是两对之间的距离，彼此都没有恰正相同的；而图像的赤身也都变化无穷，在地位或关系上，也从来没有一处是重复的。有时一个宝物是明亮的，而它的同伴却是暗淡的；有时都是明亮或都是暗淡的；有时明亮的一个是两个中较大的；有时暗淡的一个大些；有时两个都很清楚的用同样的大小；有时它们重叠着，有时它们毫不接触着；有时暗淡的在左边，有时又在右边；有时那明亮的在上面，有时又在下面。你的眼睛找遍了全面积，总也找不出一处重复的来，也找不出一处近乎整齐的地方，不论是均派、比肩、聚团、成积，或对照，都没有。全室中各种装饰的图案上，都找不出一些近乎整齐的东西来。

全仗技巧而不用整齐之法，真是令人惊奇——简直已达到了天性中高贵可敬的程度。现在，上述种种，不过是日本装饰艺术中一种普通的性质；在这些影响之下，住上若干年。那末在墙上、地毯上、幕子上、天花板上，任何装饰的表面上，一看见了那整齐的花样，就一定要觉得俗不可耐了。的确的，这是因为我们好久以来，只习惯天人一贯的看待"自然"，因此我们仍旧能够忍受着我们自己的装饰艺术里面所有机械的难看，并且我们对于日本孩子，靠在母亲的肩头上，欣赏着那世上各种的青青翠翠，而很清楚知道的"自然"之美妙，我们还是感觉不到。

佛经中有一句话说："能辨无即大法者——此人便有智慧。"

第九章 关于祖先崇拜的几个思想

引　言

对于小泉八云有最大影响的著作家，没有别人，便是斯宾塞。他一切哲学著作的秘钥，就是进化论，因此他的日本研究，可以总结起来，当作一个进化论学者对于那民族和民族文明的解说。他极其尊重祖先崇拜，当作东方人一种有感力而美丽的特点，这就可以见出他注重进化论的所在来。下面有一段话，尤其显示他对于这个问题的观念，当在写信给张伯伦教授时是时常提到的：

“唔，我想我们西方人，还应该学学祖先崇拜；进化就要将这事情教导我们了。等到我们一知道，我们一切的智慧，善良，强健，或美丽，并不是借着一个特殊的内在个性，而是借着我们背后无数不可知生命的奋斗，困难，和经验，一直要追溯到不可思议的神秘中——祖先崇拜似乎竟是绝对合理的事情。哲学的说来，对于那些——只相对的是死的——实际就活在我们里面，在我们四周的古人，我们的感激的表示是些什么呢？”

——1891 年 4 月，在松江

阿难闻沙罗树林周围十二里之间，虽一毫发之尖，亦无插入之地，然刚强之灵鬼，遍及各处。

——《大般涅槃经》

一

事实上，欧洲若干最文明的国里，各种极平常的祖先崇拜，还是有的，而在他们的观念中，却以为任何非亚利安民族还在举行这种原始的崇拜仪式的，就一定还没有脱离宗教思想的原始时期，这其间的矛盾，谁都没有注意过。日本的批评家，已将这个草率的断语宣布了；也已经承认他们自己，不能将日本科学的进步和伊那高等教育制度的成功，与伊那祖先崇拜的继续，互相调和着。神道教的信仰，怎能和现代科学智识一同存在呢？著名的科学专家，怎能还尊敬着家庙，或在神道教庙宇之前鞠躬如也呢？凡此种种，比了没有信仰，只是形式的保守还能有另外的意义否？将来教育格外进步，甚至只有仪式的神道教也必须不能存留，那不是确实的么？

发这些问题的人，并没有注意到任何西方信仰的继续，是否还可以再维持一世纪，也有许多同样的问题可以发生。的确的，神道教的信条，无论如何不会比了正派基督教的信条格外不能和现代科学相调和。用完全公平的态度来考察，我还是要说，神道教信条的没甚不合，决不是只在某一点上。它们和人类的公正观念要少冲突些；就像佛教的因果说，它们也贡献了若干与科学的遗传事实相似的意见——由了这些相似的意见，可知神道教里面所含的真理，正和世界任何伟大宗教里面所含的真理一样的渊博。要说得尽量的简单些，那末神道教里面真理的特质，便是那一种信仰，以为活人的世界是直接由死人的世界统治着的。

人类每一种冲动或举动，都是神的工作，所有的死人，都已成神了，这是神道教的根本观念。然而我们必须记得，Kami（日人通训为神）这一个字，虽然已经译作神或仙，却没有英语中神或仙的意义；它甚至也没有指着希腊和罗马的古信仰而用的那些字眼的意义。它在非宗教的意义上，是指的那些“在上的”“高等的”“上等的”“卓越的”事物；至于在宗教的意义上，所指的人类死后得到神力的灵魂。死人都是“在上之力”“上等者”——Kami。在此，我们就得了一个极和现代《唯神论》相像的概念——只有神道教的观念不是民主的。Kami们是许多能力和阶级不同的灵鬼——都属于和日本古社会的教会政体相像的灵界教会政体。他们虽说在若干事情上比了活人要高等些，而活人却可以给他们快乐与不快乐，使他们喜悦或恼怒——甚至有时还可以变动他们在灵界的地位。因此死后的追赠，在日本人的心思上，决不是什么滑稽，而是实际。例如今年（此文写于1895年之9月）有好几个著名的政治家和军人，在他们方死之后，便都追赠了较高的官阶；还有一天，在官报中我读着这几句话：“陛下已将二等旭日章追赠最近死于台湾之陆军少将山根男爵。”这种煌煌的朝命，决不能当作只是纪念那勇敢的爱国者的例行公事；也不能当作只是对于死者遗族的荣显。这完全是神道教的举动，证明看得见和看不见的两世界中，有着那密切关系的意义，这就是日本在世界文明各国中的特殊宗教性。日本人的思想上，死人和活人是一样的真实的。他们参预着活人的日常生活——极卑微的忧愁和极卑微的喜乐，他们都有份。他们享受着家庭的祭飨，注意着全家的幸福，在他们子孙的发达上帮助着快乐着。他们会出席于公众的赛会，于神道教所有的圣祭，于军事游戏，于种种特为他们设备的娱乐会。大家都相信，他们对于活人给他们的贡物或追赠他们的尊荣，他们一定是很喜欢的。

为了这篇短文的目的，以Kami为死人的灵魂，也就说得过去了——不必再将这些Kami和那些认为创造世界的神仙分别开来。神主这名称，有了这样普通的解释，那末我们可以回过来研究神道教，以为死人仍居在这个世界中，统治这个世界的大观念了；他们不单会影响到活人的思想和行动，甚至也会影响到自然界的地位。本居写着说："他们指挥着时会的变化，风和雨，国家和个人的幸运与恶运。"简单说来，他们是各种现象背后看不见的势力。

二

这种古时神灵之事的最有趣说法，便是说活人的一切冲动和举动，都是受的死人的影响。这样的假设，现代的思想家还没有谁能够说它不合理，因为它是可以将心理学沿革中科学的信条来作根据的，按着那信条，每一个活人的脑筋都代表着许多死人构造的工作——每一个人的性格，都是许多死人的好经验或坏经验不大平均的总数。除非我们不承认心理学上的遗传性，否则我们便不能否认我们的冲动和感情，和由感情中发出来的高等能力，都是为死人所形成，由死人传给我们的；甚至也不能否认，我们心智活动的总指导，也是由那传给我们的特种倾向力所决定的。在这样的意义上，死人的的确确是我们的Kami；而我们所有的行动的确是受他们的影响的。寓言的语，我们竟可以说，每一个人的心思，就是众魂的世界——众魂的数目，比了数百万为人所承认的神道教 Kami，要加上许多倍；也可以说，脑筋里一粒微颗中所包含的鬼民众，比了中世纪的学者幻想在一个针尖上所能站立的一群天使，也要加上不少的数目。科学的话，我们知道在每一个活着的细胞里面，可以藏着一个民族的全部生命——便是数百万年来已往各种知觉的总数；或者甚至（谁知道？）还可以藏着数百万已死的星球呢。

可是在一个针尖上，恶鬼集合的能力，决不会次于天使的。因此在这个神道教的学说上，所有的坏人和坏举动，究竟作何解释呢？本居回答了："不论何时，在这世界中所以有不对的事情，那是因为受了邪神行动的影响，他们的力量很大，有时甚至日之女神和创造之神也是管束不牢他们；至于人类那尤其不能抵抗他们的势力了。恶人享福，善人遭难，似乎和通常的公平不合的，都可以这样来解释。"所有坏的举动，都是为了恶神的影响：恶人就要成为恶的 Kami。在这种最简单的宗教中，自动的反抗是没有的（我不过是在思考着神道教学者所解释过的纯粹的神道教信仰。可是这也是必须要提醒读者的，就是佛教和神道教，已在日本搅乱了，非但彼此搅乱了，而且还和许多种中国观念搅乱在一起。现在通行的信仰中，是否还有一些原来形式的纯粹神道教观念保存着，那就说不定了。对于神道教中众魂的教旨，我们还不大清楚——究竟魂魄的结合是原来使故人想它们死后是分散的否。我在日本各部分考察的结果，我的意见则以为众魂的说法，起先就有相信它们死后也仍旧是众魂的）——并没有什么纷乱而难于明白的地方。作了坏事的人，并不一定要成为"邪神"，理由后面可以说到；只是所有的人，不问善恶，都将成为 Kami，或势力。因此所有的坏举动，都是坏势力的结果。

这种教训是和若干遗传的事实相合的。我们的种种优点，的确都由我们祖先的优点得来；我们的劣点，也是从那些为罪恶，或现在我们称之为罪恶的事物，占过优势的天性所遗传下来的。借着文明之力，在我们内心里发展起来的伦理智识，要求我们加增着我们祖先的好经验遗传给我们的高尚力量，并且消灭着我们遗传到的下流力量。我们不能不尊敬着，并且依从着我们的善 Kami，而努力反抗我们的邪神。两者都是有的，这样的知识，和人类的理解力一样，早就为人所备具的。善神恶神，在每一个人的灵魂中占据着，大多数伟大的宗教，形式虽然不同，却都有这种共同的教旨。我们自己中世纪的信仰，将这个观念发展到了一个程度，永久的在我们的语言上，留下了一个印痕；可是关于保护的天使和试探的魔鬼的那种信仰，按其进化的经过，也不过是一种和 Kami 宗教一样简单的宗教的发展。中世纪信仰的这种理论也是包含着真理在内的。将好事情低低的说给右耳听的白翼天使，将坏事情微微的说给左耳听的黑影魔鬼，并不确实的在和十九世纪的人并行着，可是他们却住在他的脑筋里；他知道他们的声音，也觉得着他们的督促，一切情形，正和他们中世纪的祖先一般。

现代伦理对于神道教的反对，乃是因为他们将善和恶的 Kami 一例尊敬之故。“正像皇上敬拜着天地诸神，因此百姓们要向善神求福，而向恶神取得欢心以避祸。……既然恶神是和善神一样的存在的，所以必须与他们和好，给他们贡献着甘芳的食物，弹着琴吹着笛，歌唱着跳舞着，作着种种能使他们高兴的事情。”［本居的话，由萨多（Satow）译出来的。］在现代的日本，事实上已有些两样了，虽然大家知道恶的 Kami 是应该和好的，给他们的贡献和尊荣，却已少起来了。但是现在我们可以明白了，早期的宣教士为什么以这种宗教为魔鬼崇拜——虽然在神道教的想像中，一个魔鬼的观念，照西方人对于这个名词的意义说来，从来是没有形象的。神道教的教旨中似乎不健全的地方，便是说恶神是不可以触怒的——这样的一种教训是完全不合天主教人的感情的。可是在基督教的魔鬼和神道教的魔鬼之间，却还有一个极大的分别。恶的神主，不过是一个死人的鬼魂，大家亦不见得信他一定是恶的——因为总还有和好的可能。那一种绝对的，纯粹的罪恶概念，并不是远东的产物。绝对的罪恶的确是不近人情的，因此在由人而成的鬼魂里面，也是不可能的。恶的神主并不就是魔鬼。他们不过是鬼魂，能影响人类的欲情的；而且只在这个意义上，他们乃是欲情之神。现在神道教是所有各种宗教中最近乎自然的，因此在若干一定的事项上，便是最合理的。它并不以欲情的本身为罪恶，所以为罪恶的，只看它们放纵的原因，情形和程度是怎样。那些神，既是鬼魂，所以也是有人性的——有着那人类各种比例的各种善性与恶性。大多数是善的，全部的影响，也是善多于恶。要将这种看法的理由弄得明白而加以尊重，就必须要有一个相当的高尚意见——就是日本古社会的情形所能赞同的一个意见。悲观主义者是不能认识纯粹的神道教的。它的教旨是乐观的；谁对于人性有高贵的信仰的，就一定不会觉得神道教的教训有什么罪大恶极之处。

现在可知承认与恶鬼和好的必要是对的，因为神道教在伦理上合理的性格已经将它自己宣示出来了。古时的经验和现代的智识，对于要将人性里面若干趋势加以消灭或破坏的极大错误，都在联合一致的反对着——那些趋势，如果培植得不好，或者过于放纵了，自然要走到蠢笨、罪愆，或种种社会病情上去的。兽欲，狼虎般的冲动，比了人类社会要早得多，也是差不多所有犯罪事情的同犯者。

可是它们是不能被割弃的；它们也不能太太平平的被饿死的。要想去消灭它们，那就非要牺牲若干高尚的情绪不可，因为它们两者之间本来是混在一起而分解不开的。那些原始的冲动，甚至也不能使之麻木不灵，除非我们将那些使人生美妙起来，而又早已在欲情之中根深蒂固的理智力与情绪力一概放弃了。最高的用场，发端却在最低的地方。禁欲主义，反抗着自然的感情，产生了许多怪物。神学上的立法，无理的反对着人类的弱点，不过加增着社会的扰乱；而反对娱乐的法律，也不过挑拨着种种纵欲之事。道德的历史的确教训得很清楚，我们那些坏的 Kami 是需要一些和好的。种种欲情在人的内心里，仍旧比了人的理解还要有力，因为它们非常的老大——因为它们曾经有一次是人类自保的主要份子——因为它们作成了自知方面最初的地层，从这些地层里，才能慢慢的发长出较为高贵的情思来。它们是永不能被约束的；谁要想否认它们从古以来便有的权利那他就应该遭殃了！

三

在这些原始的，不过——如现在所理会得的——不是不合理的，那些关于死人的信仰里，已经出生了为西方文明所不知的道德的情思了。这些情思都是很值得我们思考的，因为它们将要证明它们是和伦理学上最进步的观念相调和着——尤其和本分观念无穷的扩大相适合着，那些本分观念则是接着进化的了解而来的。我不知道，我们有什么理由，为了我们的生活中没有了我们所议论着的情思，我们便要祝颂自己——我甚至还要想，我们也许竟要觉得，培植那样的情思，在道德上是必要的。我们的将来中，必定会发生一件奇事，那便是我们要从新回到我们早已当作毫无真理的种种信仰和观念去——回到那些为人按着传统的习惯，一毫看不起，称之为野蛮的、邪恶的、中世纪的，那些信仰去。一年一年的过去，科学的研究供给了我们许多新证据，使我们知道：野人、蛮人、拜偶像的人、和尚，各自走着不同的道路，却都已走近着永久真理的某一点，和任何十九世纪的思想家一样的走近了。我们现在也正在觉得，占星者和炼金者的理论，只是部分的而非完全的错误。甚至我们竟有理由，可以这样假定，本来对于看不见的世界是没有梦想的，现在居然梦想过了——本来对于看不见的事物是没有臆说的，现在居然想象过了——将来的科学，一定会证明这些梦想和想象里面是包含着真实的萌芽的。

在神道教各种道德的情思之中，最特出的便是对于古人的眷恋态度——这种情思，在我们自己的情绪生活中还没有真正的相当者。我们知道我们的古人，比了日本知道他们的古人要格外多些——记载或研究古人的种种事实和情形的书籍，我们真有成千成万册：可是我们不论在什么意义上，总不能说是爱着古人或是感谢着古人的。对于古人种种优点和劣点的重要认识——为古人的美丽所激动的若干难得有的热心；对于古人的错误所发的许多强硬的指斥：凡此种种，都代表着我们关乎古人的各式思想与感情的总数。我们学者观察的时候，是必须要冷酷的：对于艺术，时常超出大度之上；对于我们的宗教，则大部分都是责难。不管我们研究古人的观点是什么，我们的注意力，完全只倾向于死人的工作方面——或者是那些当我们在着的时候，使我们的心比了平常稍为跳得快些的看得见的工作，或者是关于他们那时代的社会的，他们那些思想和作为的种种结果。至于将已往的人类当作一体——将千万个早已埋葬的人当作真正的血族——我们则或者竟不会想到，或者想到了，也不过像我们对于已经消灭的民族，发着一些好奇心罢了。我们在那些曾在历史上留过极大记号的若干名人记载里，的确找得了趣味——我们的情感，被那些伟大的军人、政客、发见家、改造家的纪念所激发了——可是激发的理由，只因为他们所成就的大事业，是适合着我们自己的野心，欲望，与夸大的，并非因为它们是适合着我们博爱的情思的，这样的情形，可以说百分之九十九都是如此。那些无名的死者，于我们所最有恩的，我们一些也不高兴去提着——我们觉得对于他们既无感激也无眷恋。我们居然自己还不肯相信呢，对于祖宗的眷恋，在任何形式的人类社会中，竟能成为一种真实的，有力的，透澈的，模范人生的，宗教情感的——那在日本却的确是这样，这一个观念，简直对于我们种种的思想、感情，和动作，绝对的不熟习。一部分的理由，当然是我们的祖宗和我们自己中间，有那活跃的精神关系存在着，我们是不相信的。倘使我们是没有宗教性的，我们便不信鬼。倘使我们是非常有宗教性的，我们也只想死者是受着审判而离开我们的——在我们生时是绝对和我们隔离着的。这是真的，在天主教国家的乡农中间，现在还有一种信仰存在着，以为死人是可以一年一次回到地上来的——就在那“众魂之夜”（A Night of All Souls）。可是即使按着这种信仰，死人和活人的关系，除了活人记得他们以外，就没有别的了；他们只为活人所想到——如我们民间故事的采集所作的见证——畏惧比了眷恋要来得多些。

在日本，对于死人的感情是完全不同的。那是一种有感激的爱和尊敬的爱的感情，那恐怕也是民族的情绪中，最精深，最有力的情绪——它尤其会指导着民族生活，模范着民族性格。爱国心是属于它的。孝心是倚赖着它的。家庭之爱是托根在它里面的。忠义是植基在它上面的。军士们在战争中，高喊着“帝国万岁！”从容就死，让他们的同志勇往直前——儿子或女儿，不发一声，为了一个应该受报或甚至凶暴的亲长，就此牺牲了全部的人生幸福；当人们，为了数年之前对现在一个已经贫乏的主人，有了口头的应许，便放弃了朋友，家庭，和幸运，而毫无怨色；为妻子的，则为了伊的丈夫有了什么缺德，便按着仪式，穿起了白衣服，作了一个祷告，然后将小小的匕首刺入喉间，以为救赎——凡此种种，人们都无非依从着冥冥中看在那里的人的意志，以求得他们的赞同罢了。即使在新时代怀疑的学生中，这种感情也保存着许多信仰的碎片，那些古旧的感情话，还是有人说着的：“我们永不可以将羞耻给我们的祖宗”“我们的本分是要将光荣给我们的祖宗”。当我在上次作英文教员的时候，因为不知道这些话的真正意义，我在他们的作文中看见了，就为他们修改过，这样的事情，也不止一次。例如我总要为他们改成“给我们祖宗的‘纪念’与以光荣”，这样的说法，比了那样的说法，似乎要格外的准确些。我记得有一天，我甚至要想向他们解释，为什么我们不应该说到我们的祖宗就真正的当他们为活着的父母！也许我的学生要疑心我是在干涉他们的信仰了；因为日本人从来没有想到过一个祖宗已变成“只是一个纪念”，他们的死人都是活的。

倘使在我们心里，也能忽然的有了绝对的确定，相信我们的死人现在还是和我们同在着的——能看得见各种行动，知道我们各种思想，听得见我们所说的话，能和我们表同情或向我们发怒，能帮助我们并且乐于接受我们的帮助，能爱我们并且极其需要我们的爱的——那末我们对于人生和本分的种种概念，就要大大的变更了，那是一定的。我们就要极其郑重的承认我们对于已往所负的责任。现在，远东人便这样，死人的继续存在，已是数千年坚信的事实了：他每天对他们讲话；他要想给他们幸福；除非他是一个以犯法为职业的人，否则他无论如何总不会忘记他对于他们的本分。平田说，时常肯尽着两个本分的人，一定会尊敬诸神和他那生存的父母的。“这样的一个人，也一定会忠心于他的朋友，爱他的妻子和儿女；因为这种热诚的精髓，实在就是孝心。”而且也就在这种情思里面，我们一定可以找到日本人性格中极其奇异的感情的秘密。在我们的情思方面，看见了那种不怕死的豪勇，或者作严酷牺牲时的那样神色自若，我们已是有些陌生了，至于一个童子，在一个素来没有见过的神道教庙门之前，忽然会眼睛里滴出泪水来，这样简单而又深刻的情绪，那我们就简直大大的不懂了，在那片刻之间，他觉得了我们在情绪上从来不承认的东西——现在对于已往所负的巨债，和那眷爱着死人的本分。

四

倘使我们稍稍想到了我们作债户的地位，和我们接受那地位的方法，那末在西方的和远东的道德情思之间，某种极有力量的分别，便要跃然而出了。

事情没有比我们刚刚完全觉得人生不过是神秘更为可惊了。我们一刻儿从不可知的黑暗里升起来了，看看我们的四周，快乐着，痛苦着，将我们实体的颤动转变成了别的东西，然后又落入了黑暗之中。一个波浪也这样的升起来了，受到了光亮，改变了动作，然后又沉入了海中。一株植物也这样的从泥土里升起来了，向光亮和空气，展开了它的叶子、花朵和种子，然后又变成了泥土。只是波浪是没有知识的；植物是没有识别的。每一个人生似乎也就像一条从地上起而重复回到地上的抛物式的曲线；不过在那短短的变化时间中，它却识别了宇宙。现象的可惊之处，那就是没有谁能够知道它一些什么。凡夫俗子们，谁也不能解释这个最普通，而亦最不能理会的事实——人生的本身；可是每一个能思想的凡夫俗子，却又不得不及时的为了自己的关系而思想到它。

我是从神秘中出来的——我看见了天和地，男人和女人和他们的工作；我也知道我必须要回到神秘去——这究竟有些什么意义，便是那最伟大的哲学家——便是斯宾塞（Herbert Spencer）也不能告诉我什么。我们都是自己的哑谜儿，也是彼此的哑谜儿；空间与运动与时间，都是哑谜儿；事实就是一个哑谜儿。前不见古人，后不见来者，谁也没有什么消息告诉我们。小孩子是哑哑无言的；骷髅只能露了齿笑着。大自然没有什么慰藉给我们。从伊的不成形里面，产生了成形的东西，终于又回到了不成形——这样就完了。植物变成了泥土；泥土又变成了植物。植物变成泥土时，曾经作为它的生命的颤动，又变成了什么了呢？难道它在冥冥中依然存在，和玻窗上结成枝叶绵延的霜花，暗中有那看不见的潜力一样么？

无限的闷葫芦中，包括许多和世界一样古老的较小闷葫芦，等候着人类的将来。俄狄浦斯（Edipus）终必遇到一个狮身女面妖（Sphinx）；千千万万的人类——大家都在“时间”的长途上，枯骨丛中，蹲踞着，各人都带着一个更深更难的哑谜儿。所有的女妖都还没有满意；在将来的大道上，还有千千万万的女妖排列着，要吞灭那些尚未出生的生命；不过已经得到答语的，也已有千千万万了。我们现在已经能够不受永久的恐吓而生存着，为了有那相对的智识导引着我们——那智识从灭亡的爪牙里，得到了胜利。

所有我们的智识，都是遗传的智识。已死的人将他们所能学习的种种事物的纪录，都留给我们了，有些是讲到他们自己和世界的——讲到生死的大例的——讲到应有之事和应无之事的——讲到以人力胜天，免除些苦难的——讲到是与非，忧与乐的——更有些是讲到自私的错误，仁爱的智慧，牺牲的责任的，他们将他们所能找到的事情，都留给了我们，有些是关于气候和时季和地方的——关于日月和星辰的——关于宇宙的运行和组织的。他们也将他们的谬见遗传给了我们，使我们不至再落入更大的谬见里面去。他们还将他们错误和努力，成功和失败，痛苦和快乐，忧和恨，都传给我们——作为警戒或例证。他们等候着我们的同情，因为他们虽为我们辛苦过最佳的志愿和希望，也因为他们造成了我们的世界。他们清除了土地；他们灭绝了怪物；他们养驯了，教熟了许多给我们最有用处的牲畜。“库勒伏（Kullervo）的母亲从伊的坟墓中醒转来了，伊从那尘土的下面向他喊着说——‘我已将那条系在树上的狗留给你，你可以带了它同去打猎。’”（*Kalevala*：第三十六 *Pune*。）他们又照样种熟了许多有用的树木和花草；他们发见了金属的地位和力量。不久他们就创造了我们所有的文明——托付我们去校正那些他们所不能校正的错误。他们劳力的总数是数不尽的；他们所给与我们的形形色色，的确应该都是很神圣，很宝贵的，只要我们想一想他们所费的无量的心思和气力就可以知道了。可是像神道教的信仰者，天天那样的念着：“历代的祖宗，我们家庭的祖宗，我们血族的祖宗——我们将我们感谢的快乐归给你们，我们室家的创始者。”西方人办得到么？

办不到。这非但为了我们想死者是听不见的，并且为了我们变化以来，便没有学会心理上表同情的力量，除了在极小的范围之内——家庭范围之内。西方的家庭范围，比了东方的家庭范围，简直是一件极小的事情。在这十九世纪中，西方的家庭差不多已经破碎了——它的意义，的确只有丈夫、妻子，和未成年的儿童。东方家庭的意义则不然，非但是父母和他们的血族都在内。连祖父母和他们的血族，高曾祖父母和他们以上的诸多死者都在其内的。这种家庭观念，使那同情的力量达到了极高的程度，以致情绪的表现，可以扩张到许多生存着的家庭大团体和小团体，甚至在国家遭祸的时候，更可以扩张到大家庭一般的全国族；是一种比我们称为爱国更精深的感情。这感情也像宗教的情绪，无限的扩张到了所有的已往；仁爱、忠义，和感谢所混合着的意义，虽然在必要上有些渺茫，比了对于活人的感情却并没有什么缺少真实的地方。

在西方，自从古老社会破灭之后，这种感情早就不能存在了。以为古人必入地狱，不许称赞他们的工作的信仰——教我们不论何事只须感谢希伯来的上帝的教旨——造成了我们思想上的习惯，和感谢上的习惯，却不许我们对于古人有一些感激之情。然后和神学的灭亡与较大智识的黎明一同来到的，又另外有一种教训了，以为在人的工作是没有什么选择的——他们依从着必要，我们只在必要上从他们接受到了必要的结果。现在我们还是不肯承认，必要本身是应该强迫我们对那些依从必要的人表同情的，也不肯承认，必要所遗传下来的结果都是既悲哀而又宝贵的。这样的思想我们真是难得有的，即使是对于现在活着为我们效劳的人所作的工作，也是一例的漠然。我们对于我们自己买来或得来的东西，曾付多少代价，我们是会想到的——至于那东西的生产者，曾费多少代价，我们就不许自己想到了：的确，要是我们在事情有一些良心的表示，就要为人所嗤笑了。我们对于古人工作悲哀的意义，和对于同人工作悲哀的意义，我们都是无知无觉，从此很可以看出我们文明的浪费——一小时的娱乐中，穷奢极欲，消耗了数年的劳力——千百个没脑筋，不人道的富家翁，每年多为了完全非必要的嗜欲，虚縻了数百个生命的代价。文明的吃人者，不知不觉中比了野蛮的吃人者还要残暴，要求着更多的血肉。较深的人道——对于人类的伟大情绪——完全是无用之奢侈的大敌，也完全是为任何对于官能的满足，或为己的娱乐，不加限制的社会所反对的。

另一方面，在远东，生活简单的道德本分，从古以来早就传授下来了，因为祖先崇拜已经将这种人类的伟大情绪加以发展，加以栽培了，而这个情绪却就是我们所需要，也是我们将来为了要免除自己灭亡起见，不得不找到的东西。家康曾有两句话，很可以显示这种东方的情思。那时这位日本最伟大的军人和政治家，实际上已是全国的主宰，有一天，却有人看见他在那里亲手将一条旧的绸裤洗刷着。他对一个侍臣说："你看见我这样做，须知我并不是为了这件衣裳的本身有什么大价值，乃是我为了制成它时所需要的种种事情。它是一个贫妇辛苦的结果；这就是我宝贵它的理由。倘使我们用东西的时候，不想想制成这些东西要费多少时间和努力——那末我们简直可算没有脑筋，和禽兽差不多了。"还有，当他已是大富的时候，我们听说他的妻子时常要叫他穿着新衣裳，他就斥责伊。他告诉伊说："我一想到和我同时的群众，和在我以后的世世代代，我觉得为了他们的原故，极其节俭我现在所有的东西，乃是我的本分。"这种简单的精神，现在还没有离开日本。就是天皇和皇后，在他们自己燕居的地方，也和他们的百姓一样简单的生活着，将他们内帑的大部分，取出来作为救济公众困难之用。

五

照进化的教训看来，在西方终须对于已往之人，要发展出一种本分的道德认识，和远东的祖先崇拜所创造出来的一样的。因为即使是在现在，谁已经懂了这种新哲学的初步意义，谁就对于极平常的手工产物，不能不注意它的进化史。最普通的用具，在他的眼里，便不单是木工或陶工，铁工或刀工个人能力的产物，却就是数千年来，用着种种方法，种种物质，和种种形式，继续实验而成的产物。他要是想到了在任何机械应用的进化中，必须要有极大的时间和劳力，而不发生宏大的情思的，这一定是不可能的事。将来一代一代的人，必定要想到从前已死人类的物质的遗赠的。

不过在这种人类的“博大情绪”的发展中，承认我们向古人负着物质上的债以外，还有一件更有力的事实呢，那便是我们也须承认向古人负着心理上的债。因为我们非物质的世界——住在我们内心里面的世界——在冲动、情绪，和思想上得到种种可爱的世界，也是从那些已死之人得来的。谁能仔细的了解了人类之善是什么，为善的艰难是什么，谁就能在最下等生活的最平常事情中，找得那神圣的美丽，就能一致认识我们的死人的确都是诸神了。

我们好久以来，就以为女子不过是一个女子——特为什么体质而创造出来的东西——母爱的美丽和奇妙，便永远不向我们完全显示。我们只有一定用着较深的智识，知道千千万万已死的母亲所遗传下来的爱心是贮藏在任何一个生命里面的——那种只有婴儿才能听见的无限温柔——那种只有婴儿才能看见的无限慈和——方才在这里可以得到解释。不幸一般醉生梦死的人，都不知道这些；可是醉生梦死的人，对于这些还能够说些什么适当的话呢！母爱的确是神圣的；因为人类所认为神圣的不论何事都总束在那个爱里；任何女子，能发表和传布这种最高等的爱的，那伊就超出了人类的母亲的地位；伊是“圣母”了。

在此，用不着多说什么初恋或性爱的灵变，那是幻象——因为已死之人的热情和美丽，自然会在它里面复兴起来，重新能够眩人、惑人，和迷人。它是非常非常奇妙的；但它也不是完全好的，因为它不完全真实的。女子本人的真正可爱之处，即来是来得较迟的东西，要等到所有的幻象都褪去了，然后才有那比了幻象更为可爱的真实出现，真实是处在它们这些妖幕的后面的。这样所说的女子的神圣魔法，究竟是什么呢？那就不过是千千万已经埋葬了的心，所遗留下来的情爱、温柔、忠实、坦白，和直觉。一切都重新生存了——一切都跃然而新了，在伊那每一次新鲜热烈的心之跳跃里。

在最高等的社会生活里，所显示出来的若干奇妙的性质，使我们又另外知道了许多死人所建设起来的别一种灵魂组织。男子而能真正“作一切的人而对付一切的人”的，或者女子而能使伊自己变成二十个，五十个，或一百个不同的女子的——能够想得到一切，看得透一切，断得定一切的——似乎没有各个的自我，而只有数不清的自我的——能够见什么人说什么话，随机应变的，那是很奇妙的。备具这样人格的人固然并不多，可是也并不少，旅行者说不定会在什么文明的，他有机会研究的社会里，遇着这样的人一二个。他们完全是多方面的人——显而易见的多方面，就是那些只知单独的自我的人，也不能不承认他们是“高等的复杂者”。可是这种一人四五十样人格的表现，的确是一个非常的现象（尤其非常的，因为它在相对的经验加到他身上去的以前，他早就在少年时代很平常的表现出来了），因此我只有惊奇着，很清楚的明白它的意味的人，何等的少呀。

因此对于天性方面有些称为“直觉”的东西，也是一般的情形——尤其是那些和情绪的表示有关的直觉。一个莎士比亚(Shakespeare)，在古时的灵魂学说上，也只好时常给人莫名其妙。泰纳(Taine)想用“一个完全的想象”这句话来解释他——这句话果然深入了真际。可是一个完全的想象又是什么意思呢？那就是灵魂生活的多方面——在一个个体里复生起来的无数已往的个体。除此之外，没有别的解释了。……然而这不是在纯粹的理智世界中，这种心理上复杂的故事是能得到最尊重的地位的；只有在那种和我们的爱、尊严、同情、英雄气概等事，所发出来的最简单的情绪有关系的世界里，才能得到。

也许有些批评家，就要批评说：“可是照这种理论说起来，对于英雄气概种种冲动的来源，也就是使人犯法的种种冲动的来源。它们都和已死之人有关系。”这是对的。我们遗传着好的，也有坏的。我们只是集合体——仍旧还在发展，还在进行——我们遗传了不纯粹的东西。不过在冲动里面，最适宜者可以生存，乃是人类中任何道德条件都是的确的证实的——“最适者”这个名称，乃是伦理的意义。虽然世界上还有种种罪恶之事，尤其在我们所谓基督教的文明之下，罪恶之事发达得格外的厉害，可是谁要是生活过得久长了些，旅行多了些，思想加增了些，就一定会觉得人性的大体是善的，因此古人所遗传给我们的种种冲动，大多数也是善的。而且这也是一定的，社会的地位愈适宜，人性便也愈善。自古以来，善的神主时常在排斥恶的神主，不叫他们管理这世界。我们承认了这个真理，我们将来对于是非的观念，范围就大大的开展了。正系一种英雄气概，或任何目的高尚的善事，必定会得到确实的价值那样——所以一种犯罪之事，将来必有人当它反抗现有的个人或社会，关系还小些，若反抗人类经验的总数，和古人在伦理上的种种奋斗，那关系便大了。因此，真正的善将格外为人所重视，真正的犯罪，也将格外为人所不容。古时神道教的教训说，伦理的规条是用不到的——人类行为的真正规条，只须和自己的心相商着，便能时常知道——这些话，确是一种好教训，将来比了现在更完全的人类，一定是会接受的。

六

读者也许要说："进化方面，既然有了遗传说，便的确可以看出，活人在某种意义上实在是为死人所管束着的。可是格外可以看出的，乃是死人并不在我们的外面，而在我们的里面。他们是我们的若干部分——要说他们的存在，并不就是我们自己，这却还没有确证。因此对于古人的感恩，便是对于我们自己的感恩；死人的爱，便成了自我的爱。所以你对于类比的企图，却得到了矛盾的结果。"

不对的。最原始形式的祖先崇拜也许只是真理的一种象征。它也许只是新道德本分的一种预兆或指标，是为较大的智识所必定要勉强我们的：那是对于人类伦理经验作牺牲的古人，应有尊敬和信从的本分。不过它也许还不止如此。遗传的种种事实，对于心理学上的种种事实，只能供给一半的解释。一株植物并不要放弃它自己的生命，便能产出十株，二十株，或一百株的植物。一头畜牲能生许多小畜牲，可是它依旧能够身心无妨的生活过去。孩子们生出来了；父母养着他们。心智的生命的确是遗传的，决不下于体质上的遗传；可是繁殖的细胞，各种细胞中最少特性的细胞，不问是在植物中或牲畜中，乃是永不消灭的，只将父母的细胞复演着。每一个细胞都在继续的孳生起来，运输着转换着一个民族的全经验；但又将那民族的全经验放到了背后去。这就是解说不明的神奇；生理和心理上的自己孳生——由父母的生命中产出一代一代的生命来，每一代都成了完全的，能够繁殖的生命。倘使父母的生命是能完全给予子孙的，那末遗传学说就可以说是能得唯物论的赞同的。然而不然，正像印度的神仙故事中说，自我孳生着而仍保持它的原状，有继续孳生的完全能力。神道教中是有灵魂用分裂来孳生的教旨的；可是心理学上流出的种种事实，比了任何学说更有无限的奇妙。

伟大的宗教已经承认，遗传是不能解释自我的全部问题的——也不能说明原始剩余自我的命运的。因此它们已经联合起来，要使外体中的内体得到独立。科学也不能完全解决它们所提出来的问题，正和它解决“真实”的本性一样。我们可以再空问一下；曾为一株已死植物的生机的力量，究竟变成了什么呢？格外再难一些的问题，那便是：曾为一个死人心理生活的知觉，又究竟变成了什么呢？因为本来没有人能够解释那最简单的知觉。我们只知道，在活着的时候，植物的身体，或人的身体里面，自有几种一定的活动力，继续的在使它们自己适应着外力；等到内力已不能对于外力的压逼起反应时——然后内力所藏留的身体，就分散成了原来造成它的种种分子。我们对于那些分子的最终本性，比了我们对于联合它们的种种趋向所有的最终本性，也不见得会多知道什么。不过我们格外可以相信，生命的最终诸点，在它们所创造出来的形式分解了以后，还是保持着的，我们不相信它们便就此消灭了。自生的学说（为了只有在一种限定的意义中，才可以用于世界生命起源的这个学说上，就给人误唤了），乃是一种进化论者所必须承认，和研究化学，知道物质本身是在进化中，而不觉得惊怪的学说。真正的学说（不是在蓄藏的流质中开始有组织。生命的学说，乃是在浮泛的表面上升起原始生命的学说），有着那非常——不是，无穷——的精神的意义。它要人相信，所有生命和思想和情绪的种种潜力，都是从星云进入宇宙，从这系进入那系，从恒星进入行星或月球，而终于回复到只有分子的大风暴中去；它的意思是，趋向保存了日光所晒之物——保存了所有宇宙间的进化和分散。分子都只是进化的产物；宇宙和宇宙的区别，必定是趋向的创造——为非常广大复杂，想象不出的一种遗传的创造。在那里并没有偶然的机会。在那里只有定律。每一个新进化，必定要受前面许多进化的影响——正像每个人的生命，要受已往诸代生命经验的影响一样。祖先在物质形式上的趋向岂不是一定就遗传到了将来的物质形式上么？人类的思想和行动，岂不是现在也在形成将来种种世界的性格么？烧丹练汞的人的梦想，我们不久就不能说他们是可笑了。所有物质的现象，不像古东方人的思想，认定是为灵魂归极性所决定的，我们不久也就不能确然的如此说了。

究竟我们的古人是否住在我们的外面，和住在我们的内面一样，这是一个在我们现代比较还是盲目的时代所不能解决的问题——现在所能确定的，乃是宇宙间种种事实的证明，都是和神道教的宿命信仰相符合的；所有一切事事物物，都由古人决定了——或由诸人的精魂或由种种世界的精魂决定了。就像我们个人的生命被那些现在看不见的许多已往生命统治着一样，因此我们地球的生命，和地球所属的系统的生命，也当然是被无数天体的精魂所统治着的：就是被已死的诸宇宙——已死的诸恒星，诸行星，诸月球——早已解散，沉黑无光的诸星体，但是永久不灭，永久活动的诸力量，所统治着的。

的确，像神道教的教徒一般，我们能够回向到太阳，来追溯我们的出身之源；可是我们又知道，就是太阳，也不是我们的发祥之地。我们的来历——如果我们果然有个来历的——比了一百万个太阳生命的时间，还要加上无穷的悠远。

进化的教训便是说，我们乃是那不可知的终极中的一个，这个不可知的终极中的物质人心，都不过是永久变化着的表现。进化的教训也是说，我们每一个人就是许多人，可是我们这许多人，却又不过是彼此相关，并和诸宇宙相关的一个人——我们所必须知道的，所有已往的人类，不但都在我们自己里面，也同样的在每一个同伴生命的宝贵与美丽里面——我们能在别人里面极度的爱着我们自己；我们将在别人里面极度的服务我们自己——形形式式，不过是些垂幕和幻影——人类所有的情绪，不问是活人的或死人的情绪，都只确确实实的属于那个没有形式的无穷无极。

第十章 灵魂先在的观念

引　言

在前面有一章中，说到了东方人对于妇女的特别心理态度。此地则是另外一种说明，可以见出东方人和西方人思想的途径来。

“人生的真正目的是什么？或说人生惟一的目的应该是什么？一味的欺哄了别人赚钱，或者费尽了精力以求得年老时的空誉，还是不过将一个人的自我培植起来，达到可能的更好地位，而享受着这样圆满的生存呢？最后的一条，在我看来，似乎要格外合理，合道德些，也似乎有些是日本的思想。那末这个灵魂先在和轮回的信条——同时它应许着将来的出生，保证着走入阴间（Meido）的无惧，一个人只带着一二滴眼泪旅行到不论那里去，就好像向西方或向南方，万里长征，作海外游，比了平常稍为长久些——在人生上加添了多少美妙的影响呀！”（录自致张伯伦教授的信中。1891 年 8 月 27 日，在美保关村）

> 诸位弟兄，果有一比邱（Bihku）思将已往种切——一世二世，三，四，五，十，二十，三十，五十，一百，或一千，或十万诸世——按其情形，按其事实，一一回忆之，愿彼心境平安——愿彼参透究竟，愿彼格外放弃纠缠。
>
> ——AKadkheyya 经

一

倘使我问到一个在佛教的空气中住过数年，而能反省的西方人，东方思想和我们自己的思想中间，有些什么特别差异的基本观念，我断定他要回答说："就是灵魂先在的观念。"就是这个观念，比了任何别的观念，格外的渗透了远东人民的全部心理。它真像空气激荡的那样普遍：它染上了每一种情绪；它直接的或间接的影响了差不多每一种行动。它的象征是永远看得见的，就是在艺术的装饰中也看得见；日间或夜间，时时有它所发出来的回声，不期然而然的飘浮到人的耳朵里来。人们的种种言语——他们家庭的说话，他们的格言，他们虔敬的或亵渎的呼喊，他们忧愁、希望、喜乐，或失望的宣告——都是和它有关系的。它同样的适应了恼恨的表白或爱感的说辞；"因果"这一个名词，就自然的当作一种说明，一种安慰，或一种咒骂，从每一个人的口边落出来。乡农在巉峭的路上，觉着手车的重量在拉扯着他的根根筋肉，他便要忍耐的微语着："既然这是因果，也只有吃苦的。"仆役们吵架了，要彼此问着说："为了什么因果，我必须和你这样一个人同住着？"无能的或不良的人也要被别人用他的因果来斥责着；圣人或贤人遭遇了不幸，也用这一个佛教名词来作解释。犯法的人认罪时，要说："我所做的事情，我做时便知道是不对的；不过我的因果比了我的心还要来得刚强。”生离的情人，为了相信他们这世里的结合是被他们前世里的罪孽所耽误的，便双双情死；受冤枉的人，自己相信一定曾做过了什么不记得的错事，所以按着事物的永久程序，现在应该要受报应，想借此将他自然的愤怒压下去。……因此，同样的，甚至是对于灵魂的将来种种极平常的指证，也含蓄着灵魂的已往的这个普遍信条。母亲要警告伊那些顽耍着的小孩子，说明妄作妄为在他们来生，作别人儿女时的影响。游方的或叫化子，接受你的施舍时，必定要祝祷你来世的幸运。年老的“隐者”（不问世事之老人），耳目都已无用了，却很高兴地讲说着他不久就要变成一个年青力壮的人。表示佛教的需要观念的“约束”；表示前生的“前世”；表示退让的“悔心”；在日本人通常的口头禅中是时时有得发现的，正像通常的英语中“是”和“非”这些字眼一样的多。

你在这种心理学的媒介中勾留得长久了，你便会觉得他已经贯穿了你的思想，已经在你思想里面引起了许多变化。含蓄在灵魂先在观念中的种种人生概念——虽然用了同情心研究着而起初一定使你觉得很希奇的种种信仰——你终必不会再觉得它们如小说的那样离奇虚幻，而能见出它们相当的究竟来。它们能将许多的事情，解释得非常合理；而用十九世纪的科学思想来测量它们，便格外能觉得它们的合理。不过要公平的来判断它们，那我们就必须先将西方的轮回观念，扫除干净。因为在西方人对于灵魂的旧概念——例如毕沙古拉（Pythagoras）氏或柏拉图（Plato）氏的概念——和佛教的概念中间，并没有什么相像处；而且就为了这种不相像，所以日本的信仰格外能证明它们自己是合理的。关于这事，在西方的古思想和东方思想之间的大分别，便是因为佛教中是没有那种习惯的灵魂的——没有那种单独、柔弱、战栗、透明，在内心的人或鬼的。东方的“己”并不只是一个个人。它也并不像古时基督教哲学（Gnostic）的灵魂说，有什么一定的多数。它是复杂无穷的集合体——是杳杳冥冥中许多古人的创造思想的总数目。

二

佛教的解释力，和它的理论与现代科学事实的合一，在斯宾塞称雄的心理学的王国中，显出了它们的特点。我们心理学上的生活，由那些西方神学所从来解说不出的感情组织起来的，实在不在少数。这些就是使无言的婴儿，会见了什么面目就哭，或见了什么人就笑的感情。这些就是初见陌生人时立时发生的喜欢或不喜欢，称之为“初感”的迎或拒，为灵巧的儿童所容易发表出来的感情，在他们的心里，并不相信：“人不可以貌相”的教训。称这些感情是本能的，或直觉的，在科学的本能和直觉的意义中，并不能解释什么——不过使人生的神秘中，格外发生之疑问，正像是特创的臆说。以个人冲动或情绪为复杂的观念，即使不是为魔鬼所迷，老式的正教，也仍旧是当它为妖异的邪说的。可是现在却可以确定了，我们较深的感情，大都是超乎单独的——我们当作情热的和我们称为高尚的都在内。恋爱热情的单独性是科学所绝对不能赞同的：一见既能生情，一见当然也能生恨：两者都是超乎单独的。春来春去，发出了游移不定的冲动，秋浅秋深，经验了多少感慨——这些都是人类因时季变更而迁移的时代，或竟是人类出现以前的时代，所遗留下来的一些残痕——都无非这个道理。谁在大平原或草原上住过多年，一旦看见了白雪皑皑的高峰而感觉到的情绪；或者谁在大陆上的内地里生活过若干年，一旦看见了汪洋大海，听见了如雷的潮音而接触到知觉，不必说，它们也都是超单独的。时常和肃然之心混在一起，而为伟大的景色所引起来的喜悦；或者和说不出的忧郁搅在一处，而为热带夕阳的灿烂所创造出来的无言赞美——都是永久不能用单独的经验来说明的。心理学的分析，的确已指出这些情绪既是非常的复杂，更和许多种个人经验错综着；可是在任何情形中，较深的感情之大浪，是永不会单独的；这是从我们出生的，海一般的祖先生命中轩然而起的大波。有一种特殊的感情，在西塞罗（Cicero）以前就扰乱人心，而现在格外扰乱人心的感情，大概也是属于这同样的心理学事项的——那便是初到一地，忽有旧地重游的感情。对于陌生镇市的街道，或者陌生地方的景色，心里自会微微的震动起来，似乎是个旧相识，要苦苦的忆念着，以求解释。偶然的，同样的感觉的确是为前尘影事所勾起的；可是我们要想用单独的经验来解说，而它们完全的神秘不可测，这样的事实也正有许多。就是在我们最普通的感觉中，也有为那些自相矛盾的人所永不能解决的谜语存在着，他们只知所有的感情和认识，都是属于单独的经验的，而初生的婴儿只是一张白纸。为花香为色彩，为乐声，所激起来的悦乐；为危险或恶毒生物的初见所引起来的不自然的厌恶或恐怖；甚至是梦幻中说不出的慌张——都是老式的灵魂臆说所解说不来的。这些感觉中，有些都是深深的渗入了民族的生命里，亚伦（Grant Allen）在他的“心理学的美学”，和他对于“色感”的名著里，曾将香味和颜色的悦乐，说得非常的亲切动人。不过在这些文章未写之前，他的老师，那位最伟大的心理学家，早就清楚的证明，经验上的假设，要来解释心理学上的许多种现象，那是完全靠不住的。斯宾塞说：“倘使是可能的，这在情绪方面就比了在认识方面，要格外的没有头绪了。有一种说法，以为所有的欲望，所有的情思，都是由各个人的经验产生出来的，这话显然和事实不合，我只有觉得希奇，怎么竟有人会相信它的。”这也是斯宾塞告诉我们的，所谓“本能”“直觉”这些名称，在旧时的说法上并没有什么意义；此后它们必须要当作另外的意义用。在现代心理学的说话中，本能这个名称的意义，乃是“有组织的记忆”，而记忆的本身却就是“最初的本能”——就是在生命的连续中，要为下一代的个人所遗传着的种种印象的总数。因此科学是承认遗传的记忆的：不是说能记忆到从前人种种事实的意思，乃是说在遗传的神经系的组织中，起了微微的变化，对于心理学的生活上，多了微微的加增。“人的头脑，在人生的进化中，或说在人类机体借之达到的种种机体的进化中，是无数经验的登记处。这些经验最一致，最时常的结果，却会连本带利的遗传下去；慢慢的成为了高等的理智，那理智是潜伏在婴儿的脑筋里的——婴儿后来要将它活动起来，或者加以力量，使之更为复杂的——得了一些增加，婴儿要将它传之将来的诸代的。”（*Principles of Psychology*: *the Feelings*）因此，我们对于灵魂先在的观念，和“已”为多数的观念，就有了心理学上坚固的根据了。在各个人的头脑里，掩藏着先代许多头脑所受到的无穷经验的遗传记忆，那是一定的。不过这种将从前的自我，作科学的确定，乃是没有物质的意义的。科学是唯物观的破坏者：它已经证明物质的不可思议；它承认人心的神秘是不能解决的，即使逼它去假定感觉的最后单位，也是不可能。人类所有的情绪和性质，的确都是从简单感觉的许多单位中发达出来的，这些单位比了我们要古老数百万年。在此，和佛教调和的新学，承认了复合的“已”，而且也像佛教，用古人的心理经验，来解说了今人的心理之谜。

三

在许多人看来，一定要以为“灵魂”是无穷多数的观念，在西方人的意想中，总不能发生出什么宗教观念来；那些保守着旧式神学概念的人，一定要想象着，以为即使在佛教的国家里，即使不必管佛经的证据，普通人们的信仰，的确是根据灵魂为真正单独的观念的。可是日本国内，却在相反的方面，供给了大可注意的证明。他们那些没有受过教育的平民，最贫苦的乡下人，从来没有研究过佛教的形而上学的，却都相信自我是个复合体。格外可以注意的，乃是在原始的信仰神道教中，有着一种相类的教旨；这信仰的种种方式似乎都显出了中国人和高丽人的特色来。这些远东人民，似乎都是以灵魂为复杂的，不问是在佛教的意义中，或在神道教所代表的（鬼魂分散成多数的）原始意义中，或在中国星相学的荒诞意义中。在日本，我完全满足了我自己，这种信仰是普通的。在此不必引证什么佛经上的话，因为普通或流行的种种信仰，只要不是一种信条的哲学，便能单独的证明，宗教的情热是和复合的灵魂观念相合而不相反的。的确，日本农民的思想那心理上的“自我”，并不和佛教哲学所思想的那样复杂，也不像西方科学所证明的那样复杂。可是他思想他自己总是多数的。在他内心里善恶冲动的斗争，照他解说起来，乃是结成他那个“自我”的种种魂魄在冲突着；而他灵性上的希望，乃是要将善的自我和恶的自我脱离开来——只有将他内心里最善的保存起来，才能得到“涅槃”，或极乐。因此他的宗教可说是根据着心理进化的自然知觉的，并不和我们的平民习惯的灵魂观念一般，和科学思想差离得那样的远。当然，他对于这些抽象事项的观念是浮泛不定而无系统的；不过那些观念的普通性格和趋向是不会错误的；因此对于他信仰的热烈，或者对于那信仰在他伦理生活上的影响，便不能发生什么疑问。

在智识阶级中有信仰存在的地方，同样的观念便得到了定义和综合。我可以从学生的作文中选录两节出来，以作例证，写这些文字的学生，大约都是二十三至二十六岁的人。也许我可以选录数十节；不过下面两节也足够说明我的意思了：

“没有比说灵魂不灭的事再愚策的了。灵魂是一个复体；虽然它的分子是永远的，我们却知道它们决不能再照恰正的原样结合起来。所有的复体，都必须变更它们的性格和它们的地位。”

“人生是复合的。种种精力的结合，造成了灵魂。一个人死了，他的灵魂或者不变更，或者就按着结合它的东西而变更了。有些哲学家说灵魂是不死的；有些人却又说是死的。他们都不错。灵魂的死或不死，都须按着造成它的种种结合有无变更而定。构成灵魂的根本精力的确都是永远的；可是灵魂的天性却须由精力贯注进去的种种结合的性格来决定。”

在这些作文中所表现出来的观念，在西方的读者初看起来，一定要当作无神派的。可是它们却实在是和最诚挚，最深刻的信仰相谐合的。这就是英文“灵魂”这字的用处，他们并不像我们那样的看待这个字，这个字给我们发生了假印象。在这些少年作文者所用的意义中，“灵魂”就是种种善恶趋向的一种无穷结合，不单为了它是一种复体，也为了那灵性进步的永久律，终必要分散的一种复体。

四

数千年来，在东方的思想生活中，已成为一种极大原动力的观念，一直到现在，在西方是不得发展的，这样的事实，西方的神学解说得很明白。不过要说神学已经将灵魂先在的观念，在西方人的心理中铲除干净了，那也不见得会准确。虽然基督教的教旨，主张每一个灵魂是无中生有来适合每一个新的身体，不相信灵魂先在的，而最普通的常识却又在相反方面承认了遗传的现象。同样，神学确定畜牲是自动的，为一个不可理解，称之为本能的机械所转移的，而人们却又一般的承认，畜牲也有理解力的。三四十年前所有的，本能说和直觉说，现在看来似乎是非常的野蛮的。大家看它们并不能解释什么，他们只是阻止空谈和邪说的学说。威至威士（Wordsworth）的“忠实”（Fidelity）和他那价值崇高的“不朽的提醒”（Intimations of Immortality），可以证明，自从十九世纪开始以来，在这些事上的西方观念，是极端的怯懦与残暴的。狗的恋主热情，真正“比了人们的评价还要伟大”，可是在理解方面，威至威士便从来没有梦想到，而且虽然小孩时代的敏锐感觉实在是什么比威至威士所称的不朽观念还要奇妙的提醒，他有一篇关于它们的名诗，却就被摩黎（John Morley）很公平的当作了毫无意识。在神学消灭之前，心理学上对于本能的真实性质，或对于人生的究竟，所有的种种合理观念，总是不能得到一般人的认识的。

不过旧式的思想，一遇到进化的学说，便破得粉碎了；不论何处，都有新观念发生，来替代那些陈腐的教旨；现在我们就可以看见，一种普遍的理智运动正在和东方哲学并行的方向进行着。最近五十年中科学进步的破天荒速度和多量花样，一定能在非科学的人们中，提倡起一种同样破天荒的理智速度的。最高等和最复杂的机体都是从最下等和最简单的机体中发展起来的；生命中一个单纯的体基，便是全个活动世界的实质；在动物和植物的中间，不能划出一条界线来；生命与非生命的分别，只是一种程度的分别，而不是一种种类的分别；物质比了心思一样的不可思议，因为两者都不过是一个同样不知的真实的种种表现——这些话，都已成了新哲学的老生常谈。甚至神学也已经开始承认了体质上的进化，那末心理进化的承认，不能再无限的耽误下去，也就容易预先断定了；因为旧式教旨所留下来不许人们向后看的障碍，已经破除了。现在对于研究科学的心理学的人，灵魂先在的观念正在脱离了理论的地位而进入了事实的疆域，证明佛教对于宇宙神秘的解说，是正和别种解说一般的可以称美的。赫胥黎（Huxley）教授写着说："只有极性急的思想家，为了固有的鄙陋，才会反对它。就像进化论的本身，轮回说是在真实的世界里有它的根蒂的；而且也可以说，这种并非只是类似的大论证，是能够随处找得到的。"［*Evolution and Ethics*，六十一页（1894 年版本）。］

赫胥黎教授的这话，非常的有力量。这话不单使我们一瞥的看见那一个单独的灵魂，千万年来，自黑暗闪射到光明，从死亡闪射到再生；它并且将那个和佛自己所说的差不多一样的灵魂先在观念，要了下来。在东方的教训中，心理的人格和各个身体一样，是一个必须分散的集合体。我在此所说的心理的人格，意思乃是心思与心思的分别——"我"与"你"的分别：就是我们所称呼的自我。在佛教看来，这是种种幻象的一个复合体。造成它的东西乃是因果。在因果中再成人形的东西——无数古人的思想和行动的总数——其中每一个，在灵性的加减系统上也是一个全体，可以影响到其余的一切。因果正像磁性，是从这个形式到那个形式，从这个现象到那个现象的转变着的，由种种的结合来决定种种的情形。因果的集中的和创造的种种功能，究竟有什么最后的神秘，佛教徒也只好认为不可解；不过他却说，种种功能的团结是由“人之欲”，所产生出来的，仿佛和叔本华（Schopenhauer）所说的生存的“意志”差不多。现在我们在斯宾塞的“生物学”里，还可以为这个观念找到一个奇异的并行线。他以归极性——生理学的单位的归极性——的学说，来解释种种趋向和它们种种变更的转换。在这个归极性学说，和佛教的“生之欲”学说的两者之间，只多见其相同，而少见其相异。因果或遗传，“生之欲”或归极性，它们最后本性都是索解无从的：佛教和科学在此都差不多。所值得注意的事实，乃是两者都承认各种名称之下的同一个现象。

五

科学能借之而得到结论，和东方古思想非常谐和的种种方法上的错综变化，引起了一种猜疑，究竟那些结论是否的确能使西方群众的心思，得到清楚的理会。的确，看起来正像佛教的真正教义，只须用着种种形式，便可以教给大多数的信仰者，所以科学的哲学，也只须用着提示——任何有自然理解的心思所必要发生的种种事实，或种种事实的安排，他们的指示——便可以传给许多的群众。可是科学进步的历史，却确定了这种方法的有效；为了只有高等科学的进行顺序，是超出非科学阶级的心理能力以上的，至于那个科学的种种结论，将不为一般人所承受，这就大可不必去设想它。诸行星的体积和重量；诸恒星的距离和组织；吸力的定律；热、光，和色的意义；声的本性，和许多别种科学上的发见，那些对于发明这种知识的详细方法，一毫不知道的人们，都是很熟知的。还有，这世纪每一个科学的进步运动，都有通常信仰的相当修正跟随着，我们也可以举出这样的证据来。虽然还在那里拘泥着灵魂特创说的各教会，也已经承受形体进化的学说了；信仰的固定，或者理解的退化，在最近的将来，无论如何是不会发生的。宗教观念的再度改变，很在人的意料中；而它们要很迅速的，而不是很迟缓的受到影响，也是可靠的事。它们正确的本性，固然还不能预言；不过现有的理智趋向却含蓄一个意义，便是心理学上进化的学说，虽然不立刻给实体学的理论有什么最后的限止，却终必要为人承受的；而且"己"的全部概念，借着灵魂先在的发达观念，终必要改变的。

六

这些可能性的更加具体的考虑，是会有人从事的。它们也许不会给那些以科学为破坏者，而非修正者的人们，承认为可能性。可是这样的思想家，却忘记了宗教的感情是一种比教义更加无限精深的东西；忘记了宗教的感情是保存一切的神，和一切的信条的；也忘记了宗教的感情只是在开广着，加深着，收集着那理智发展的能力。只是教训的宗教终必消灭，乃是研究进化时所必有的结论；不过以感情为事，或甚至在形成一个头脑或一个星座的不知的能力中，以信仰为事的宗教终能死亡，却还不是现在所能想得到的事。科学只是反对现象的误解；它只是扩大宇宙的神秘，证明每一件事物，不论怎样微小，都有无穷的奇妙和不可思议。就是这一种科学的显然的趋向，将辨明那种设想的信仰和普通的情绪，加以开展了，扩大了，那种设想便是说将来西方宗教观念的修正，是完全和从前的任何修正不同的；说，西方的"自我"概念将要变成和东方的"自我"概念差不多的东西的；说，现在关于真实的人格和个性，所有一切言之成理的形而上的观念，都要消灭的。按着科学所教他们的，人们对于遗传的事实都已有相当的理会，可见道路总是有了，这些修正中至少总有几个可以借着这个道路达到了目的。在将来关于心理学上进化问题的驳论中，普通的悟性将要在极少抵抗的路线上跟随着科学；而那条路线一定就是遗传的研究，因为应该考虑的，它们自己不论如何难解的现象，对于一般的经验都是熟的，对于无数古代的哑谜儿都给予了偏私的答复。因此那是很可能的，想像那将来的西方宗教，要为综合哲学的全力所扶持着；要和佛教的分别只在观念上不能有精密的相同；要主张那灵魂是一个复合体；并且要教训一种和因果说相像的新的精神律。

然而对于这个观念，在许多人的心思里，就立刻要起一种异议了。这可以确然的说，这样一种信仰的修正，将表示着观念对于感情的忽然克服和转变。斯宾塞说："世界不是为观念，而是为感情统治着的，观念对于感情只能作个向导。"一个变化的种种观念，例如那些设想出来的，怎样可以和西方现有宗教情思的常识，并和宗教情绪的力量相调和呢？

灵魂先在的，和灵魂多数的观念，是否真正对于西方的宗教情思不相容，我们还不能作满意的答语。不过它们竟是那样的不相容么？灵魂先在的观念的确不是这样的；西方的心思已是为它准备着了。这是真的，以"自我"为复合体，注定要分解的观念，也许比了消灭的唯物观念似乎只略略好些——至少那些仍旧不能将他们自己从思想的旧习惯里脱离出来的人们要如此想。可是，公正的反省一下，就可以知道并没有什么情绪的理由，应该惧怕着"己"的分散。的确的，虽然是不知不觉的，这就是为了这个分散，所以基督教徒和佛教徒同样的在那里永久的祈祷着。谁不是时常在期望着自己能脱除他天性中的不良部分，痴愚和错误的趋向，要说或要行不和爱事情的冲动——一切胶黏在他身上，而将他那极好的志愿压下来的遗传物？可是那些我们所切望分离、消除、死亡的种种，比了那些帮助高尚理想实现的较大较年轻的性质，在确实的“自我”方面，并不见得不恰恰就是心理学上遗传物的一部分。自我的分解并非是可怕的结局，乃正是我们的努力所应该趋向着的惟一目的。新哲学所能禁止我们希望的，便是“自我”中最佳的分子将赶紧去寻求较高尚的机会，去进入那更伟大，还要更伟大的结合，直等到最高的启示来到了我们——经过无限的眼光——经过一切“自我”的消灭，明白了“绝对的真实”才无所用其禁止。

为了我们是知道那所谓分子的各个自身，都在发展着的，因此我们说有什么东西最后要死亡的，却还没有凭据。我们现在的存在，就是我们从前和将来都存在的见证。我们已经经过无数的进化，无数的宇宙。我们知道，贯彻宇宙的，一切都是定律。什么东西应该作行星的核心，或者什么东西应该接触着太阳；什么东西应该锁藏在青石和火成石里面，或者应该在植物和动物里面繁殖着，都不是偶然之事。按理智借着类比所能推知的而说，宇宙间每一件事物最后单位的历史，心理学上的，或实体上的，都是确切不移，和在佛教的因果律中那样，而得到决定的。

七

科学的影响，不是修正西方宗教信仰的惟一原因：东方哲学的确也是另一个原因。梵文学和汉学，和东方各地语言学家的殷勤努力，都在很迅速地使欧洲美洲熟习着一切东方的大思想；西方各地，正在用心的研究佛教；而这些研究的结果，在这个最高文化的心智产物中，每年都在愈表现愈清楚了。各派的哲学所受的影响，没有再比这时代的文字为大的。“己”的问题的重加考虑，正在压逼到西方各人的心思上去，这样的凭证，不单在一时有思想的散文里可以找到，便是在诗和传奇里也可以找到。三十年前以为不可能的观念，正在变更着流行的思想，破坏着旧的趣味，而发展着更高尚的感情。在更大的灵感之下活动的创造的艺术，正在告诉人们，承认了灵魂先在的观念，在文学中，能够得到些什么绝对的新奇和精妙的感觉，什么到现在还想象不出的至情，和什么情绪力的非常浚深。即使在小说上，我们知道我们一直只住在一个半球里面；知道我们需要一个新信仰，在现在的大平行线之上，来将已往和将来联合着，因此可以绕出了我们的情绪世界，而进入一个完全的圆球里面去。自我是多数的，不问这句话怎样的似非而实是，这样的清楚的确案，是要达到那更广大的确切所绝对需要的踏步，那更广大的确案，便是说，一切便是“一”，生命是独一，没有有穷，只有无穷。要等那想像“自我”是独一的妄自称尊推翻了，和自我的与自私的感情完全消灭了，那以无穷——以宇宙——为“己”的知识，方才能够得到。

在我们理智上确断以“己”为独一是一个自私的杜撰以前，当然我们从前在情绪上的简单确断是一直要发展着的。可是“自我”的复合性，虽然它的神秘依然还在，终必要为人所承认着。科学虚设了一个假定的心理学的单位，和一个假定的生理学的单位；不过不论那一种虚设的实体，都是看轻算学价值的至大力量的——似乎只将它自己解决到纯粹的幽灵里去。化学家为了工作的目的，必须要想象出一个最后的原子；可是想象出来的原子是象征，这样的实际也许只是一个力的中心——不，例如佛教概念中，只是一个虚无，一个旋风，一个空。“色即是空；空即是色。即色即空，即空即色。受想行识——亦复如是”。宇宙对于科学和对于佛教都是一样的，将它自己变成了一片巨大的幻影——许多不可知不可量的势力的一幕活剧。然而佛教的信仰，在它自己的习惯上，却回答了“从何而来？”和“往何而去？”的问题——又在每一个进化的大范围中，预言了一个灵性扩张的时代，在这时代里面，前生的记忆是回转来了，一切的将来，都同时在没有揭开来的异象之前公开了——甚至对诸天之天都公开了。科学在这里是不作声的。不过伊的沉默便是基督教古哲学诺斯的派（Gnostics）的沉默——“深沉的女儿”和“精神的母亲”，其名为息泽（Sigé）。

我们能得着科学的完全同意，而我们自己可以相信的，乃是说，奇妙的启示，正在等候着我们。在最近的时间中，新感觉和新力量都已发达了——音乐的感觉，算学家在那里猛进不息的种种才能。在我们的子孙中，还有更高的，想象不出的才能会发生，那是有相当的理由可以期待着的。还有，大家亦知道的，有若干心智上遗传着的力量，只有在年龄高大时才会发展；而人类的平均生命，现在却正在步步增长着。有了增加的长寿，借着将来更大的脑力的开放，那种比了能够记忆前生的能力一般奇妙的力量，也许竟会忽然的成为事实。佛教的梦想是不能轻易超过的，因为它们触着了那个无穷；但是谁能推测的说，它们将永远不能实现呢？

小泉八云年表

1850年

6月27日，出生于希腊伊奥尼亚群岛中的桑塔莫拉岛（现在的勒夫卡斯岛）。原名拉夫迪奥·赫恩（Lafcadio Hearn）。

五岁时因父母离异，遂被父亲一位富裕的姑母收养。

1863年

进入萨利郡达拉姆市郊外的圣卡斯帕特神学院（现在的达拉姆大学）学习。

1869年

搭乘移民船只身远渡美国，在新大陆生活了二十一年，渡过了人生中最困苦的时期，同时亦是为生存为文学创作奋斗拼搏的时期。

1890年

作为纽约哈帕出版公司的特约撰稿人乘坐阿比西尼亚汽轮前往

日本，4 月 4 日抵达横滨。后在岛根县松江市普通中学及师范学校得到了一个英语教师的职位，从此开始了在日本生活、写作的后半生。

1891 年

与日本妇女小泉节子结婚。年底告别松江，移至熊本第五高等中学任教直到 1894 年 10 月。

1895 年

加入日本国籍，从妻姓小泉，取名八云。

1896 年

再次经好友张伯伦的推荐，应邀赴东京帝国大学担任文学部讲师，教授西洋文学，为时六年。

1903 年

被东大解雇，此后曾准备赴美讲学，但因故未能成行。

1904 年

接到早稻田大学的招聘，至同年 9 月在早大讲授英国文学史。

1904 年

9 月 26 日，因心脏病发而去世。